# BHO CHLUAIDH
# *gu* CALASRAID

from the Clyde to Callander

MICHAEL NEWTON

Gaelic Songs, Poetry, Tales and Traditions of the Lennox
and Menteith in Gaelic with English translations

*foreword John MacInnes*

Enjoy your forays in the Heroic Age!

Michael Newton

acair

Text Copyright © Michael Newton

First published in 1999 by
Acair Limited
7 James Street
Stornoway
Scotland
HS1 2QN
Tel: 01851 70 3020
Fax: 01851 70 3294
e-mail: acair@sol.co.uk

The right of Michael Newton to be identified as the author of the work has been asserted by him in accordance with the Copyright, Designs and Patents Act 1988.

All rights reserved. No part of this publication may be reproduced, stored in a retrieval system or transmitted, in any form or by any means without the prior written permission of the publisher, nor be otherwise circulated in any form or binding or cover other than that in which it is published and without a similar condition being imposed on the subsequent publisher.

A CIP catalogue record for this title is available from the British Library.

Chuidich Comhairle nan Leabhraichean agus Comunn na Gàidhlig am foillsichear
le cosgaisean an leabhair seo.

Cover Photography: Aerographica/ Patricia & Angus Macdonald/ P & A Macdonald

Permission to reproduce written and illustrated material courtesy of
Aerographica/ Patricia & Angus Macdonald/ P & A Macdonald
Dr Michael Newton
Edinburgh University Library MS Carmichael-Watson 112
European Bibliothèque, The Netherlands
Glasgow University Library, Department of Special Collections
National Archives of Scotland, John MacGregor Collection, GD50/64, pp. 18-20
Royal Commission on the Ancient and Historical Monuments of Scotland
Scottish Gaelic Studies Vol XV p140
Scottish Gaelic Texts Society, Bàrdachd Albannach o Leabhar Deadhan Lios-Mòir
Scottish Natural Heritage
T.E. Gray
The Duke of Argyll, Inveraray Castle, Argyll
The Trustees of the National Library of Scotland
The Gaelic Society of Inverness

Maps drawn by David Langworth

ISBN 0 86152 265 6

Text and cover designed by Margaret Anne Macleod
Printed by ColourBooks Ltd., Dublin

*Do dhithis ghaisgeach na Gàidhlig:*

*Iain Deòireach
(John Dewar)*

*agus*

*Seumas MacDhiarmaid*

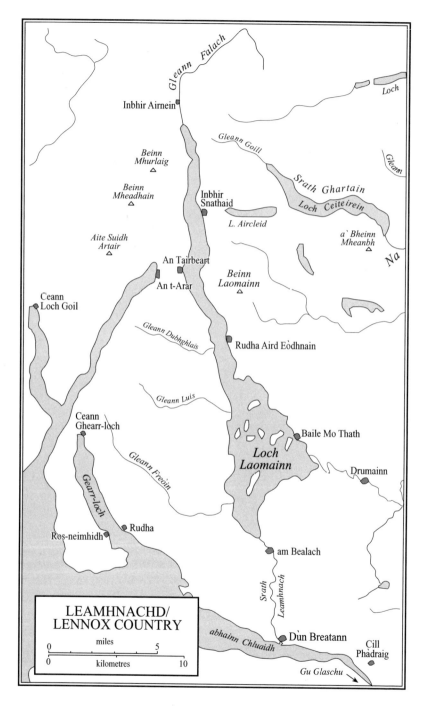

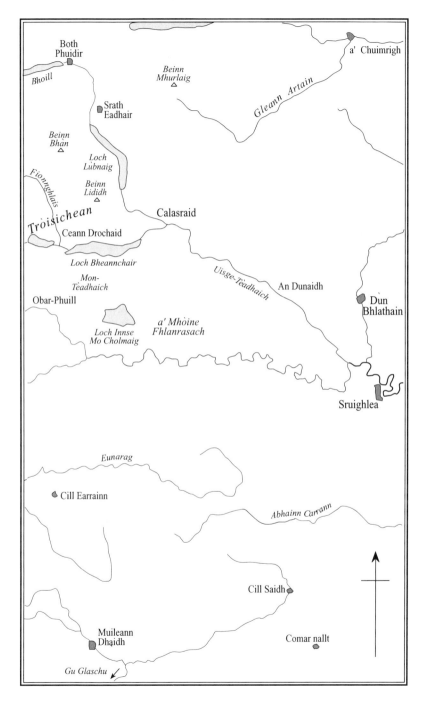

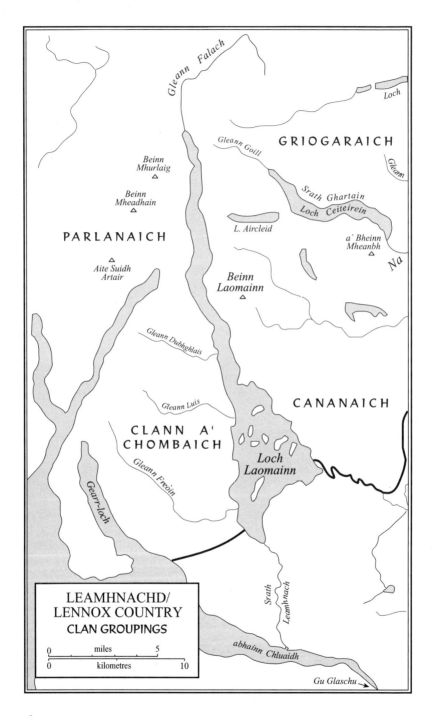

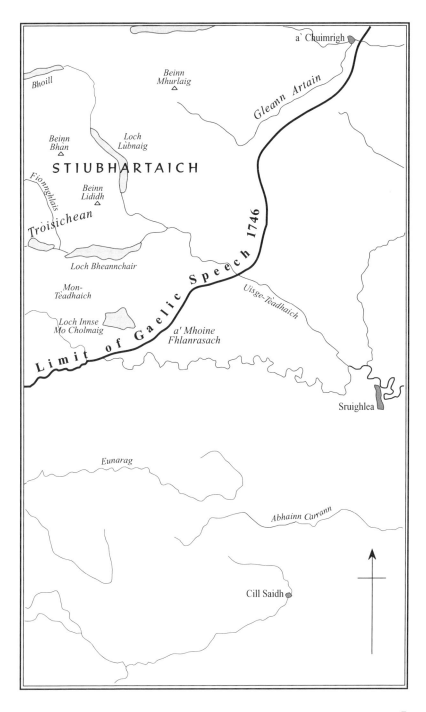

# CLAR-INNSE

| | |
|---|---|
| Facal-toisich le Iain MacAonghuis | 12 |
| Ro-Ràdh | 16 |
| Cànan agus Deasachadh | 20 |

**1 Seann Eachdraidh**    **22**
1. Eachdraidh ann an Ainmeannan    22
2. An Duine Naomh Bearachan agus Mar a Thàinig E Do Obar-Phuill    26
3. An Duine Naomh Mo Cheasag    36
4. 'Is Saor Do Leannan, a Leamhain'    40
5. Laoidh do Amhlaoibh Aird nan Capall    46
6. Teicheadh Chloinn Mhuirich à Leamhnachd    52
7. Fionn Mac Cumhaill agus an Fhèinn    54
8. Ainmeachadh Chù Chulainn    58

**2 Dòigh-Beatha nan Daoine**    **60**
1. Ràithean agus Fèilltean na Bliadhna    60
2. Oran na h-Airigh    66
3. Oran an Earraich    70
4. Uruisgean    72
5. A' Bhean-Shìthe Bheag    76
6. Clach-neirt Shamsoin    80
7. Fuamhair na h-Uamha Mòire    82
8. Clach nan Tarbh    86
9. Cleasan na Sgoile Duibhe    90
10. ''S Mairg Duine a Chaill a Ghuth'    94
11. Oran Gaoil do Mhàiri Nighean Dhòmhnaill    96
12. Dàn mu na Mnathan    102
13. Gearradh-Cainnte MhicPhàrlain an Arair    104
14. Cumha do Iseabal Chaimbeul    108
15. Cumha Dhòmhnaill MhicPhàrlain Choill' Ath-chrathaidh    110
16. Marbhrann do Mhisgear    114
17. Marbhrann a' Choin Duinn    116
18. Oran Pòsaidh    118
19. Sliochd an Eich Bhric Nach Robh Riamh Glic    120
20. Oran air Clag Chalasraid    124
21. 'An Làir Chruaidh Thàinig à Calasraid'    128
22. Spleadh a' Chapaill Bhacaich Bhàin    130
23. Moladh do Dhùghall Mac Dhùghaill Pìobaire ann an Aird Mac Maoin    136

# CONTENTS

Acknowledgements 14
Foreword 17

## 1 Ancient History 23
1. History in Names 23
2. Saint Bearachan and how he came to Aberfoyle 27
3. Saint Mo Cheasag 37
4. 'Your Lover Is Noble, O Leven' 41
5. A Lay to Amhlaoibh of Ardencaple 47
6. How the MacMhuirich Dynasty Fled the Lennox 53
7. Fionn Mac Cumhaill and the Fianna 55
8. The Naming of Cù Chulainn 59

## 2 Lives of the People 61
1. Seasons and Calendar Festivals 61
2. The Song of the Shieling 67
3. Song of Spring 71
4. Uruisgs 73
5. The Wee Banshee 77
6. Samson's Shot-put 81
7. The Giant of the Great Cave 83
8. Clach nan Tarbh 87
9. The Wizard's Tricks 91
10. 'Pity Him Who Has Lost His Voice' 95
11. Love Song to Mary Macintyre 97
12. A Poem about Women 103
13. The Flyting of MacFarlane of Arrochar 105
14. Lament for Isabel Campbell 109
15. Lament for Donald MacFarlane of Achray Forest 111
16. Elegy for a Drunkard 115
17. Elegy for the Russet Dog 117
18. A Wedding Song 119
19. The Descendants of the Speckled Horse Who Was Never Wise 121
20. A Song about the Bell of Callander 125
21. 'The Hard Mare that Came from Callander' 129
22. The Fable of the Lame White Mare 131
23. In Praise of Dougald McDougal, Piper in Ardmachmuin 137

## 3  Cogadh agus Gaisgeachd                                140
1. Fineachas agus Beusan nam Fineachan Gàidhealach          140
2. Am Brusach air Chàrn                                     150
3. Dòmhnall nan Ord agus an Greumach                        158
4. Togail nam Bò                                            162
5. Oran Molaidh do MhacPhàrlain an Arair                    166
6. Donnchadh Dubh na Dunach                                 172
7. Donnchadh Dubh a' Churraic agus Cananach Bhoth Chaisteil 180
8. 'Tha Mi 'm Bothan am Onrachd'                            186
9. Cath Ghlinn Freòin                                       190
10. Oran Cath Ghlinn Freòin                                 212
11. Marbhadh Mhic a' Chombaich                              216
12. Cleasachd Rob Ruaidh aig Ceann Loch Ard                 228
13. Camanachd am Bràigh Lanaidh                             230

## 4  Linn nan Seumasach agus na Dèidh                      234
1. Oran Molaidh do Ghriogar Glùndubh                        234
2. Oran a' Ghriogaraich air Fògradh                         240
3. Oran an t-Sealgair                                       246
4. 'A Loch Laomainn nan Lùb'                                250
5. Oran na Bantraich                                        254
6. Sguir den Chreachadh                                     260
7. Fàilte An Teachdaire Ghàidhealaich                       264
8. Fàilte Taobh Loch Bheannchair                            268
9. ''S Mi 'm Shuidhe ann am Chrùban'                        274
10. Oran do Chomann Gàidhealach Uisge Leamhain              278
11. Dol Sìos na Gàidhlig                                    282

## Faclair                                                  288
## Ainmeannan-Aiteachan agus Ainmeannan Dhaoine             293

## 3 Heroism and Warfare 141

1. Clanship and the Moral Codes of the Highland Clans 141
2. Robert the Bruce on the Run 151
3. Donald of the Hammers and Graham of Menteith 159
4. MacFarlane's Song to the Cattle Raid 163
5. Song to MacFarlane of Arrochar 167
6. Dark Duncan of Disaster 173
7. Black Duncan of the Cowl and Buchanan of Bochastle 181
8. 'I Am In The Bothy All Alone' 187
9. The Battle of Glen Fruin 191
10. The Song of the Battle of Glen Fruin 213
11. Colquhoun's Death 217
12. Rob Roy's Tricks at Kinlochard 229
13. Shinty in the Braes of Leny 231

## 4 The Jacobite Period and Afterwards 235

1. A Song of Praise to Gregor Glùndubh 235
2. The Song of the Fugitive MacGregor 241
3. The Hunter's Song 247
4. 'O Loch Lomond of the Many Bends' 251
5. The Widow's Song 255
6. Cattle Raiding At An End 261
7. 'Welcome to you, Highland Messenger' 265
8. Welcome to Loch Venachar 269
9. 'I Sit Hunched Over' 275
10. A Song to the Water of Leven Gaelic Society 279
11. The Decline of Gaelic 283

## Notes 297
## Bibliography 302

# FACAL-TOISICH

Tha sinn buailteach an-diugh agus o chionn iomadh linn air a bhith smaoineachadh nach robh a' Ghàidhlig riamh làidir deas air crìochan na Gàidhealtachd mar as aithne dhuinne i ann an taobh tuath Alba, agus sinn, is dòcha, a thuilleadh air sin den bharail nach robh a' Ghaidhlig riamh idir aig an t-sluagh air machair Alba. Ach eadar an siathamh ceud agus an dàrna ceud deug, sgaoil an cànan air feadh Alba gu lèir air chor is gum b' i a' chainnt a bu treasa is bu toiseannaiche san rìoghachd. Ann an tomhas beag no mòr bha i aig sluagh Alba, o chùirt nan rìghrean, co-dhiù chun an ama a bha Maol Caluim Ceannmhor air cathair Alba, agus theagamh linn no dha às dèidh a bhàis-san ann an 1093, sìos gu muinntir na tuatha. Mar a thuirt Alasdair Mac Mhaighstir Alasdair:

> Is i a labhair Calum
> Allail a' Chinn Mhòir,
> Gach mith is maith
> Bha an Alba, beag is mòr.

Agus bha a' Ghàidhlig beò an Gallaibh a Deas agus an Siorrachd Air san t-seachdamh ceud deug: faodaidh e bhith gu dearbh gu robh agus anns an ochdamh ceud deug cuideachd, aig duine no dithis, thall is a-bhos, co-dhiù. Bha e ri a ràdh gun do chaochail an neach mu dheireadh aig an robh Gàidhlig ann an Siorrachd Air a' bhliadhna a rugadh Robert Burns. Bha sin an 1759.

Cha mhisde sin idir a bhith a' foghlam nan rudan sin, oir cha chuala mòran againn - ma chuala duine idir - aon fhacal sna sgoiltean mu àite is mu inbhe na Gàidhlig air feadh Alba o shean. Chaidh eachdraidh ar cànain is eachdraidh ar sluaigh a chleith oirnn agus a chleith oirnn a dh'aon ghnothach.

Ach tha cuibhle an fhortain air tòiseachadh ri tionndadh. Is dòcha gum bi e na annas le cuid de dhaoine gur e sgoilear òg Ameireaganach a tha air an obair ionmholta seo a ghabhail os làimh. Ma bhitheas, gura math an t-annas e. Dh'ionnsaich Mìcheal Newton a' Ghàidhlig agus tha e dealasach às a leth. Tha e air fìor ùidh a chur ann an litreachas agus eachdraidh nan Gàidheal. Tha e a' toirt sùil air a' Ghàidhealtachd le sealladh ùr nodha. Tric gu leòr 's e sin an seòrsa duine as motha a chì de luach san dìleab a dh'fhaodas dìleabaich na h-oighreachd fhèin a bhith a' cur suarach.

Tha leabhar againn an seo anns a bheil saidhbhreas nach beag. Chaidh a thaghadh à litreachas na dùthcha sin a tha eadar Loch Laomainn agus na Tròisichean. Chan eil aon duine fhèin a bhuineas do na ceàrnaidhean sin beò an-diugh aig a bheil a' Ghàidhlig, ged a bha feadhainn a bha fileanta gu leòr innte rim faotainn o chionn leth-cheud bliadhna.

Treis roimhe sin a-rithist thuirt fear Pàrlan MacPhàrlain a bha a' fuireach an Ceann Drochaid (Brig o' Turk sa Bheurla) ris an Ollamh MacBhàtair: 'Is aithne dhòmhsa a h-uile clach is clais is cnocan eadar Calasraid is Inbhir Snàthaid' - sin o Shiorrachd Pheairt gu ruige faisg air crìch Siorrachd Dhun Bhreatainn. Mas e sin iomall na Gàidhealtachd san dàrna seagh, cha b' e sin a bha ann ach cridhe na Gàidhealtachd ann an seagh eile, do sheanchaidhean na dùthcha sin fhèin.

Tha Mìcheal Newton air leabhar luachmhor de rosg is de bhàrdachd, naidheachdan, sgeulachdan, eachdraidh is orain a thoirt cruinn san t-saothair seo. Tha sinn gu mòr na chomain da-rìribh.

Iain MacAonghuis
An t-Iuchar, 1999

# ACKNOWLEDGEMENTS

I have completed this work while a post-graduate student, and post-doctoral fellow, in the Celtic Department of the University of Edinburgh, and must thank the department, especially Professor William Gillies and Mr Ronald Black, for their support.

Dr. John MacInnes checked the texts for form and content, and I am deeply in his debt for his contribution. Mr Ian MacDonald of *Comhairle nan Leabhraichean* (the Gaelic Books Council) did a great deal of work on the minute details of orthography, punctuation and translation. Mr Wilson McLeod, Dr. Gregor Hutcheson and Mr Alex Woolf provided their comments on drafts of the book.

Mr Ian Fraser of the School of Scottish Studies helped to decipher and reconstruct a number of obscure place-names, and Dr. Gregor Hutcheson's expertise on Perthshire place-names and traditions has also been of great importance in the research of this book. Further assistance and advice was given to me by Dr. Roibeard Ó Maolalaigh, Dr. Dòmhnall Uilleam Stiùbhart, Mr Allan MacDonald, Dr. Thomas Owen Clancy and Dr. Steve Boardman.

I was further aided by the kindness and wisdom of people in the area, such as Mr John Sinclair of Luss and Mr John Fisher of Ardlui, and was given encouragement and hospitality from friends such as Terry and Flora Isles, and John and Amanda Graham, during the course of my research.

The Clan Gregor Society donated the computer upon which this book was written. *An Comann Ceilteach* of the University of Edinburgh provided the money I needed to start the project, and *Urras Brosnachaidh na Gàidhlig* and *Comhairle nan Leabhraichean* (the Gaelic Books Council) have contributed toward completing the research, editing and publication. *Comunn na Gàidhlig* have made a financial contribution to the costs of publication.

Donald Archie MacDonald provided access to the invaluable Dewar Manuscripts and the Duke of Argyll kindly gave permission to print from them. Further archival material came from the National Library of Scotland, the University of Glasgow, the University of Edinburgh and the Scottish Records Office. I would like to thank these institutions for their assistance and their permission to print materials. Permission to publish material from the National Library of Scotland has been granted by the Trustees of the National Library of Scotland. Further materials were accessed in Edinburgh Central Library, Dumbarton Central Library and Dundee Central Library.

I would like to express my thanks to all those who gave me assistance and encouragement, but to accept responsibility for whatever shortcomings may remain.

Dr. Michael Newton<br>
Edinburgh<br>
July 1, 1999

# RO-RADH

Tha iomadh leabhar air a sgrìobhadh mu Leamhnachd, mu Loch Laomainn agus mu na Tròisichean, ach is ann tro shùilean nan Gall a tha an eachdraidh sin air tighinn thugainn gu ruige seo. Shaoileadh tu, an dèidh mòran de na leabhraichean sin a leughadh, gur e treubh bhorb fhòirneartach a bha anns na Gàidheil - dùthchasaich nan sgìrean seo - gun chomas litreachas a chruthachadh is gun bheusan aca ach creachadh is reubadh.

Mar as trice, aig toiseach nan leabhraichean sin bidh iomradh air Robert Burns, air Sir Walter Scott no air William Wordsworth agus air duain a sgrìobh iad agus iad air chuairt. Sgrìobh Wordsworth duan iomraiteach agus esan air taobh Loch Laomainn:

> Behold her single in the field
> Yon solitary Highland lass
> Reaping and singing by herself -
> Stop here, or gently pass.
> Alone she cuts and binds the grain
> And sings a melancholy strain ...
> Will no one tell me what she sings?
> Perhaps the plaintive numbers flow
> For old unhappy far-off things
> And battles long ago -
> Or is it some more humble lay -
> Familiar matter of to-day -
> Some natural sorrow, loss or pain
> That has been, and may be again?

Chan eil sinn a' faighinn beachd na caileig fhèin anns an duan seo, ach smuaintean Wordsworth. Tha seo a' samhlachadh cor nan Leamhnach is nan Tèadhach anns an fharsaingeachd - tha beachdan is litreachas nan coigreach a' faighinn urram thar litreachas nan dùthchasach agus tha guthan nan Gàidheal a-nis balbh, mar nach robh iad riamh ann, air neo, mar nach b' fhiach am beachdan an gleidheadh agus an sgaoileadh don t-saoghal a-muigh.

Gidheadh, mar a chithear anns an leabhar seo, dh'fhàg iad dìleab litreachais nach beag, bàrdachd is sgeulachdan a tha tlachdmhor, ùidheil, grinn, as fhiach an leughadh. Is ann leis an litreachas seo a chithear an saoghal bho an sùilean fhèin.

# FOREWORD

Many books have been written about the Lennox, Loch Lomond and the Trossachs, but up to the present day this history has been presented from an outside perspective. You would think, after reading many of these books, that the Gaels - the native inhabitants of these areas - were a barbaric and bloodthirsty race, who were unable to produce literature and whose only occupations were plundering and destruction.

At the beginning of most of these books there is a mention of Robert Burns, of Sir Walter Scott or of William Wordsworth, and of the poems that they wrote while they were travelling. Wordsworth wrote a famous poem when he was on Loch Lomondside:

> Behold her single in the field
> Yon solitary Highland lass
> Reaping and singing by herself -
> Stop here, or gently pass.
> Alone she cuts and binds the grain
> And sings a melancholy strain ...
> Will no one tell me what she sings?
> Perhaps the plaintive numbers flow
> For old unhappy far-off things
> And battles long ago -
> Or is it some more humble lay -
> Familiar matter of to-day -
> Some natural sorrow, loss or pain
> That has been, and may be again?

Rather than the feelings of the girl herself, the poem provides only the thoughts of Wordsworth. This symbolises the state of the Lennox and Menteith people generally - the opinions and literature of outsiders have taken precedence over the literature of the native inhabitants and the voices of the Gaels are now silent, as though they never existed, or as though their thoughts weren't worthy of recording and transmitting to the rest of the world.

As can be seen in this book, however, they left a considerable literary heritage which is interesting, enjoyable and well worth reading. It is through this literature that we can see the world through their own eyes.

Is iongantach gu bheil litreachas Gàidhlig ann a bhuaileas air làithean a tha gu fìor àrsaidh ann an Leamhnachd is ann an Tèadhaich agus gu bheil gu leòr litreachais air iomadh cuspair feadh nan linntean.

Theagamh gun can cuid nach e litreachas ceart coileanta mar as aithne dhuinn an-diugh a tha ann, oir bha mòran dheth air beul an t-sluaigh, seach a bhith air pàipear, gus an naoidheamh ceud deug. Ach buinidh na sgeulachdan agus na duain do mhuinntir nan sgìrean seo agus tha iad airidh air meòmhrachadh orra air sgàth sin. Ged a bha an eachdraidh anns na sgeulachdan seo a' dol car air iomrall feadh nan linntean, tha iad fhathast tàbhachdach leis mar a tha iad a' nochdadh beusan agus beachdan nan Gàidheal.

Chruthaich muinntir Innis Tìle litreachas rè nam Meadhon-Aoisean den bheul-aithris aca, agus tha urram agus dèidh acasan air an litreachas seo. Ged tha falachd agus fòirneart anns na sgeulachdan aca, tha iad mothachail gu bheil a' ghaisgeachd sin a' daingneachadh gu bheil iad nan daoine treuna agus do-cheannsaichte. Tha dàimh àrsaidh eadar sgeulachdan Innis Tìle agus feadhainn nan Gàidheal, ach chan eil sgeulachdan anns a' Ghàidhlig a' faighinn na h-uiread de dh'urram.

Tha Leamhnachd agus Tèadhaich air fìor iomall na Gàidhealtachd, nan stairsnich don Mhachair Ghallda. Chithear anns an litreachas seo gu robh dualan an dà dhùthchais a' suathadh ri chèile aig ceann a deas na Gàidhealtachd. A dh'aindeoin sin, dh'fhaodamaid a ràdh gu robh Leamhnaich agus Tèadhaich a h-uile buille cho Gàidhealach ri muinntir Innse Gall gus an naoidheamh ceud deug, agus gu robh smodal den t-seann Ghàidhealtachd fhathast ri fhaighinn anns an fhicheadamh ceud.

It is amazing that Gaelic literature exists which deals with very remote times in the Lennox and in Menteith, and that there is plenty of literature on many topics throughout the ages.

There are people who will say that this is not proper literature as we know it today, since much of it was merely oral tradition, rather than written down on paper, until the nineteenth century. These tales and poems belong to the people of these areas, however, and they are worthy of preservation for that reason alone. Although the history in these tales tended to become distorted through the ages, they are still important because they reveal the values and belief system of the Gaels.

The Icelanders created literature from their oral tradition in the Middle Ages and they have a great pride and esteem for this literature. Although these stories are full of violence and bloodshed, Icelanders recognise that these heroic qualities emphasise their identity as a brave and indomitable people. The heroic tales of Iceland and of the Gael have an ancient common kinship, although Gaelic tales do not receive a comparable degree of recognition.

The Lennox and Menteith are on the very periphery of the *Gàidhealtachd* (the Gaelic culture-region) and are gateways to the Lowlands. It can be seen in this literature that both of these influences, the Lowland and the Highland, interact with each other at this far southern point of the *Gàidhealtachd*. Despite that fact, we can state that until the nineteenth century the people of the Lennox and Menteith were every bit as Gaelic as the people of the Western Isles, and that remnants of the old *Gàidhealtachd* could still be found into the twentieth century.

Translation between any two languages is an inexact art, and although English translations are provided for the Gaelic materials in this book, they cannot replace the Gaelic texts or provide exact equivalents of the sound and sense, and cultural resonances, of the originals - only an impression of them.

## CÀNAN AGUS DEASACHADH

Thàinig an litreachas anns an leabhar seo à iomadh seòrsa tobair feadh nan linntean, cuid dheth ann an dualchainntean ionadail nach eil a' còrdadh ri riaghailtean-sgrìobhaidh na nuadh-Ghàidhlig. Dh'fheuch mi, air an dàrna làimh, ris an litreachas (am pròs gu h-àraid) ath-sgrìobhadh air dhòigh nach biodh ro dhoirbh ri thuigsinn don fheadhainn aig a bheil Gàidhlig an fhicheadamh ceud, ach air an làimh eile, ri blas den t-seann dualchainnt fhàgail anns an litreachas, gu h-àraidh faclan agus gnàthasan-cainnte annasach. Tha iad a' nochdadh anns an Fhaclair aig deireadh an leabhair. Cha robh an cothromachadh seo soirbh a dhèanamh.

Chuir mi na seann ainmeannan-àiteachan Gàidhlig anns gach àite a nochd iad, agus chuir mi na cruthan as sine an àite nan ainmeannan a chaill an ciall: mar eisimpleir, bha an t-ainm 'Bannachra' (ann an Gleann Freòin) anns a' chruth 'Beannchair' air tùs, ged is coltach gun canadh na Gàidheil ris an do bhruidhinn Iain Deòireach 'Bannachra'.

Chan urrainn dhuinn a bhith cinnteach dè cho faisg agus a tha làmh-sgrìobhaidhean Iain Dheòirich agus Sheumais MhicDhiarmaid air beul-aithris nan daoine aig an cuala iad i, agus dè cho mòr agus a bha buaidh cànan a' Bhìobaill oirre. Theagamh gun do lean iad ri modhan sgrìobhaidh a chunnaic iad anns a' Bhìoball co-dhiù. Cuimhnichibh nach ionann dualchainnt muinntir gach coimhearsnachd nas motha.

Is e seo a' chuid as motha de na h-atharraichaidhean a rinn mi air na faclan:

| **Bha** | **Tha** |
|---|---|
| Fèin | Fhèin |
| So | Seo |
| Maith | Math |
| Os ceann | Os cionn |
| Thar leam / Tha ar leam | Ar leam |
| Nis | Nas  (m.e. nas motha) |
| Mar | Mur  (m.e. mur an robh) |
| Tre | Tro |
| Na | No |
| Iar | Air (m.e. air dha falbh) |
| Ciod e, Cia dè | Gu dè |

Gu tric, cha chanadh muinntir nan sgìrean seo '-adh' aig deireadh ainmeir ghnìomhairich (agus thug seo call air an tuiseal ghinideach). Chanadh iad, mar eisimpleir, 'bual' an àite 'bualadh'. Chuir mi seo 'ceart' ach anns na duain fhèin.

Tha e soilleir nach robh 'd' air a shèimheachadh nan leanadh e 'n', 's' no 'l', agus (saor bhon fhacal 'dhachaigh') dh'fhàg mi mar sin iad.

Seo na gnàthasan-cainnte a dh'atharraich mi:

| **Bha** | **Tha** |
|---|---|
| 'na dhèidh sin | an dèidh sin |
| oir is gun … | gus an … |
| e fhèin a [gnìomhair] … | a [gnìomhair] fhèin … |

# 1
# SEANN EACHDRAIDH

## 1. Eachdraidh ann an Ainmeannan

Is ann anns na sgrìobhaidhean aig Ptolemy a nochd an t-ainm san rìochd 'Leamhnachd' air tùs. Ged a sgrìobh Ptolemy a' chairt-dealbh aige anns an dara ceud an dèidh Chrìosda, rinn e feum de thobraichean fiosrachaidh a bha ann cheana. Tha Leamhnachd air a h-ainmeachadh air an abhainn Leamhain, agus shònraich Ptolemy gu robh crìochan Chailleann gu tuath air Leamhnachd.

Bho shean bha 'Loch Leamhain' air Loch Laomainn, mar as aithne dhuinn an-diugh e, ach thugadh Laomainn air leis mar a tha e fo sgèith na beinne mòire, Beinn Laomainn. Is coltach gur e 'An t-Eilean Leamhnach' frith-ainm a bha aig na Leamhnaich air an fhearann eadar Loch Laomainn, Loch Long agus Abhainn Chluaidh.

Bha na daoine a dh'àitich Leamhnachd anns an linn chèin ud nan Ceiltich aig an robh cànan a bha na màthair don Chuimris ris an can sinn 'a' Bhreatannais'. Is e 'Breatannaich' a bha orra fhèin, agus tha an t-ainm sin ann an ainmeannan-àiteachan anns an sgìre fhathast: tha Clach nam Breatann ann an Gleann Falach a' comharrachadh crìoch na Rìoghachd Breatannaich, agus bha Dùn Breatann (no Ail Cluatha mar a bha aig na Breatannaich air) na chathair do Rìoghachd Shrath Chluaidh.

Tha buaidh nam Breatannach air mòran de na h-ainmeannan eile. Is e 'cluain' as ciall don fhacal Bhreatannach llanerch, agus chithear e anns an ainm 'Laraig' faisg air Loch Bheannchair. Chuireadh an t-ainm Gàidhlig 'Fionntreabh' air an ainm Bhreatannach Gwendref a bha air air tùs, oir is ionann 'fionn' agus *gwen*. Is e *cardden* a bha aca air doire, agus chithear seo anns na h-ainmeannan 'Cinn Chardain' agus 'Cardanros'. Bha *caer* aig na Breatannaich air 'dùn', agus tha an t-ainm seo - 'cathair' - anns a' Ghàidhlig air sreath de dhùin ann an Srath Tèadhaich. Is coltach gu bheil an t-ainm Na Tròisichean na ainm Breatannach (neo Cruithneach) cuideachd mar a gheibhear gu cumanta anns a' Chuimrigh air monaidhean.

Is e Cruithnich a bha a' fuireach ann an Tèadhaich. Bha na Cruithnich nan Ceiltich aig an robh cànan na b' fhaisge air a' Bhreatannais na air a' Ghàidhlig, ged a tha e soilleir gu robh bàidh agus co-chaidreachas aig na Cruithnich ris na Gàidheil nach robh aca ris na Breatannaich. Bha an t-ainm

# 1
# ANCIENT HISTORY

## 1. History in Names

A form of the name *Leamhnachd* - the Gaelic place-name which is known in English as 'the Lennox' - first appears in the writings of Ptolemy. Although Ptolemy created his map in the second century after Christ, he was drawing on earlier sources of information. The Lennox is named after the river Leven (from *Leamhain*, as it is in Gaelic), and Ptolemy indicated that the land of the Caledonians was north of the Lennox.

In ancient times, Loch Lomond was called Loch Leven, but it was renamed 'Lomond' because it is overshadowed by the great mountain Ben Lomond. The name 'The Island of the Lennox' appears to have been a nickname given by the Lennox people to the land between Loch Lomond, Loch Long and the river Clyde.

The people who inhabited the Lennox in that remote age were Celts who spoke, not Gaelic but a language commonly referred to as 'Brittonic', which is the ancestor to Modern Welsh. They were called 'Britons', and this name still exists in place-names around the area: *Clach nam Breatann* 'The Stone of the Britons' marks the boundary of the Kingdom of the Britons, and Dumbarton Rock (from *Dùn Breatann*, 'The Fortress of the Britons'), which the Britons called *Ail Cluatha*, was the royal centre of the kingdom of Strathclyde.

Many other names demonstrate Britonnic influence. The Britonnic word *llanerch* means 'a clearing', and this word can be seen in the name 'Lendrick' close to Loch Venachar. The Gaelic name *Fionntreabh* (modern 'Fintry') replaced the original Britonnic name *Gwendref*, since *fionn* and *gwen* are respectively Gaelic and Britonnic terms meaning 'white, fair'. The term *cardden* referred to 'a wood', and this can be seen in the names Kincardine and Cardross. The Britons used the term *caer* for 'a fortress', and this word, *cathair* in Gaelic, is in the names of forts in the Vale of Menteith. It appears that the name 'The Trossachs' is a Britonnic name such as can be commonly found in Wales for hills.

Menteith was inhabited by Picts. The Picts were Celts who spoke a language closer to Britonnic than to Gaelic, although it is clear that the Picts had a closer alliance and relationship with the Gaels than they did with the Britons. The name

Trostan bitheanta am measg nan Cruithneach agus dh'fhaodadh gu bheil n h-ainmeannan-àiteachan Allt Trostain agus Creag Throstain air oirthir an ear Loch Laomainn air an ainmeanachadh air Cruithneach (ged a bha an aon ainm air Gàidheil cuideachd).

Bho shean, chreideadh daoine gu robh aigne aig gach abhainn, agus gun nochdte aigne gach aibhne na h-ainm. Mheasadh iad gu robh an abhainn Labharan air taobh Loch Laomainn na h-abhainn àird labhairtich. Is e 'tè a ghlanas' as ciall don ainm 'Cluaidh'. Tha ainm an eòin 'Eunarag' air an abhainn a tha a' dol gu sear bho Loch Laomainn.

Rè nan linntean, thàinig na Ceiltich uile - Breatannaich, Cruithnich agus Gàidheil - fo bhrataich nan Gàidheal. Bha làmh mhòr aig na daoine naomha Gàidhealach anns an dèanadas seo. Chithear buaidh nan daoine naomha ann an seann ainmeannan-àiteachan. Tha àiteachan ann air an ainmeachadh air Brìde, Mo Thath, Mo Chùg, Lolan, agus Adhamhnan (no Eònan, no Eòdhnan).

Tha Croit Eòdhnain ann an Gleann Falach agus Rubha Aird Eòdhnain air oirthir an ear Loch Laomainn. Is coltach gu robh Adhamhnan eòlach air Bruide, a bu mhac do Bhile a bha na Rìgh air Dùn Breatann, oir rinn e na rannan seo nuair a theasd Bruide:

Is mòr an t-iongantas a nì
An Rìgh a shìolaich bho Mhuire:
Beatha do Sguaban am Muile,
Eug do Bhruide mac Bhile.

Is ainneamh
Air bhith na Rìgh air tuatha
Gum bi ceap crìon còsach daraich
Mu mhac Rìgh Ail Chluaidh.

Is cinnteach gu robh barrachd litreachais ann mu Leamhnachd bho shean, ged nach do mhair e gus an latha an-diugh. Tha an tiotal 'Argain Shrath Chluaidh' am measg ainmeannan sgeulachdan a chaidh a sgrìobhadh anns na Meadhan Aoisean, agus is dòcha gur ann mu ionnsaigh a thug na Lochlannaich air Dùn Breatann anns a' bhliadhna 870 a bha an sgeulachd seo.

*Trostan* was common among the Picts and it is possible that the place-names *Allt Trostain* and *Creag Throstain* on the eastern shore of Loch Lomond were named after a Pict (although this name was also common among the Gaels).

Long ago it was believed that rivers had their own personalities, and the characteristic of each river was revealed in its name. The *Labharan* ('The Speaker') on Loch Lomond-side was considered to be a loud, talkative river. The 'Clyde' means 'she who cleanses'. The river Endrick which comes into Loch Lomond from the east is named after the snipe.

During the course of the centuries, all of the Celts - Britons, Picts and Gaels - were united under the leadership of the Gaels. The Gaelic saints played a large part in this process. The influence of the saints can be seen in place-names. There are places named after Saint Brigit, Saint *Mo Thath*, Saint *Mo Chùg*, Saint *Lolan* and Adomnan (called in Scottish Gaelic *Eònan* or *Eòdhnan*).

There is a *Croit Eòdhnain* ('Adomnan's Croft') in Glen Falloch and Rowardennan (Gaelic *Rubha Aird Eòdhnain*, 'The Promontory of the Height of Adomnan') on the east shore of Loch Lomond. It seems that Adomnan was acquainted with Bruide, the son of Bile who was the King of Dumbarton, since he composed the following quatrains when Bruide died:

> Great is the wonder done
> By the king descended from Mary:
> Life for Sguaban in Mull,
> Death for Bruide son of Bile.

> It is strange
> After his being the king of a people
> That there is a withered hollow oak lump
> Around the son of the King of Dumbarton.

It is certain that there was more literature about the Lennox in olden times, although it did not survive to the present day. The title 'The Siege of Strathclyde' is amongst the names of tales recorded in the Middle Ages, and it is likely that this tale was about an attack on Dumbarton by the Vikings in the year 870.

## 2. An Duine Naomh Bearachan agus Mar a Thàinig E Do Obar-Phuill

Tha a' bheul-aithris as sine a tha againn anns a' Ghàidhlig mu na daoine naomha Ceilteach. Tha e follaiseach gu robh na seann Ghàidheil gam meas nan daoine uasal cumhachdach agus tha naidheachdan air na daoine naomha air beul an t-sluaigh gus an latha an-diugh.

Tha a' mhòr-chuid den litreachas sgrìobhte as sine a tha againn anns a' Ghàidhlig a-mach air beatha nan daoine naomha. Ann am feadhainn de na sgeulachdan, tha na daoine naomha a' trod ris na Draoidhean, agus ged bu neartmhor na Draoidhean, bu treasa na daoine naomha. Air an dàrna làimh, tha na sgeulachdan seo a' sònrachadh gun d' fhuair a' Chrìosdachd làmh-an-uachdair air an t-seann chreideamh Cheilteach. Air an làimh eile, bha na daoine naomha fhèin nan Ceiltich a chuir seann chleachdaidhean Ceilteach an gnìomh cho math ri cleachdaidhean Crìosdail agus cha do chuir sin dragh no masladh air duine sam bith gus o chionn ghoirid. Uime sin, bha na daoine naomha mar dhrochaidean eadar a' Phàganachd agus a' Chrìosdachd.

Tha an sgeulachd seo cuideachd a' nochdadh nan cumhachdan a bha aig bàrdachd agus mar a bha eagal air daoine ro na bàird. Chì sinn cuideachd cleachdaidhean draoidheachd, mar gheibhte fios air rudeigin le fiodh agus le leann, ged nach eil eòlas mionaideach againn air mar a dh'obraich seo. Theasd Aodhan mac Gabhrain, a bha na Rìgh air Dàl Riada, anns a' bhliadhna 608.

Anns an aimsir ud dh'fhuirich Diarmad agus a sheisear bhràithrean ann an Rathann an Eirinn. Bha Diarmad na fhear socrach agus na phrìomh-èigeas agus na àrd-mhaighstir draoidheachd do Aodh mac Eachach a bha na Rìgh air Connachta. Is esan a thug Rathann do Dhiarmad an èirig òrain-molaidh a rinn e dha.

Thuirt Bearachan ri Diarmad am fearann fhàgail a thug an duine naomh Pàdraig dhàsan, ach chan fhàgadh Diarmad e. Ghabh Bearachan mòran de iomagain a' feuchainn ris am fearann a chosnadh do mhuinntir a' Choimhdhe agus do mhic na h-Eaglaise a thigeadh às a dhèidh anns a' mhanachainn a' fòghnadh do Dhia.

Chaidh Bearachan agus Diarmad gu Aodh mac Eachach, Rìgh Chonnacht, gus breith a dhèanamh dhaibh. Agus thuirt Diarmad ri Aodh nam b' ann do Bhearachan a bheireadh e am fearann gun dèanadh e

## 2. Saint Bearachan and how he came to Aberfoyle

The oldest oral traditions that survive in the Gaelic language are about the Celtic saints. It is clear that the ancient Gaels regarded the saints as noble and powerful people, and anecdotes about these saints can still be heard to the present day.

The majority of the oldest surviving written Gaelic literature also concerns itself with the lives of the saints. In some of these stories, the saints have hostile encounters with druids, and although the druids were powerful, the saints were even more so. On the one hand, this is an indication to us that Christianity eventually prevailed over the ancient Celtic religion. On the other hand, the saints themselves were Celts who put many of the older Celtic practices and beliefs into use side by side with the Christian practices, and this didn't cause anybody any trouble or embarrassment until modern times. These saints, therefore, were bridges between Paganism and Christianity.

The powers of poetry, and the fear that people had for the powers of the poet, are also demonstrated in this tale. There is mention of a druidic practice used for obtaining knowledge with the use of wood and ale, although we are no longer certain how this worked in detail. *Aodhan mac Gabhrain*, who was the King of Dàl Riada, died in the year 608.

In that time, Diarmad and his six brothers lived in Rathonn in Ireland. Diarmad was a good man and the head-poet and high-master of druidism to Aodh mac Eachach who was the King of Connacht. It was he who gave Rathonn to Diarmad as payment for a song of praise that he made for him.

Bearachan told Diarmad to leave the land that Saint Patrick had given to him, but Diarmad would not leave it. Bearachan went to a great deal of trouble trying to obtain this land for the community of the Lord and for the young men of the church who would come after him in the monastery giving their lives to God.

Bearachan and Diarmad went to Aodh mac Eachach, the King of Connacht, so that he would make a judgement for them. Diarmad said to Aodh that, if he gave the land to Bearachan, he would make

aoir dha agus gun èireadh trì builg air aodann agus gum biodh masladh, aineamh agus aithis air.

Cha dèanadh Aodh breith dhaibh, oir bha eagal air aoir fhaighinn bho Dhiarmad agus bha eagal air ro mhìorbhailean agus fheartan Bhearachain.

Agus shir Bearachan agus Diarmad Eire trì tursan ach cha d' fhuair iad neach an Eirinn a dhèanadh breith dhaibh.

'Rachamaid do Albainn,' arsa Diarmad.

Chaidh iad do Albainn, gu Aodhan mac Gabhrain, Rìgh na h-Albann, gus breith a dhèanamh dhaibh.

Bha fleadh mòr aig an àm sin aig Aodhan agus aig maithean na h-Albann agus bha macraidh mhòr a' cluiche air faiche an dùin. Bha aodach grinn air Diarmad agus deagh choltas air. Ach cha robh Bearachan fhèin a' deasachadh a chuid aodaich ach a' deasachadh anama agus coltas bochd air.

Chaidh Diarmad air thoiseach air Bearachan gu h-obann agus thuirt e ris a' mhacraidh, 'Tha am breugaire a' tighinn thugaibh - leigibh urchair òtraich is mhaidean is chlachan air.'

Agus ghabh a' mhacraidh orra fhèin seo a dhèanamh agus rinn iad ruathar ga ionnsaigh. Dhearc Bearachan orra. 'Gum biodh sibh,' ars esan, 'gun chomas air an ionnsaigh sin a dhèanamh.' Lean an casan ris an talamh agus lean an làmhan ris na maidean a bha aca. Agus chaochail an cruth-san agus an dealbh-san agus dh'fhastaidh Dia mar sin iad.

Agus chaidh Bearachan agus Diarmad an uair sin gu doras an dùin agus ghabh iad fuachd mòr anns an doras. Bha dà chàrn shneachd ann an doras an dùin.

Thuirt Diarmad, 'A bhreugaire, nam b' fhìor-chlèireach thu, dhèanadh tu teine den dà mheall shneachd ud gus am faigheamaid blàths aca.'

'Gun dèantar teine dhiubh. Eirich agus sèid iad,' arsa Bearachan.

Chaidh Diarmad agus shèid e iad agus las iad mar chrìonach agus fhuair Bearachan agus Diarmad teas aca.

Dh'innseadh na feartan is na mìorbhailean seo do Aodhan. Thuirt Aodhan ri dhraoidhean, 'Faighibh fios cò rinn na feartan seo agus na mìorbhailean.'

Agus chaidh na draoidhean air an cliathan caorainn agus thugadh corm ùr dhaibh. Bha ceathrar dhraoidhean ann agus thuirt a' chiad fhear:

a satire against him and that three blisters would rise on his face and that he would suffer shame, blemish and insult.

Aodh therefore would not make any judgement for them because he was afraid of Diarmad's satire, and he was afraid of the miracles and powers of Bearachan.

Bearachan and Diarmad searched the land of Ireland three times but no one could they find who would make a judgement for them.

'Let us go to Scotland,' said Diarmad.

They went to Scotland, to Aodhan mac Gabhrain, the King of Scotland, to seek a judgement.

Aodhan and the nobles of Scotland were having a great feast at that time and there was a large troop of boys playing on the field of the fortress. Diarmad was arrayed in fine clothing and he was pleasing to look at. It was not his clothing that Bearachan was preparing but his soul, and he looked rather wretched.

Diarmad made a dash and raced in front of Bearachan and he said to the troop of boys, 'The impostor is coming toward you - go and throw dung and sticks and stones at him.'

And the boy troop made a start to do this and made a rush toward him. Bearachan glared at them. 'May you be,' he said, 'without the power to carry out your wish.' Their feet stuck to the ground and their hands stuck to the sticks they had, and their shapes and their forms changed and God made them stay like that.

And Bearachan and Diarmad then went to the doorway of the fortress and they felt very cold there in the doorway. There were two piles of snow in the doorway of the fortress.

Diarmad said, 'You impostor, if you were a true man of God, you would make a fire of those two piles of snow so that we could be warmed by them.'

'May they become fires. Rise up and go and blow on them,' said Bearachan.

Diarmad went over and he blew on them and they lit like firewood and Bearachan and Diarmad warmed themselves from them.

Aodhan was told about these powers and marvels. Aodhan said to his druids, 'Find out who it is who did these miracles and these marvels.'

And the druids went on their wattles of rowan and fresh ale was given to them. There were four druids and the first one said:

Bearachan buadhach gu bràth
Is Eire na rìgh-rathan
Anns an robh e air brath.

Thuirt an dàrna fear dhiubh:

Chan eil duine naomh uasal boillsgeach
   No òigh naomh adhamhra
   A ruigeadh air a fheartan
   Ach Bearachan buadhach
       A Badhgna bhàin.

Thuirt an treas draoidh:

Bearachan mac Neamhnaill
Mhic Neamhairgein neartmhoir.
Cha duine gun talamh e
Ach fear trom treun tarbhach tabhairteach
Ris an toirte a fhearg.

Thuirt an ceathramh draoidh:

Dh'fhoillsicheadh a luaths,
Tionndaidhidh a ghradanachd olc
Mac Aonghais mhic Eirc dheirg.

Agus thuirt na draoidhean ri Aodhan, 'Is e an duine naomh uasal urramach Bearachan a thàinig à Badhgna an crìochan Chonnacht an Eirinn. Is esan a rinn na feartan agus na mìorbhailean. Agus thàinig fear dàna còmhla ris gus an dèanadh tu riarachadh fearainn dhaibh. Tha iad an doras an dùin.'

Agus thug iad Bearachan leotha chun an Rìgh agus thug Aodhan do Bhearachan a mhiann agus rinn e sleuchdadh dha. Agus shlànaich Bearachan a' mhacraidh.

Agus thairg Aodhan an dùn sin, aig Obar-Phuill, air Bearachan. Agus thairg an Rìgh càin Albann gu lèir air. Agus thairg a' mhacraidh dha iad fhèin nam manaich agus an sìol nam manaich gu bràth.

> May Bearachan be ever victorious
> And Ireland of the royal forts
> Where he was seeking a judgement.

The second one of them said:

> There is no noble radiant saint
>> Or holy glorious maiden
>> Who could achieve his talents
>> But Bearachan the ever victorious
>>> From fair Badhgna.

The third druid said:

> Bearachan the son of Neamhnall
> The son of mighty Neamhairgean.
> He is no landless man
> But a weighty, strong, energetic, generous man
> Against whom he sends his anger.

The fourth druid said:

> His swiftness is revealed,
> His quickness turns away evil
> The son of Angus the son of red Erc.

And the druids said to Aodhan, 'Bearachan is a noble, honourable saint who has come from Badhgna in the land of Connacht in Ireland. It is he who performed the miracles and marvels. And a poet has come with him so that you can make a settlement of land for them. They are in the doorway of the fortress.'

And they brought Bearachan with them to the King and Aodhan gave Bearachan his wish and prostrated himself before him. And Bearachan healed the troop of boys.

And Aodhan offered that fortress, at Aberfoyle, to Bearachan. And the King offered the dues from all of Scotland to him. And the troop of boys offered themselves to him as monks and their descendants as monks for all eternity.

Ghabh adhradh nan daoine naomha os làimh iomadh làrach a bha naomha beannaichte fada mun do ràinig a' Chrìosdachd Alba. Bha *nemeton*, a' ciallachadh 'àite naomh', air na h-àiteachan naomha a bu chudromaiche bho shean agus tha fhios againn gu robh a leithid de àite ann an Gleann Freòin. Tha an t-ainm Ros-neimhidh a' comharrachadh coille a bha faisg air làraich an *nemeton*.

Gu math tric stèidhicheadh ceall aig àite naomha no aig dùn rìgh na dùthcha. 'S e sin a rinn Bearachan agus tha tobhta an dùin ri faicinn làmh ri mansa Obair-Phuill. 'S e 'Tom nan Glùn' - far an dèanadh daoine ùrnaigh - a tha air a' chnoc. Bha an t-seann eaglais an Calasraid, mar an ceudna, mu choinneimh Chaisteil Chalasraid air taobh thall na h-aibhne. B' àbhaist do eilean a bhith ann an Loch Innse Mo Cholmaig: Innis Mo Cholmaig, far an robh manaich, agus Eilean Tallach far an robh na h-uaislean a' tàmh. Bha Mormhair Leamhna fhèin a' fuireach air Innis Mearain, eilean air ainmeachadh air an duine naomh Mearan.

Bha na Gàidheil gu math measail air an tè naomh Brìde agus bha Cill Bhrìde ann an Gleann Freòin agus tè eile faisg air Calasraid. Bha daoine a' creidsinn gum faigheadh iad ìocshlaint aig uisge fìorghlan nan tobraichean. Rachadh muinntir Luis suas Gleann Luis gus deoch fhaighinn à Tobar Bhrìde agus chuireadh iad clach bheag gheal anns an tobar, cleachdadh eile a tha anabarrach àrsaidh. Bha Tobar Mo Thath faisg air Baile Mo Thath.

Bhiodh daoine a' cumail cuimhne air na daoine naomha aig fèilltean. Bha Fèill Mo Chùg air an 26mh latha den t-Samhain aig Cill Mo Chùg agus Fèill Bearachain anns a' Ghiblean agus anns an Dàmhair aig Obar-Phuill.

The cult of saints took over many sites that were holy and sacred long before Christianity ever reached Scotland. The most important sacred sites were called *nemeton*, meaning 'holy place', in ancient times and we know that such a site once existed in Glen Fruin. The name *Ros Neimhidh*, or Rosneath in English, marks a wood which was close to the site of a *nemeton*.

It was very common for an early church site to be established at a sacred place or at the fortress of a local king. This is what Bearachan did, and the ruins of the fortress can be seen next to the manse of Aberfoyle. It is called *Tom nan Glùn*, 'The Hillock of the Knees', since people would say prayers at this site. Likewise, the old church in Callander is on the opposite side of the river from Callander castle. There are two islands in the Lake of Menteith, Inchmahome ('The island of Saint Mo Cholmag') where the monks stayed, and Inchtalla ('The hall island') where the nobles stayed. The Earl of the Lennox himself had a royal seat on Inchmurrin ('The isle of Saint Mearan').

The Gaels were very fond of Saint Bridget and there was a Church of Brigit ('Kilbride') in Glen Fruin and another close to Callander. People believed that they could be healed by the pure waters of wells. The people of Luss used to go up Glen Luss to drink a drink from the well of Bridget and they would put a small white stone in the well, another practice which is extremely ancient. There was a well of Saint *Mo Thath* close to Balmaha ('Village of Saint *Mo Thath*').

Saints were commemmorated by the holding of fairs and festivals. There was a fair of Saint *Mo Chùg* on the 26th of November at Kilmahog ('The Church of Saint *Mo Chùg*') and fairs to Saint *Bearachan* in April and in September in Aberfoyle.

'Crois air leac aig Cill Brìde, Loch Lùbnaig'. (1.2)

© T. E. Gray.

'Tom Mo Cheasaig aig Calasraid'. (1.3)

© Michael Newton.

## 3. An Duine Naomh Mo Cheasag

B' e Mo Cheasag an duine naomh a bu chudromaiche ann an Leamhnachd agus an Tèadhaich. Bhathar ag adhradh dha air feadh nan sgìrean seo, agus ann an àiteachan eile air a' Ghàidhealtachd. Dhèanadh saighdearan Leamhnach aslachadh dha nuair a rachadh iad gu cath. Coltach ris na seann daoine naomha eile, bha an duine naomh is smodal den Phàganachd a' leantail ris. Bha rann ann a bha a' cumail a-mach gu robh Goll, nàmhaid do Fhionn Mac Cumhaill, na shinnsear do thriùir dhaoine naomha na h-Albann:

Maothan maiseach bu chaoin cruth
Is Ceasag bho shruth nan long
Is Faolan bho shrath nam fiadh -
Sin an triùir a ghin bho Gholl.

Cha rachadh na Gàidheil as àicheadh gu robh daoine naomha buadhach nam biodh Goll am measg an sinnsirean.

Tha beagan seanchais air Mo Cheasag ann an Leabhar-Urnaigh Obar-Dheathain a chaidh a sgrìobhadh anns na Meadhan-Aoisean.

Rugadh Ceasag na dhuine uasal de theaghlach rìoghail Chaiseil ann an Eirinn. Nuair a bha e na bhalach dhèanadh e mìorbhailean. Latha de na làithean, bha fleadh mòr aig athair Cheasaig ann an Caiseal. Chaidh Ceasag agus flaithean òga a bha aig an fhleadh gu lochan agus chaidh am bàthadh uile ach Ceasag. Ruith e dhachaigh agus dh'innis e dha athair mar a thachair.

Ach bha athraichean na h-òigridh fo amharas gu robh Ceasag ri foill agus bhagair iad air mun do dh'fhalbh iad gun loisgeadh iad Caiseal. Rinn Ceasag ùrnaighean fad na h-oidhche agus anns a' mhadainn bha an òigridh beò a-rithist.

Bha beul-aithris ann an Siorrachd Pheairt glè choltach ri sin a thaobh mìorbhail a rinn e aig Port Cheasaig, mu choinneimh Inbhir Nis. A rèir an sgeòil, nuair a bha e na bhodach bha e air bàta-aiseig anns an robh neart de dhaoine a bha a' dol thar a' chaolais. Dìreach mun tàinig i gu tìr air oirthir Rois, dh'èirich sgread gaoithe a chuir am bàta fodha. Chaidh a h-uile neach ach e fhèin a bhàthadh, ach thug Ceasag beò iad le fheartan. Bha Port

## 3. Saint Mo Cheasag

Saint *Ceasag* was the most important saint in the Lennox and in Menteith. He was revered throughout these areas, and as well in other places in the Highlands. The Lennox warriors made supplications to him when they went to war. As with other ancient saints, traces of Paganism survived in connection with him. There is an old rhyme which claims that *Goll*, one of the enemies of *Fionn Mac Cumhaill*, the leader of the *Fianna*, was the ancestor of three of the Scottish saints:

> Handsome *Maothan* of gentle shape
> And *Ceasag* from the ships' current
> And *Faolan* from the vale of deer -
> Those are the three who are begotten of *Goll*.

No Gael could deny that a saint was powerful and heroic who had an ancestor such as *Goll*.

There is some traditional lore about *Ceasag*, or *Mo Cheasag* ('My Ceasag') as he was affectionately called, in the medieval religious text known as the Aberdeen Breviary.

> *Ceasag* was born a noble of the royal family of Cashel in Ireland. When he was a boy, he would do miracles. One day, *Ceasag*'s father had a great feast in Cashel. *Ceasag* and the young princes who were at the feast went to a small loch and all of them except *Ceasag* were drowned. He ran home and he told his father what had happened.
>
> But the fathers of the youths were suspicious that *Ceasag* was acting treacherously and they threatened to burn Cashel before they left. *Ceasag* prayed throughout the night and in the morning the youths were alive once again.

There was an anecdote in the oral tradition of Perthshire very similar to this regarding a miracle he performed at Kessock Ferry, across from Inverness. According to the story, when he was an old man he was crossing the strait in a ferry in which there were many people. Just before they came to land on the Ross-shire shore, a sudden squall arose which overturned the boat. Everyone but himself was drowned, but *Ceasag* revived them with his powers. The port

Cheasaig air a' chaladh a-riamh an dèidh sin.

A rèir beul-aithris, dh'fhuirich Mo Cheasag ann an Innis Taigh a' Mhanaich, a chaidh ainmeachadh air. Nuair a sheirmeadh e clag aig Tom nan Clag, an cnoc as àirde anns an eilean, thigeadh na daoine gu adhradh.

Mhurtadh Mo Cheasag aig a' Bhàn-doire, mu mhìle deas air Lus. Bha Càrn Mo Cheasaig an sin gu meadhan an ochdamh ceud deug, nuair a leagadh e aig na daoine a bha a' càradh an rathaid. Lorg iad taobh a-staigh a' chùirn ceann cloiche Mo Cheasaig agus ìomhaigh chloiche an Easbaig Roibeart Mac a' Chombaich. Bha Bachal Mo Cheasaig fo chùram Chloinn a' Chombaich rè iomadh linn. Chaidh Clag Mo Cheasaig a chall anns an t-seachdamh ceud deug.

Tha an t-ainm 'Gille Mo Cheasaig' ann an cairt a sgrìobhadh mun bhliadhna 1225 ann an Leamhnachd. Tha an t-ainm MacCeasaig fhathast ri fhaotainn ann an Albainn, agus is ann bhon ainm sin a thàinig an t-ainm Kessog.

Bha Fèill Mo Cheasaig ann an Calasraid air an treas Dimàirt anns a' Mhàrt. Bha Fèill Mo Cheasaig anns a' Chuimrigh an Siorrachd Pheairt, far a bheil àite ris an canar Tom Mo Cheasaig. Tha gnàth-fhacal ann, 'Latha Mo Cheasaig, bidh gach easan torrach'. Is dòcha gu bheil seadh an fhacail 'torrach' anns an t-suidheachadh seo a' comharrachadh meud nan allt, agus an sneachd a' leaghadh leis a' bhlàths.

Chithear gu bheil mòran seanchais mu thimcheall an duine naomha a' buntainn ri uisge, agus a bharrachd air sin, tha fuarain a' nochdadh no uisgeachan a' tighinn còmhla aig na badan a bhuineas don duine naomh: Lus, Tom Mo Cheasaig ann an Calasraid, Tom Mo Cheasaig anns a' Chuimrigh, Cladh nan Ceasanach ann an Gleann Fionnghlais, Port Cheasaig, Fuaran Mo Cheasaig faisg air Cill Earrainn agus Fuaran Mo Cheasaig faisg air an t-seann eaglais ann an Uachdar Ard-Thìr.

was called Kessock Ferry after that.

According to tradition, *Mo Cheasag* lived in the island Inchtavannach ('The island of the monk's house'). People would come for worship when he sounded the bell on *Tom nan Clag* ('The hill of the bells'), the highest hill on the island.

*Mo Cheasag* was martyred in Bandry, about a mile south of Luss. *Mo Cheasag*'s Cairn was there until the middle of the eighteenth century, when the people constructing the road tore it down. Inside the cairn they found a stone head of *Mo Cheasag* and a stone statue of the Bishop Robert Colquhoun. The Colquhouns were the caretakers of *Mo Cheasag*'s Crozier for many generations. *Mo Cheasag*'s Bell went missing in the seventeenth century.

A man named *Gille Mo Cheasaig* ('The devotee of Mo Cheasag') witnessed a charter written about the year 1225 in the Lennox. The name MacKessog can still be found in Scotland, and the name Kessog is also derived from the saint's name.

*Mo Cheasag*'s Festival was in Callander on the third Tuesday of March. There was a *Mo Cheasag*'s Festival in Comrie at a place called *Tom Mo Cheasaig* ('*Mo Cheasag*'s knoll'). There is a Gaelic proverb which says, 'On *Mo Cheasag*'s day, every waterfall will be overflowing', probably indicating the increase in the size of rivers due to the melting snows.

It can be seen that the lore concerning the saint frequently deals with water, and besides that, there are springs or confluences of water in many of the places which are associated with the saint: Luss, *Tom Mo Cheasaig* in Callander, *Tom Mo Cheasaig* in Comrie, *Cladh nan Ceasanach* in Glenfinglas, Kessog Ferry, *Mo Cheasag*'s Spring near Killearn and *Mo Cheasag*'s Spring by the old church in Auchterarder.

## 4. 'Is Saor Do Leannan, a Leamhain'

Bha Muireadhach Albannach Ó Dàlaigh na fhilidh - bàrd as àirde foghlam - a thàinig do Albainn à Eirinn anns an treas ceud deug air fògairt. Stèidhich e teaghlach ainmeil a bha nam filidhean do Dhòmhnallaich nan Eilean gus an t-ochdamh ceud deug.

Rinn Muireadhach Albannach an duan seo do Alùn (no Ailìn), a bha na Mhormhair air Leamhnachd, ged a rinn Muireadhach an duan mar gum biodh e a' bruidhinn ri Abhainn Leamhain. Is e 'Rìgh' a tha aig Muireadhach (sreath 7), a rèir stoidhlidhean nan Gàidheal, ach chuireadh an stoidhleadh 'Mormhair' air ceannardan a bha a' riaghladh nam fo-rìoghachdan Ceilteach.

Nuair a stèidhich Rìgh Dàibhidh a h-Aon fiùdalachas air feadh na h-Albann, beagan ro àm an duain seo, chuir e burghan air bhonn. Bha mòran Ghall aig an robh an t-seann Bheurla Ghallta a' tighinn a thuineachadh anns na burghan. Mar sin, bha Muireadhach Albannach a' meòrachadh air na làithean a dh'fhalbh mun robh Goill a' tighinn faisg air crìochan Leamhnachd.

Bha aig na bàird ri iomadh seòrsa fiosrachaidh a chumail air theangaidh: eachdraidh, bàrdachd, craobh-sheanchais, is eile. Bheireadh duain comhairle do na daoine uaisle nam biodh iad a' dèanamh dearmad air an cuid dleasdanais, ach mar bu trice is e moladh a bhiodh na bàird a' dèanamh, gu seòlta. Bhiodh iad gu h-àraidh a' moladh shinnsrean agus ag aithris nan deagh ghnìomhan a rinn iad. Thuigeadh cuspair an duain gu robhar an dùil gun leanadh e 'gu dlùth ri cliù a shinnsre'.

Stèidhich Corc mac Lughaidh às a' Mhumhain ann an Eirinn teaghlach rìoghail ann an Albainn. A rèir seanchas an duain seo, phòs Corc Leamhain, a bha na nighinn do Fhearadhach mac Rìgh na h-Albann, agus mar sin is ann an Leamhnachd a bha Corc. Ach on as e seo a' chiad chunntas a tha againn a tha a' stèidheachadh an sgeòil ann an Leamhnachd, chan urrainn dhuinn a bhith cinnteach nach e Muireadhach Albannach fhèin a chuir an dreach seo air an sgeul gus urram a thoirt do Mhormhair Leamhna.

Is e seanchas a tha a' mìneachadh ainmeannan-àiteachan a tha ann an 'dinnsheanchas'. Mar bu trice dh'ainmichte àite air duine a rinn rudeigin sònraichte ann, agus is e am bàs an tachartas as bhitheanta air an toir dinnsheanchas iomradh. Chuireadh na bàird dinnsheanchas an cèill gus an cuid eòlais a dhearbhadh, gan cur fhèin os cionn chàich. Anns an duan seo, tha Muireadhach a' cumail a-mach gur e Geàrr-abhainn an t-ainm a bha air an abhainn bho thùs gus an deach Leamhain a bhàthadh innte. Bha 'Leamhain' air an abhainn a-riamh tuilleadh an dèidh sin.

## 4. 'Your Lover Is Noble, O Leven'

*Muireadhach Albannach Ó Dálaigh* was a *filidh* - the highest rank of poet - who came to Scotland from Ireland in the early thirteenth century as a fugitive. He established a famous poetic dynasty who were *filidhs* to the MacDonalds into the eighteenth century.

*Muireadhach Albannach* made this poem to *Alùn* (or *Alùn*) who was the Earl of the Lennox, although he composed it as though he were addressing the river Leven. *Muireadhach* uses the title 'King' (in line 7), keeping to the traditional Gaelic titles, although the title *Mormhair* translated as 'Earl') more normally appears for the rulers of the Celtic sub-kingdoms.

When King David I introduced feudalism to Scotland, a little before the time of this poem, he established burghs. A great many foreigners, who spoke an early form of English, came to settle in the burghs. *Muireadhach Albannach* recalls those days of the past before these foreigners were coming close to the borders of the Lennox.

Poets had to memorise many kinds of information by heart: history, poetry, genealogy, and so on. Poems would give advice to the nobles if they were neglecting their responsibilities, although most of the time the poets provided a subtle sort of praise. Their usual tactic was to praise ancestors and recount the excellent deeds that they performed. The subject of the poem would understand that he was expected to follow in the footsteps of his ancestors.

*Corc* son of *Lughaidh* from Munster in Ireland was the ancestor of a royal family in Scotland. According to the lore in this poem, *Corc* married Leven, who was the daughter of *Fearadhach*, the son of the king of Scotland, and therefore *Corc* was situated in the Lennox. Because this is the first account of the tale which is specifically located in the Lennox, however, we cannot be sure that *Muireadhach Albannach* himself did not adapt the tale in order to enhance the reputation of the Lennox dynasty.

*Dinnsheanchas* is a traditional type of lore which explains place-names. Places were most often named after a person who did something there, and death is the most common occurrence that *dinnsheanchas* mentions. The poets would make use of *dinnsheanchas* in order to demonstrate how learned they were and thus to assert their superiority. In this poem, *Muireadhach* states that *Gearr-abhainn* ('Short-river') was the name of the river at first, until Leven was drowned in it. It was called 'Leven' ever after that.

Ged is dòcha nach eil an naidheachd seo fìor a thaobh eachdraidh, tha i a' tagradh gu bheil teaghlach rìoghail Leamhna dlùth an dàimh ris an dùthaich - gum b' e Leamhnachd an dùthchas-san. B' e cleachdadh nan Gàidheal anns an linn ud banais a bhith aig an Rìgh nuair a rachadh a choisrigeadh na Rìgh gus am biodh e 'pòsta' ris an dùthaich fhèin, no, mar a bhathas a' creidsinn aig an àm, ri ban-dia na dùthcha. Mar sin, tha am bàrd a' moladh Alùin mar dheagh chèile do bhan-dia na h-aibhne 'Leamhain'.

Is saor do leannan, a Leamhain -  1
Alùn òg mac Mhuireadhaich,
A chùil dhruimneach gun duibhe,
Ogha Lughaidh à Liathmhuine.

Is math do rath, gillean geala, 5
On a chàraidich thu a' chiad fhear:
Mac Rìgh Bhealaich don robh an dàn
Gum b' e Leamhain a leannan.

Bu Ghearr-abhainn d' ainm bho shean,
Ri linn nan seann Rìghrean, 10
Gus an d' thàinig Corc Muimhneach thar mara,
Falt druimneach os cionn a dhearcan.

An sin thàinig Fearadhach Fionn,
Mac Rìgh Albann nan òr-pheall,
Rinn e ri Corc cleamhnas 15
Air teachd na thighearnas.

Thug Fearadhach - 's fheàirrde leam e -
A nighean do Chorc cùilfionn;
Bha Teamhair Mhidhe làn de h-ainm,
Leamhain ainm na nighinn. 20

Is e torraicheas rìoghail a rug Leamhain:
Maine mac Cuirc cùl-leobhair;
Dh'altraim i na h-uchd an t-eun
Do Chorc Caiseil nan cuilean.

Although this tale is probably not historically true, it upholds and affirms the belief that the royal family of the Lennox had an intimate relationship with the land - that the Lennox was their rightful ancestral homeland. It was the Gaelic custom in these times for the King to have a 'wedding' when he was inaugurated so that he would be married to the land itself, or, as was believed at the time, to the goddess of the land. The poet is therefore praising Alùn as a worthy mate for the goddess of the river Leven.

Your lover is noble, O Leven -                                              1
*Alùn* the young son of *Muireadhach*;
His wavy hair is bright,
The descendant of *Lughaidh from Liathmhuine*.

Your have been fortunate with fair young men,                5
Since you were married to the first man:
The son of the King of Balloch who was destined
To have Leven as his lover.

Your name in ancient times was *Gearr-abhainn*,
In the era of the ancient Kings,                                              10
Until *Corc* of Munster came across the water,
Rippling tresses above his eyes.

And then *Fearadhach* the white came,
The son of the King of Scotland of the golden coverlets;
He made a marriage alliance with *Corc*                         15
After he came to be ruler.

*Fearadhach* gave - I reckon it good -
His daughter to fair-haired *Corc*;
She was the talk of Tara of Meath -
Leven was the name of the girl.                                           20

Leven bore a royal conception:
*Maine* the son of long-haired *Corc*;
She nursed the fledgling at her breast
For *Corc* of Cashel of the hounds.

Latha de na làithean do Leamhain,　　　　　　　　　25
Màthair Maine nam meur leobhair,
Caogad nighean bu bhàn bonn
A' snàmh aig inbhir na h-aibhne.

Bhàthadh i air bruthaich a' chalaidh,
Leamhain nighean Fhearadhaich;　　　　　　　　30
Chuireadh Leamhain ort an dèidh sin
Meomhair nach olc ri faisneas.

B' ainneamh ceum cathan Ghall
Mud iomallan uaine, a abhainn;
Bu mhinig leat, a Leamhain,　　　　　　　　　　35
Mac eilde mu d' inbhearan.

Dh'fhàs umad Alùn òg,
Mac Muireadhach nam mìn-ròd,
Alainn snuadh a ghlacan glana ùra:
Mac do chuain, a' chiad Alùn.　　　　　　　　　40

Chan òladh e na ònar,
Alùn òg Ogha Oilill;
Tha a' gheug de fhine Alùin is
Ceud aca 'g ibhe an aon ghalain.

Mormhair Leamhna leacan mìne,　　　　　　　　45
Deagh mhac nighean Ailìn,　·
A gheal-làmh, a thaobh, a throigh:
Is saor do leannan, a Leamhain.

One day Leven, 25
The mother of *Maine* of the long-fingers,
And a group of women of the fairest feet
Were swimming at the mouth of the river.

She was drowned on the edge of the beach,
Leven the daugher of *Fearadhach*; 30
You were named Leven after that -
A tale that is not hurtful to recount.

Few were the steps of the foreign troops
About your green banks, O river;
Frequently did you experience, O Leven, 35
The son of the hind about your estuaries.

Young *Alùn* grew up around you,
The son of *Muireadhach* of the smooth roads;
The hue of his young hands was handsome;
That first *Alùn* was the son of your waters. 40

He never drank alone,
Young *Alùn* the descendant of *Oilill*;
The offshoot of the dynasty of *Alùn*
And a hundred others drink of the same vessel.

The Earl of the Lennox of the smooth cheeks, 45
The excellent son of the daughter of *Ailìn*,
His fair hand, his body, his foot:
Noble is your lover, O Leven.

## 5. Laoidh do Amhlaoibh Aird nan Capall

A rèir Mhuireadhaich Albannaich, chan e duan ach laoidh a rinn e do Amhlaoibh, a bha na ogha do Mhormhair Alùn. Is e seo 'am bathar allmharach' air a bheil e a-mach an sreath 16. Theagamh gur e an t-Amhlaoibh seo bhon a shìolaich Clann Amhlaoibh don robh Aird nan Capall na cathair. Tha Muireadhach ag iarraidh air Amhlaoibh fastadh agus duaisean a thoirt dha mar bu chòir a thoirt do fhilidh, agus a' feuchainn ri nàire a chur air.

Mar a rinn e le Alùn, tha Muireadhach a' cur an cuimhne Amhlaoibh gum b' aithne dha a shinnsearan air fad agus tha e a' toirt luaidh air fineachan a bha cliùiteach aig an àm ud. Tha Corc Caiseil agus Lughaidh nam measg, na h-aon daoine air an robh e a-mach shuas.

Mar bu dual dha na bàird, chleachd Muireadhach ìomhaighean ionmholta air a bheil coltas masgalach, ach aig an aon àm, chuir e an cèill gum bu duine sgaiteach e mura faigheadh e na dh'iarr e.

Is mairg a thrèigeas mi, a Amhlaoibh  1
A' ghuirt uaine ubhal-mhaoil;
Ge mòr do ghaol agus do ghràin
Cha leòr mur eil thu gam thogail.

Fichead luilgeach is reachd dhomh,  5
Searraich ullamh na h-Albann,
Is roghainn gach fòid calltainn-ùir chaoimh
Bho do mhall-shùil òig, a Amhlaoibh.

A Amhlaoibh, a fhabhra dhonn,
Chan eil mi buidheach de do fhearann  10
A tha agaibh air Aird nan Each;
Is mairg a chagarsaicheas mo chuibhreach.

Cha churrach, cha chriathrach bog
A dhleasas tu dhomh;
Cuid den chill as dlighe do neach,  15
A ghil fhinn, air a bhathar allmharach.

## 5. A Lay to Amhlaoibh of Ardencaple

According to *Muireadhach Albannach*, he did not write a poem but a lay to *Amhlaoibh*, who was the grandson of the Earl *Alùn*: this is the 'imported good' that he mentions in line 16. This *Amhlaoibh* was the progenitor of the MacAulays who held Ardencaple as a power-centre. *Muireadhach* asks *Amhlaoibh* to give him employment and payments as was fit and proper for a *filidh*, and tries to embarrass him into doing so.

As he did for *Alùn, Muireadhach* reminds *Amhlaoibh* that he knows about all of his ancestors and he mentions clans which had a strong reputation at that time. *Corc* of Cashel and *Lughaidh* are amongst those named, the same people he mentions above.

As was customary for poets, *Muireadhach* appears to praise his patron to the point of flattery, but at the same time, he states that he can also be a harsh man if he does not get what he asks for.

Woe to him that abandons me, O *Amhlaoibh*  1
Of the green apple-smooth garden;
Although your love and hate may be great,
They are insufficient if you do not maintain me.

Twenty milch cows would be due to me,  5
Seasoned Scottish colts,
The choice of all mild hazel-fresh lands
From your young stately eye, O *Amhlaoibh*.

O *Amhlaoibh*, O brown eye-browed one,
Your land does not benefit me  10
Which you have at *Ard nan Each*;
Woe to the person who conspires at my hindrance.

It is no marsh or swampy bog
That I would require to have from you;
A person is owed a bit of church-ground  15
For his imports, O pure white one.

Mur b' àill leat, air mo laoidh,
Crodh is fearann, a Amhlaoibh,
Buin ri d' fhearann agus ìoc an crodh -
Cha dleas tu dhomh do dhomhan.                          20

Cuir fichead luilgeach air làimh
Gus an dèan mi d' fhearann fhàgail;
Siridh mi ionad, a chiabh cham:
Bha mi a-riamh ri siubhal.

Bu mhiann leam imeachd uile                             25
Uaibh, a chneas-bhàin chùl-bhuidhe,
Buntainn do Eirinn nan ealachan
Gu cloinn mheur-sheing Mhuireadhaich.

Cha robh neach agaibh, a fhalt nan raon,
A dh'fhastaidh mi ach am Mormhair;                      30
Bu tearc an sluagh nach do dh'fheall orm
Ach an Stuadh sheang shùil-mhall.

Fichead bò thorrach àlainn
Dhomh bho do ghnùis mar gheal-làmhainn,
Baile saor an Srath Leamhna,                            35
Rath taobh ris an Tighearna.

On chuala tu, a chùl nan sgath,
Mar a fhuair mi Mormhair Leamhnach,
Tha tnùth agus farmad annad
A' fàs, a chùl bharr lag bog.                           40

Cuimhnich Clann chùl-chas Chonghail -
Math d' aigne ri d' ollamhan;
Clann Ghoraidh, cuimhnich nad chuing,
A Mhuimhnich shoilleir.

If you do not wish to give me, for my lay,
Cattle and land, O *Amhlaoibh*
Take your land and pay the cattle -
I do not require your domain from you.                    20

Bring twenty milch cows to hand
So that I may leave your land;
I will seek a place, O winding lock of hair,
Since I have always travelled.

I wanted to depart from you entirely,                     25
O white-skin yellow-haired one,
To belong to Ireland of the swans,
To go to slender-fingered *Muireadhach*'s sons.

There were none of you, O trailing hair,
Who hired me except the Earl;                             30
Few those who did not prove to me false
Except this slender graceful-eyed stalwart.

Twenty pretty calf-bearing cows
Give me from your white-glove countenance,
A noble steading in the Vale of Leven,                    35
A fort next to the magnate.

Since you heard, O winged-haired one,
How I got the Earl of Lennoxmen,
O soft gentle-topped hair,
Envy and rivalry grow in you.                             40

Remember the wavy-haired Clan *Conghal* -
Goodly is your disposition to your master poets;
Clan Godfrey, remember in your office,
O bright, distinguished Munsterman.

Cuimhnich os cionn do leanna 45
Lughaidh mòr mac Oillill;
Cuimhnich Oillill a athair,
Os am Boirinn braon-sgathach.

Cuimhnich Corc mòr mac Leamhna,
Cath-fhear claoin-Teamhra; 50
Eineach Chuirc Chaisil cuimhnich
An fhuilt mhaisich mhion-druimnich.

Iadhaidh iad mud aghaidh ghil,
Na Muimhnich is na Mainich,
Na Mainich is na Muimhnich - 55
Fairich agus athchuimhnich.

Muinntir d' athar is aithne dhomh,
Is muinntir mhath do mhàthar,
Rin sloinneadh leam nam laoidh,
A choinneal fhionn, a Amhlaoibh. 60

Ma thug mi duan binn
Dhut, a Amhlaoibh, à Eirinn,
Do laoidh a-nis a nì mi -
Cha bhi fras gun a frasag, a Rìgh.

A Amhlaoibh, a chais chorcra, 65
A charaid is a chomhdhalta,
Do èigeas-bàird, is binn a laoidh;
Is mairg a thrèigeas mi, a Amhlaoibh.

Remember above your ale (as a toast) 45
Great *Lughaidh* the son of *Oillill*;
Remember *Oillill* his father,
Above the Burren of dewy flowers.

Remember great *Corc* son of Leven,
Warrior of Tara of the slopes; 50
Remember the renown of *Corc* of Cashel
Of the beautiful finely ridged hair.

They encircle your bright countenance,
The Munstermen and the children of *Maine*,
The children of *Maine* and the Munstermen - 55
Pay heed and think again.

I know your father's people
And your mother's goodly people;
I can recount them in my lay,
O bright flame, O *Amhlaoibh*. 60

If I have given a pleasing poem
To you, from Ireland, O *Amhlaoibh*,
I now make your lay, O king -
There is no shower without its first sprinkle.

O *Amhlaoibh*, O purple fold, 65
O beloved one and companion,
Your learned bard, his lay is sweet;
Woe to him who abandons me, O *Amhlaoibh*.

## 6. Teicheadh Chloinn Mhuirich à Leamhnachd

Is coltach gun do dh'fhuirich Muireadhach Albannach ann an Leamhnachd. Bha ainm a mhic Cathal air cairt a sgrìobhadh anns a' bhliadhna 1259 ann an Dùn Breatann. Ach aig àm air choreigin, dh'fhastaidh Dòmhnallaich nan Eilean bàird Chloinn Mhuirich, mar as aithne dhuinn iad an-diugh, agus bha iad nam filidhean gus an t-ochdamh ceud deug.

Fhuair Alasdair MacGilleMhìcheil a' bheul-aithris seo aig Seònaid NicMhuirich ann an Uibhist a Deas anns a' bhliadhna 1865. Bha an naidheachd glè aosmhor agus cha robh fhios aicese càit an robh Leamhnachd idir. Cha do thuig i nach b' ionann an t-Iarla agus am Bàrd a bha air fhastadh aig an Iarla. Bha leabhraichean fhathast nan culaidhean iongnaidh agus mar sin, tha an Leabhar Dearg - a tha an dràsta air chall - na rud mìorbhaileach anns an sgeul.

Ged a dh'fhàs an naidheachd seo na ròlaist rè nan linntean, feumaidh gu bheil bunait na fìrinne innte cuideachd.

Bha fear ann ris an abairte Iarla Leamhna. Thàinig tòireach air feadh na h-oidhche. Bha leanabh mic aige agus cha d' rinn e ach an leanabh a ghlacadh na làmhan agus teicheadh ris a' bheinn. Thàinig an tòireach agus cha d' fhàgadh aon beò air lom-làraich taighe. Cha tug an t-Iarla leis ach an t-aon mhac a b' òige. Nuair a ràinig iad mullach na beinne, leig iad romhpa an oidhche gu soillse an latha.

Nuair a thàinig an latha, thuirt an seann duine ris a' bhalachan gum feumadh esan tilleadh an coinneimh a' bhàis mar a rinn càch agus gum feumadh am balachan aghaidh thoirt air ceithir ealtainn an domhain agus air an taobh a stiùireadh Dia e.

Bha mac òg an Iarla a' falbh feadh pris agus fàsaich gus an tàinig sgìths air, dìth bìdh agus cadail. Chunnaic e cnocan bòidheach còinnich agus tom luachrach na mhullach agus smaoinich e gun laigheadh e air a' chnocan chòinnich agus a chluas air an tom luachrach.

Laigh e agus thuit e na chadal, agus thàinig guth thuige na chadal agus thuirt e ris, 'Eirich, a mhic an Iarla, agus spìon às a bhun an tom luachrach agus gheibh thu d' fhortan agus fortan do linntean na bhun.'

Dh'èirich e ach shaoil e gum b' e aith-chadal a bha ann agus laigh e sìos mar a bha e roimhe. Thàinig an guth ceudna thuige a-rithist agus na briathran ceudna.

## 6. How the *MacMhuirich* Dynasty Fled the Lennox

It appears that *Muireadhach Albannach* lived in the Lennox. The name of his son Cathal appears on a charter written in the year 1259 in Dumbarton. But at some point in time, Clan Donald of the Isles employed the *MacMhuirich* (Englished variously as MacVurich, Currie, or MacPherson) poets, as they are known today, and they were *filidhs* until the eighteenth century.

Seònaid Currie in South Uist offered this tradition to Alexander Carmichael in the year 1865. The anecdote was very old and she had no idea where the Lennox was. Neither did she grasp that the Earl and the poet employed by the Earl were not the same person. Books were still considered amazing things, and thus the Red Book - which is still lost - was a source of wonder in this tale.

Although the anecdote had become mythologised through the generations, it must also have had a basis in reality as well.

>There was once a man who was called the Earl of the Lennox. A band of men came to seize him one night. He had a young son and he took the child in his arms and he fled to the mountain. The search party came and did not leave a single person alive in any of the houses. The Earl brought only his youngest son. When they reached the top of the mountain, they waited out the night until the daylight came.
>
>When the new day came, the old man said to the boy that he had to return to meet his death as the others had done, but that the boy should press forward in whichever direction that God should steer him.
>
>The young son of the Earl travelled through bushland and wilderness until his hunger and tiredness exhausted him. He saw a beautiful hillock full of ferns topped with a bunch of rushes and he thought that he would lie on the fern hillock with his ear on the rushes.
>
>He lay down and fell asleep and a voice came to him in his sleep and said to him, 'Arise, O son of the Earl, and tear through the rushes and you will find your fortune and a fortune for your descendants at the base of it.'
>
>He arose, but he thought that it was merely a dream, and he lay down as he had before. The same voice came to him again with the same words.

Dh'èirich e agus e a' saoilsinn gum b' e dìth bidh agus cadail a bha air agus laigh e sìos mar a bha e roimhe.

Thàinig an guth thuige an treas uair agus na briathran ceudna. Dh'èirich e an sin agus spìon e an tom luachrach às a bhun agus fhuair e leabhar an sin cho glan agus cho tioram agus ged a bhiodh e ann an ciste. B' e sin an Leabhar Dearg agus cha b' e pàipear a bha ann idir ach craiceann.

Leugh e an leabhar agus thàinig an sin spiorad-iasaid thuige agus dh'innis an spiorad-iasaid dha càit an rachadh e. Is ann bhon fhear sin a thàinig Clann Mhuirich agus sin mar a fhuaradh Leabhar Dearg Chloinn Mhuirich.

## 7. Fionn Mac Cumhaill agus an Fhèinn

Bha an Fhèinn na buidhinn-chogaidh a bha a' dìon Eire agus Alba bho nàimhdean agus b' e Fionn mac Cumhaill ceannard na Fèinne. Bu toigh leis na Gàidheil sgeulachdan na Fèinne innse agus bha beusan na Fèinne nan comhairle a thaobh iomchair. B' e frith-ainm a bha aig na Gàidheil orra fhèin 'Sìol na Fèinne'. Tha gnàth-fhacail ann air mar a ghiùlain muinntir na Fèinne iad fhèin agus, mar sin, mar bu chòir do na Gàidheil a bhith: 'Bha doras Fhinn don ànrach fial'; 'Cha do thrèig Fionn riamh caraid a làimhe deise'; 'Cothrom na Fèinne'; agus mar sin air adhart.

Tha lorg na Fèinne ri faicinn anns gach àite anns an robh na Gàidheil. Bha Uaigh Fhinn ann an Gleann Luis, agus Dùn Fhinn agus Suidhe Fhinn ann an Gleann Frcòin. Is e Caisteal nam Fiann an t-ainm a th' air dùn faisg air Caiseil mu choinneimh Innse Lònaig. A rèir beul-aithris, is e Ciuthach mac an Doill, a bha na nàmhaid don Fhèinn, a thog Caisteal nam Fiann, agus is iongantach an rud e gu bheil Dùn a' Chiuthaich, faisg air Uig Leòdhais, air an aon chumadh ri Caisteal nam Fiann. Tha seo a' daingneachadh mar a bha sgeulachdan na Fèinne aig cridhe litreachas nan Gàidheal fad na slighe eadar Cluaidh agus Innse Gall.

Is dòcha gu robh an sgeul *Bàs Dhiarmaid*, air gaisgeach na Fèinne a chaidh a mharbhadh le torc nimhe, stèidhichte mu thimcheall Mhon-Tèadhaich, oir tha ainmeannan-àiteachan ann a tha a' comharrachadh seo: Beinn Ghulbainn, Dùn nam Muc agus Sgiath nam Mucan Dubha. Tha Creag an Tuirc ann am Both Phuidir.

He arose, thinking that he was suffering from a lack of food and sleep, and he lay down as he had before.

The voice came to him a third time with the same words. He then arose and tore apart the bush of rushes and he found a book there as clean and dry as though it had been in a kist. That was the Red Book and it was not made of paper but of parchment.

He read the book and then a ghost-voice came to him and the voice told him where he would go. The *MacMhuirichs* were descended from this man and that is how the Red Book of the *MacMhuirichs* was found.

## 7. *Fionn Mac Cumhaill and the Fianna*

The *Fianna* were a warrior-band who protected Ireland and Scotland from invaders and *Fionn Mac Cumhaill* (sometimes Englished as 'Fingal') was the leader of the *Fianna*. The Gaels loved to repeat the stories of the *Fianna* and the virtues of the *Fianna* were considered worthy of emulating. The Gaels had the nick-name 'the Race of the *Fianna*' for themselves. There were proverbs about how the *Fianna* behaved and, therefore, how the Gaels ought to behave: '*Fionn*'s door was generous to the wanderer'; '*Fionn* never abandoned his right-hand friend'; 'Fair-play of the *Fianna*'; and so on.

Traces of the *Fianna* can be found everywhere that the Gaels have been. *Uaigh Fhinn* ('Fionn's Grave') is in Glen Luss, and *Dùn Fhinn* ('Fionn's Fortress', now called Dumfin) and *Suidhe Fhinn* ('Fionn's Seat') are in Glen Fruin. There is a fortress close to Cashel across from Inch Lònaig which is called *Caisteal nam Fiann* ('The Castle of the Fianna'). According to oral tradition, it was built by *Ciuthach Mac an Doill* who was an enemy of *Fionn Mac Cumhaill*'s, and it is interesting that there is a place called *Dùn a' Chiuthaich* ('Ciuthach's Fortress') close to Uig, Lewis, which is the same shape. The tales of the Fianna were thus central in Gaelic literature from the Clyde to the Hebrides.

The tale of the Death of Diarmad, about a Fenian hero who was killed by a poison boar, was probably also localised in Menteith, as there are place-names which suggest this: *Beinn Gulbainn* ('The Snouty Mountain'), *Dùn nam Muc* ('Fortress of the Pigs') and *Sgiath nam Mucan Dubha* ('The Retreat of the Black Pigs'). *Creag an Tuirc* ('The Boar's Stone') is in Balquhidder.

Ach gu mìshealbhach, chaidh sgeulachdan agus duain na Fèinne ann an Leamhnachd agus ann an Tèadhaich a-mach à bith.

Sgrìobh an t-Urramach Donnchadh MacPhàrlain anns a' bhliadhna 1763 gu robh corra dhuine fhathast ann am parraist Dhrumainn aig an robh fuigheill de naidheachdan na Fèinne. Bha cuimhne aige gum biodh sgeulachdan na Fèinne air beul an t-sluaigh gu lèir nuair a bha e na bhalach anns an Arar.

Mar an ceudna, sgrìobh an t-Urramach Pàdraig Greumach anns a' bhliadhna 1798 gu robh aon bhodach air fhàgail ann am parraist Dhrumainn, Roibeart MacNèill, aig an robh sgeulachdan na Fèinne. Ged a bha cuimhne aig a h-uile duine gu robh na sgeulachdan seo rin innseadh gu tric, sgrìobh e, a thaobh parraiste Obair-Phuill, gu robh a' Bheurla a' cur na ruaig air a' Ghàidhlig agus air beul-aithris nan Gàidheal.

B' e nòs nan Gàidheal a bhith air an roinn a rèir uaisleid, agus bhiodh gach uile rud, cha mhòr, air a riarachadh agus air a rèiteachadh a rèir sin. Dh'fheumadh a h-uile duine e fhèin a ghiùlan mar bu chòir, air neo, dh'fhaodadh mìomhodh a bhith na dhùbhlan. Bha Goll, a tha a' nochdadh anns na rannan seo, na nàmhaid do Fhionn Mac Cumhaill:

Mar a b' uaisle an gaisgeach, b' ann a b' àirde a bhiodh a chuid arm air balla an talla. Latha de na làithean, chuir gaisgeach òg a chuid arm na b' àirde air a' bhalla na airm Ghuill, gaisgeach ainmeil.

Is e seo a thuirt Goll ris:

'Ciod e 'm fàth mun do chuir thu
   Do sgiath os cionn mo sgèith?'

Agus fhreagair an gille:

'Mo fheabhas fhèin mar mhac m' athar,
Mo chruas ann an latha catha,
Mo mhìnead ri bannal bhan
Is gu robh mi fial ri filidh.'

Unfortunately, the stories and songs of the *Fianna* in the Lennox and Menteith have not survived.

The Rev. Duncan MacFarlane wrote in the year 1763 that there were still a few people in the parish of Drymen who remembered fragments of the lore of the *Fianna*. He remembered that the tales of the *Fianna* were known to everyone when he was a boy in Arrochar.

Likewise, the Rev. Patrick Graham wrote in the year 1798 that there was one old man left in the parish of Drymen, Robert MacNeil, who knew tales of the *Fianna*. Although everyone remembered that the tales were frequently told, he wrote regarding the parish of Aberfoyle that the English language was completely driving out Gaelic and the oral traditions of the Gaels.

It was customary among the Gaels to be arranged according to nobility, and practically everything was ordered and performed accordingly. Everyone had to behave as was proper, or else a lapse in manners could be taken as a challenge. *Goll*, who appears in these lines, was an enemy of *Fionn Mac Cumhaill*:

The more noble a warrior was, the higher his weapons would be on the wall of the hall. One day, a young warrior placed his weapons higher on the wall than the weapons of *Goll*, a famous warrior.

This is what *Goll* said to him:

> 'What is the reason that you have put
> Your shield above my shield?'

And the young man answered:

> 'My own excellence as my father's son,
> My hardiness in battle,
> My finesse with women
> And because I was generous to a *filidh*.'

## 8. Ainmeachadh Chù Chulainn

A rèir seann litreachas nan Gàidheal, bha Cù Chulainn na ghaisgeach a bha beò ro linn na Fèinne. Ged a chuir e seachad a' chuid a bu mhotha de bheatha ann an Eirinn, fhuair e oideas anns an Eilean Sgitheanach. Chuala Iain Deòireach an sgeulachd a leanas aig Ceit NicPhàrlain a bha a' fuireach ann an Gleann Falach.

Is e seo aon eisimpleir air an dòigh anns an robh an dà dhual seo, sgeulachdan Chù Chulainn agus sgeulachdan na Fèinne, a' dol an lùib a chèile ann am beul-aithris, leis mar a dhìochuimhnicheadh daoine cuid den t-seann sgeul, agus leis cho cliùiteach agus a bha ainmeannan ann an sgeulachdan na Fèinne. Ged a tha rud no dhà anns an aithris seo air iomrall, tha an sgeul gu math coltach ris mar a chaidh a sgrìobhadh anns an ochdamh ceud.

Bha uaireigin Rìgh ann an Albainn dom b' ainm Rìgh Cumhall agus bha cù mòr aige a bha a' toirt aire air a sprèidh. Tràth rachadh an crodh a chur a-mach, shaodaicheadh an cù iad gu àite far am biodh feur math. Bhuachaillicheadh an cù iad an sin rè an latha agus air an fheasgar bheireadh e dhachaigh iad.

Bha feadhainn a' còmhnaidh dlùth air taigh an Rìgh agus bha aon mhac aca agus bhiodh iad a' cur am mic air gnothach do thaigh an Rìgh a h-uile feasgar. Bha aon fheasgar bòidheach grianach ann agus bha am balach a' dol do thaigh an Rìgh air gnothach. Bha ball agus caman aige agus e a' camanachd air adhart rathad taigh an Rìgh. Choinnich an cù e agus thòisich an cù air mireadh ris a' bhall. Bhiodh e ga thogail na bheul agus a' ruith.

Mu dheireadh, bhuail am balach buille air a' bhall agus e ann am beul a' choin. Chuir e am ball sìos ann an amhaich a' choin, stop e sìos le cas a' chamain e agus thachd e an cù.

Bhon a thachd e an cù, b' fheudar dha fhèin a dhol a ghleidheadh crodh an Rìgh an àite a' choin. Bha aige ris an crodh a chur a-mach anns a' mhadainn, an cur gu feur math, agus fanail gam buachailleachd rè an latha, air eagal is gun rachadh an goid, agus rin toirt dhachaigh feasgar, mar a bha an cù a' dèanamh.

Bhon as ann an àite cù an Rìgh a bha e, is e Cù Cumhaill a theireadh iad ris. Agus a-rithist dh'atharraich iad an t-ainm aige gu Cù Chulainn.

## 8. The Naming of Cù Chulainn

According to ancient Gaelic literature, *Cù Chulainn* was a warrior who lived before the era of the *Fianna*. Although he spent most of his life in Ireland, he was trained in the Isle of Skye. John Dewar heard the following tale from Kate MacFarlane who lived in Glen Falloch.

This is one example of how these two strands, the tales of *Cù Chulainn* and the tales of the *Fianna*, became intertwined with one another in oral tradition, as people forgot part of the old tale and were drawn by the celebrated characters of the tales of the *Fianna*. Although there are a couple of things in the tale which been distorted from older versions, it is still remarkably close to the way it was written down in the eighth century.

There was once a King in Scotland who was called King *Cumhall* and he had a great hound which kept watch of his cattle. When the cattle were put out, the hound would drive them to a place in which there was good grazing. The hound would herd them during the day and in the afternoon he would take them home.

There was a family who lived close to the King's house and they had one son, and they would send their son to the King's house every afternoon on errands. One beautiful sunny afternoon, the boy was going to the King's house on business. He had a shinty stick and a ball and he was striking it as he went onwards toward the King's house. The hound met him and he started playing with the ball. He would grasp it in his mouth and run.

Finally, the boy struck the ball with a great blow while it was in the hound's mouth. This put the ball down the hound's throat; the boy thrust it down with the handle of the shinty stick and strangled the hound.

Since he had strangled the hound, he himself had to go to protect the King's cattle instead of the hound. He had to put out the cattle in the morning, to send them to good grazing and to stay herding them all day long, for fear that they might be stolen, and to send them home in the afternoon, just as the hound had been doing.

Since he had taken the place of the King's hound, they called him *Cù Chumhaill* ('Cumhall's hound'). And later they changed his name to *Cù Chulainn*.

# 2
# DOIGH-BEATHA NAN DAOINE

## 1. Ràithean agus Fèilltean na Bliadhna

Bha dòigh-beatha nan daoine air a riarachadh a rèir na h-aimsire: dhèanadh iad an cuid obrach a rèir mar a bhiodh an t-sìde. Bhiodh daoine a-muigh fad an t-samhraidh agus a-staigh fad a' gheamhraidh.

Chumadh iad Làithean Fèille aig amannan sònraichte den bhliadhna. Bha Latha Buidhe Bealltainn a' comharrachadh toiseach an t-samhraidh: loisgeadh iad teintean air mullach nam beann agus dh'iomaineadh iad an crodh 'eadar dà theine Bealltainn'. Rachadh teintean Bealltainn a losgadh leis an 'teine-èiginn', cleachdadh a mheasadh na leigheas don chrodh, agus chuireadh an teine-èiginn an gnìomh aig amannan eile a bhiodh tinneas air a' chrodh. Rinneadh seo mun bhliadhna 1800 nuair a bha tinneas dubh na sprèidhe ann an Gleann Fionnghlais.

Bha an teine-èiginn a' samhlachadh a bhith a' toirt deò ùr don choimhearsnachd. Dh'fheumte teintean a' bhaile air fad a chur às, gnìomh a bha ainneamh agus car cunnartach. Bha an teallach am meadhan an taighe agus na chridhe don taigh. Shuathadh buidheann fhear maidean-fiodha gus an gabhadh iad. Bheireadh daoine èibhleagan bhon teine seo dhachaigh gus am biodh teintean a' bhaile air an lasadh a-rithist.

Sgrìobh ministear Chalasraid iomradh air a' chleachdadh a bha aca an sin, mar a bha esan ga thuigsinn:

> Air ciad latha a' Chèitein, ris an canar 'Bealltainn', bidh balaich a' bhaile uile a' coinneachadh air na monaidhean. Gearraidh iad bòrd den fhòid ghlais, air chumadh cruinn, a' cruthachadh clais anns an talamh a bhios cho mòr agus gun gabh i a' bhuidheann gu lèir. Lasaidh iad teine agus deasaichidh iad measgachadh de ugh is de bhainne air thighead an ughagain.
>
> Taoisnichidh iad bonnach coirce a dh'fhuineas iad air cloich ri taobh nan èibhleagan. An dèidh dhaibh an t-ughagan ithe, roinnidh iad am bonnach na earrannan a rèir meud an t-sluaigh, gach earrann air an aon mheud is air an aon chruth. Dubhaidh iad aon earrann le gual-fiodha gus am bi i buileach dubh. Cuiridh iad gach earrann den bhonnach ann am bonaid.

# 2
# LIVES OF THE PEOPLE

## 1. Seasons and Calendar Festivals

People's way of life was organised according to seasonal conditions: they did their work according to what the weather called for. People were outside during the summer and inside during the winter.

They celebrated festivals at particular times of the year. Beltane day ('May Day', the first of May) marked the beginning of the summer: fires were lit on mountain tops and the cattle driven between two Beltane fires. The Beltane fires were lit with the 'need-fire', a custom which was considered to be a remedy for cattle, and the need-fire would be applied at other times when the cattle were sick. This was done about the year 1800 when the cattle of Glen Finglas were afflicted with the murrain.

The need-fire symbolised bringing new life to the community. All of the fires of the village had to be extinguished, a dangerous act which was seldom carried out. The hearth was in the centre of the house and was the heart of the home. A group of men would rub sticks together until they burst into flame. People brought embers from this fire to their homes so that all of the fires of the village would be freshly lit.

The minister of Callander wrote a description of this ritual, as he understood it:

> Upon the first day of May, which is called Beltane, all the boys in a township or hamlet meet in the moors. They cut a table in the green sod, of a round figure, by casting a trench in the ground of such circumference as to hold the whole company. They kindle a fire and dress a repast of eggs and milk of the consistence of a custard.
>
> They knead a cake of oatmeal, which is toasted at the embers against a stone. After the custard is eaten up, they divide the cake into so many portions, as similar as possible to one another in size and shape, as there are persons in the company. They daub one of these portions all over with charcoal until it be perfectly black. They put all of the bits of the cake into a bonnet.

Gabhaidh gach fear mu seach earrann às a' bhonaid agus còmhdach air a shùilean. Gabhaidh fear aig am bi am bonaid an earrann mu dheireadh. 'S e an duine a ghabhas an earrann dubh am fear 'taghte' a bhios na ìobairt do *Bhaal*, gus an toir e còmhnadh dhaibh a thaobh teachd-an-tìr dhaoine agus bheathaichean fad na bliadhna … Bheir iad air an duine thaghte leumnaich tro na lasairean trì tursan, agus leis a sin, bidh cleasan na fèille ullamh.

Chaidh am ministear air iomrall nuair a smuainich e gu robh leithid de dhia Ceilteach ann ri *Baal*. Chan eil ceangal sam bith eadar *Baal* a' Bhìobaill agus an t-ainm 'Bealltainn', ach is e cleachdadh àrsaidh Pàganach a bha ann gun teagamh.

Tha an t-Samhain, agus Oidhche Shamhna, aig ceann thall na bliadhna, a' comharrachadh deireadh an t-samhraidh agus toiseach nam 'miosan dubha'. B' àbhaist do na Gàidheil manaidhean iarraidh a thaobh na bliadhna a bha ri teachd air Oidhche Shamhna, mar a chunnaic ministear Chalasraid:

Air an latha mu dheireadh den fhoghar, bhuaineadh muinntir baile na h-uimhir de raineach agus na bha iad an dùil a losgadh mar 'shamhnagan' air an oidhche. Aig ciaradh an latha, mus fhalbhadh solas na grèine gu buileach, chruinnicheadh na daoine a bhiodh an sàs mun teine aig bad goireasach a bha faisg air làimh. Chuireadh iad teine ris na samhnagan agus chuireadh sin snodha-gàire air gach aodann.

Chuireadh na daoine seachad an aimsir an cois an teine, ri mire, gus an cnàmhadh e. An uair sin, gheibheadh gach duine a bha an làthair clach bheag a ghabhadh e na dhòrn air an robh ail leis an aithnichte clach seach cloich eile. Leigeadh an duine a bu shine a' chiad chlach sìos air iomall luath an teine, ag aithris ri càch gur ann leis a bha a' chlach sin. Dhèanadh càch mar an ceudna an òrdugh aois gus an robh na clachan uile nan cearcall mu thimcheall an àite air na laiste an teine. Mura robh cuideigin an làthair, chuireadh a charaid a b' fhaisge dha clach ann às a leth.

> Every one, blindfolded, draws out a portion. He who holds the bonnet is entitled to the last bit. Whoever draws the black bit is the devoted person who is to be sacrificed to *Baal*, whose favour they mean to implore, in rendering the year productive of the sustenance of man and beast ... [they] compel the devoted person to leap three times through the flames; with which the ceremonies of this festival are closed.

The minister was mistaken when he thought that there was a Celtic god called *Baal*. There is no connection between the Biblical *Baal* and the name Beltane, although this was undoubtedly an ancient pagan ritual.

*Samhain*, on the same night as Hallowe'en, is on the opposite end of the year and represents the end of the summer and the beginning of the 'dark months'. The Gaels used to attempt to read omens on Hallowe'en in order to find out what would happen during the next year, as the minister of Callander witnessed:

> Upon the last day of autumn the people of a small village or hamlet cut down as many ferns as they thought necessary for the fire which they meant to kindle in the evening. As soon as it began to be dark, even before daylight was gone, the whole people who had an interest in the bonfire assembled at a convenient and contiguous eminence. The fire was kindled with many expressions of joy.
>
> When the [people] had, with many gesticulations and mirth, attended their fire till it was spent, every person in the company got a small stone, such as they could conveniently carry in one hand, and distinguishable by some particular mark, that each particular stone might easily be known from every other stone. The oldest person laid down the first stone upon the very verge or circumference of the ashes of the fire, saying to the rest that this stone was his. All the rest were prepared to do the same, and took precedency according to their seniority until the whole stones formed a circle round the spot on which the fire was burned. And if any person was absent, the rest put in a stone for their absent friend. This was usually done by the nearest relation of the absentee.

Leig mi do na daoine tilleadh dhachaigh bhon teine, rud a rinn iad fo iomagain. Nam faighte gu robh clach air car a chur às a h-àite fhèin no gu robh lorg coise anns an luath an ath mhadainn bha am bàs an dàn don fhear leis an robh a' chlach, no an lorg, ro cheann dà mhìos dheug. Cha rachadh duine sam bith faisg air an àite sin air feadh na h-oidhche, ach rachadh iad ann gu cùramach aig beul an latha. Sgrùdadh iad an luath agus gach clach a rèir suidheachadh a chèile gus an leughadh iad na manaidhean.

I at least gave time to the good people to return from the bonfire to their homes, which they did with much anxiety. The person whose stone was turned out of its place and the tread of whose foot was to be found in the ashes next morning was supposed to be doomed to die before the end of twelve months. No person went near that haunted place all night, but by the break of day it was approached with awe, and every circumstance supposed to be of importance relative to the stones and ashes examined with care.

## 2. Oran na h-Airigh

'S e àm aighearach a bha aca nuair a rachadh na boireannaich agus a' chlann do na h-àirighean, gus an crodh a bhiathadh agus a bhleoghann. Dhèanadh iad imrich ris a' bheinn far am faigheadh an crodh ionaltradh agus feur gorm nam monaidhean. Tha fianais ann an ainmeannan-àiteachan air na h-àirighean: tha Creag na h-Airigh ann an Gleann Fionnghlais, agus tè eile an iar air Loch Lùbnaig.

Rachadh na fleasgaich suas do na h-àirighean nuair a bha cothrom aca gus sùgradh a dhèanamh ris na nighnean, agus b' e seo an seòrsa òrain a bha aca.

'S i mo nighean donn bhòidheach                           1
Bha buain an eòrna 'n-dè mar rium;

Ann an lagan an eas
Far an leigear an t-ainneart;

Air cnocan na buaile                                       5
An taobh tuath de Ghleann Falach.

Bha mi 'm iasgair 's am shealgair,
'S tric a mharbh mi gèadh glas dhut;

Agus lach a' chinn uaine -
'S tric a fhuair thu bhuam gad dhiubh.                     10

Gur minig a bha mi
Is mo ghràdh am Bràigh Raithneach,

'S e bu leabaidh dhuinn luachair,
'S e bu chluasag dhuinn canach;

Bhiodh am fiadh anns an dubh-thràth                        15
Gar dùsgadh le 'langan

'S coileach dubh air barr gèige
Mun èirich an dealta;

Bhiodh a' chuthag 's an smeòrach
Dèanamh ceòil duinn aig baile,                             20

## 2. The Song of the Shieling

The women and children went to the shielings to feed and milk the cattle with great joy and merry-making in the summer. They would remove themselves to the hills where the cattle could graze upon the green grass of the high ground. There is evidence of these shielings in place-names: there is a *Creag na h-Airigh* ('Craig of the Shieling') in Glen Finglas, and another west of Loch Lubnaig.

The young men would travel up to the shielings when they had an opportunity in order to court the maidens, and this is the kind of song that they sang.

It was my beautiful brown-haired maiden      1
Who was reaping the oats yesterday with me;

In the hollow of the waterfall
Where one recovers from weariness;

On the hillock of the cattle-fold      5
On the north side of Glen Falloch.

I was a fisher and a hunter,
Often did I kill the grey goose for you;

And the wild duck of the bright green head -
Often did you have a string of them from me.      10

Often was I
With my darling on Rannoch Moor,

Rushes were our bed,
Mountain-down was our pillow,

The deer in the twilight      15
Would wake us with his lowing,

With the black-cock on the branch's tip
Before the dew appeared;

The cuckoo and the mavis
Would make music for us,      20

Bhiodh an coileach 's an ruadh-chearc
Ruith gu luaineach tro bharrach.

Càit an robh i ri fhaotainn -
Oigh air aogais mo leannain?

Oigh air ghilead 's air bhòidhchead                25
'S air chòmhnard 's air ghlanad?

'S truagh nach robh mi 's tu seòladh
Air luing mhòir nan còig crannaibh,

Nam fhear-bhàta do dh'Eirinn,
Ach thu fhèin a bhith mar rium.                    30

'Airighean ann an Gleann Freòin'. (2.2)

The cock and the red hen
Would run through the brush restlessly.

Where could she be found -
Any maiden the likes of my darling?

A maiden of such fairness and beauty                    25
And of smoothness and purity?

A pity that you and I are not sailing
On a great ship with five masts,

I a mariner going to Ireland,
As long as you were with me.                             30

## 3. Oran an Earraich

Bha obair eile aig na fir rè an t-samhraidh, treabhadh nan achaidhean, nam measg. Rinn fear a bhuineadh do Loch Bheannchair an t-òran seo.

Fàilte ort, Earraich, thug thu barrach 1
Air a' ghàrradh-gheamhraidh.

    He tir im air in i rin o ho ro
    He tir in air in oro

An crodh 's an laogh às a' bhàthaich,
Suas ri bruthaich no gleann iad.

Chì mi òigear air gach còmhnard, 5
Gearrain bhòidheach 's crann riutha.

Tha gach tuathanach tha mun cuairt
Gun chòmhdach uachdair teann air.

Tha m' òisgean tighinn nan òrdain
As na còmhnardaibh Gallta. 10

Tha iad sùbailt' fàsmhor ùrar
Stiùireadh air na beanntaibh.

Fleasgaich shunndach air an cùlaibh
Tilgeil cùram a' gheamhraidh.

Chì mi gruagach dol don bhuaile 15
'S buarach ann a làimh aice.

Dol a dh'èisteachd crodh a' geumnaich
'S laoigh a' leumraich 's a' dannsa.

Tha an smeòrach 's fhèarr air a' cheòl mhòr
Dol an òrdugh bainnse. 20

'S tha mise nis a' gabhail òran
Còmhla ris an eunlaith.

## 3. Song of Spring

The men had other work during the summer, such as ploughing the fields. This song was composed by a man who belonged to the Loch Venachar area.

Welcome to you, Spring, you have brought foliage 1
To the winter garden.

    He tir im air in i rin o ho ro
    He tir in air in oro

The cattle and their calves are out of the byre
And moving up the glen.

I see a young man on every level field 5
And handsome horses yoked to the plough.

All of the farmers all around
Have removed their tight outer garments.

My young sheep are coming in ranks
From the Lowland fields. 10

They are supple and thriving,
Making for the hills.

Joyful young men behind them
Casting away the worry of the winter.

I see a young woman going to the cattle folds 15
With a cow-shackle in her hand.

Going to listen to the cattle lowing
And calves leaping and dancing.

The mavis, who is expert at music,
Is preparing for a wedding. 20

And I am now singing a song
Along with the birds.

## 4. Uruisgean

Bha na Gàidheil bho shean a' tighinn beò air toradh na talmhainn agus mar sin bha iad gu tur an eisimeil nàdair. Bha iad a' creidsinn ann an iomadh seòrsa beathaich a bha a' fuireach ann an dùiltean nàdair: an t-each-uisge, an tarbh-uisge agus an t-ùruisg ann an uisgeachan; an sìthiche agus a' ghruagach anns an talamh; agus mar sin air adhart. Canaidh mòran an-diugh gur e creutairean 'neo-shaoghalta', 'mì-nàdarra' no 'os-nàdarra' a tha anns na creutairean seo, ach chan ann mar sin a bha na Gàidheil a' faicinn an gnè: air iomadh dòigh bha iad a' riochdachadh dùiltean an t-saoghail seo fhèin.

Bha daoine cùramach agus faiceallach gun dèanadh iad mar bu chòir ri na creutairean seo, agus mar bu trice, bhiodh iad air an làimhseachadh da rèir. Ach bidh creutairean den t-seòrsa seo, agus nàdar mar an ceudna, do-cheannsaichte cunnartach caochlaideach gu bràth, agus mar sin, bhiodh daoine air an creachadh, no eadhan air an gonadh air uairean aig na cumhdachdan do-fhaicsinneach seo.

Tha Loch Ceiteirein air ainmeachadh air beathaichean uisge agus bha na Gàidheil a' creidsinn gu robh tarbh-uisge ann. Thuirt Pàrlan MacPhàrlain, a bhuineadh do Cheann Drochaid, ris an Ollamh Uilleam MacBhatair, 'Tha tarbh-uisge air Loch Ceiteirein: chan fhaca mise an tarbh, ach chunnaic mi an laogh.'

Bha daoine a' cumail a-mach gu robh each-uisge ann an Loch Bheannchair agus gun tug e leis còig duine deug cloinne nach deach don eaglais air Di-Dòmhnaich gu grunnd an loch. Thàlaidheadh e boireannaich agus clann don loch agus chuireadh e an t-uisge air ghoil gus am biodh iad an làimh aige. Nochd e a-rithist anns a' bhliadhna 1800. Chitheadh muinntir Bhoth-Chanain each-uisge far a bheil abhainn Eunarag a' taomadh a-steach do Loch Laomainn.

A rèir beul-aithris, bha ùruisgean ann a bhuineadh do gach sgìre agus thigeadh iad còmhla aig mòdan aig amannan sònraichte den bhliadhna. Chruinnicheadh ùruisgean Thèadhaich ann an Coire nan Uruisgean, ri taobh Loch Ceiteirein. Bha naidheachd ann air ùruisgean ann an Srath Dubhuisg agus tha Tobar an Uruisg ann an Gleann Luinne.

Bha na h-ùruisgean teòma air obair, ach dh'fheumadh an cinneadh-daonna biadh a chumail riutha, air neo bhiodh iad gu math diombach. Aig a' char a bu lugha, theicheadh iad, ach bha iad làn-chomasach air sgrios a dhèanamh cuideachd.

Bha Iarlan Tèadhaich an seilbh air leabhar ris an canadh iad 'An Leabhar Dearg'. Gach àm a rachadh an leabhar fhosgladh, thachradh rudeigin neònach. Dh'fhosgail fear de na h-Iarlan an leabhar, agus

## 4. *Uruisgs*

The Gaels of old lived off what they could harvest from the soil and were therefore completely dependent upon nature. They believed in many sorts of creatures which inhabited the elements: the water-horse, the water-bull and the *ùruisg* in waters; the *sìthiche* (often translated as 'fairy', but a very different sort of creature than the fairy of English tradition) and the *gruagach* ('long-haired one') in the earth; and so on. Many people today refer to these creatures as 'unworldly', 'preternatural' or 'supernatural', but the Gaels did not think of them as being like this at all: in many ways they represented the elements of the world itself.

People were careful and cautious that they treated these creatures as was proper, and in most cases, they were rewarded in kind. But creatures of this sort, and nature likewise, will always be invincible, dangerous and capricious, and thus these invisible powers did occasionally wreak havoc and even physically wound people.

Loch Katrine is named after water-creatures, and the Gaels believed that there was a water-bull in it. Parlane MacFarlane, who was from Brig o' Turk, told Professor William Watson, 'There is a water-bull in Loch Katrine: I haven't seen the bull itself, but I have seen the calf.'

People also insisted that there was a water-horse in Loch Venachar and that he took fifteen children who had not attended Sunday church services with him to the bottom of the loch. He would entice women and children to the loch and swell the waters until he could get hold of them. He appeared again in the year 1800. The people of Buchanan often saw a water-horse where the river Endrick enters into Loch Lomond.

According to tradition, each region had its own set of *ùruisgs* who would come together for meetings at particular times of the year. The *ùruisgs* of Menteith would met in *Coire nan Uruisgean* on Loch Katrine-side. There were also reports of *ùruisgs* in Srath Dubhuisg and there is a *Tobar an Uruisg* ('The Well of the *ùruisg*') in Glen Loin.

The *ùruisgs* were fond of work, but humans had to keep them well fed, or else they would take great offence. At the very least, they would make a quick exit, but they were also capable of doing great damage.

> The Earls of Menteith possessed a book which they called 'The Red Book'. Every time that the book was opened, something strange would happen. One of the Earls once opened the book, and

nochd na h-ùruisgean air a bheulaibh, ag iarraidh air obair a thoirt dhaibh. Dh'iarr e orra rathad a dhèanamh bho oirthir Loch Innse Mo Cholmaig chun nan eileanan beaga anns an loch.

Thòisich iad air an oirthir mu dheas agus thog iad rubha grinn ris an canar Earrann A-mach agus chuir iad craobhan giuthais ann. Ach bha an t-eagal air an Iarla gum fàsadh iad ceannairceach mura biodh obair aca ri dhèanamh, no gum milleadh iad an t-àite dìona a bha aige air an eilean san locha. Mar sin, dh'iarr e orra sìomain gaineimh a dhèanamh.

Thòisich iad air feuchainn ri sìoman gaineimh a dhèanamh, agus dh'fhàg iad an t-àite mar a tha e an-diugh, na rubha seach a bhith ceangailte ris an eilean. Ach dh'fhàs iad sgìth den obair seo agus chuir iad rompa imeachd.

B' àbhaist dhaibh a bhith fuireach aig Cnoc nam Bòcan, air taobh an ear-dheas Loch Innse Mo Cholmaig. Ach thug an t-Iarla oighreachd ùr anns a' Ghlas-choille air oirthir Loch Ceiteirein do aon ùruisg mar dhuais airson a chuid obrach. Gheibheadh e uachdar bainne agus aran-coirce aig an tuathanach a bha a' fuireach làmh ris. Ach aon oidhche, rinn an tuathanach dearmad agus cha d' fhuair e biadh idir. Aig beul an latha, leig an t-ùruisg sgread às agus theich e agus chan fhacas a choltas tuilleadh.

'Innis Talla agus Earrann A-mach'. (2.4)

© Aerographica/Patricia and Angus MacDonald/ P. & A. MacDonald.

the ùruisgs appeared, asking him to give them work. He asked them to make a road from the shore of the Lake of Menteith to the small islands in the loch.

They began on the south shore and they built a pleasing peninsula which is called Arnmack (Gaelic Earrann A-mach, 'The portion that sticks out'), and they planted Scots pines on it. But the Earl was afraid that they might become mutinous if they did not have work for them to do, or that they might ruin the isolated fastness that he had on the island of the loch. And so he asked them to make ropes of sand.

They started trying to make ropes of sand, and they left the peninsula as it is at the present day, which does not go across the loch to the island. But they became tired of this work and they decided to depart.

They used to live at Cnoc nam Bocan ('the Knowe of the Bogles') on the south-east shore of the Lake of Menteith. The Earl gave a new holding in Glas-choille on the shore of Loch Katrine to one ùruisg as a reward for his work. He would get milk and oat-cakes from the farmer who lived next to him. But one night, the farmer forgot about him and he got no food at all. At daybreak, the ùruisg gave a terrible shriek and he fled, and his like has never been seen again.

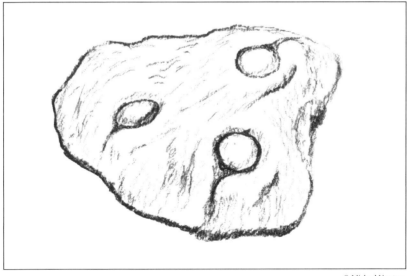

'A' Chlach aig Sìdh Ghartan'. (2.5)

© Michael Newton.

## 5. A' Bhean-Shìthe Bheag

Chan eil teagamh nach eil creideamh anns na sìthichean àrsaidh: feumaidh gu robh e ann fada mun tàinig a' Chrìosdachd. Ach chan e aon rud sìmplidh a tha anns a' chreideamh seo: tha e coltach ri abhainn anns an deach mòran allt. Rè nan linntean, bha an creideamh seo air ath-chumadh a rèir nam beachdan a bha a' bualadh air saoghal nan Gàidheal, a' Chrìosdachd gu sònraichte. Is iongantach, uime sin, mar a ghlèidh na Gàidheil ainmeannan, creideamhan agus geasagan a bha cho aosmhor cha mhòr gus an latha an-diugh.

Mar eisimpleir, tha tuill agus cearcaill air an grabhaladh air cloich ris an canadh iad 'A' Chlach Shìthe' deas air Loch Innse Mo Cholmaig, faisg air làraich eaglaise aig Earrann a' Chlaidh. Thuirt fear aig an robh an dà shealladh, Pàraig MacPhàraig, gun teasdadh an dithis bhràithrean a chuireadh a' chlach fon talamh gun chlann a bhith aca agus gun èireadh a' chlach a-rithist.

Tha clach eile coltach rithe faisg air Sìdh-Ghartan, siar air Ros Dubh. Tha fhios gu bheil na clachan sin còrr agus dà mhìle is còig cheud bliadhna de aois. B' àbhaist do mhnathan Gàidhealach bainne fhàgail ann an tuill nan clachan seo do na sìthichean gus an naoidheamh ceud deug.

A rèir beul-aithris, bha sìthichean ann a chuireadh dath sam bith a thogradh tu air abhras a dh'fhàgte anns an Lochan Uaine gus an do chuir fear crosta clòimh dhubh ann agus dh'iarr e orra a cur an gilead. Cha d' rinn na sìthichean car tuilleadh an dèidh sin.

Ged a chreideadh na Gàidheil bho shean gu robh na sìthichean nan daoine air an aon mheud ris a' chinneadh-daonna, is coltach gu robh am beachd gu robh iad nan 'daoine beaga' bitheanta bho chionn beagan ghinealaichean.

> Bho chionn iomadh bliadhna, bha a' còmhnaidh ann an taigh air tom beag faisg air an rathad mhòr eadar Obar-Phuill agus Ceann Loch Ard duine còir, a bhean Mòrag agus a phàiste. Ged nach robh iad idir beartach, bha iad gu math fialaidh do gach neach a bha a' dol seachad air an taigh aca.
>
> Latha de na làithean, chaidh fear an taighe air falbh gu fèill mhòr a bha mu astar deich mìle bhon taigh. Thuirt e ri a bhean gum biodh e aig an taigh mum biodh an dorchadas ann. Aig ciaradh an latha bha Mòrag a' gabhail seann òrain mu na sìthichean don phàiste chum 's gun caidileadh e nuair chuala i buille choimheach aig an doras. Ghlaodh i, agus eagal oirre, 'Cò th' ann?'
>
> 'Chan eil ach seann bhean bhochd,' fhreagair an neach a bha air an taobh a-muigh. Dh'fhosgail Mòrag an doras agus chunnaic i seann bhean bheag agus a sùilean cho dubh ris na dearcan agus a falt cho geal ris an t-sneachd.

## 5. The Wee Banshee

The 'fairies' have a truly ancient pedigree in Gaelic cosmology, predating the arrrival of Christianity. This is not a single simple belief system; rather does it resemble a river which has been fed by many different streams. Through the centuries, it has been re-interpreted according to the influences which have affected the Gaelic world, especially Christianity. It is remarkable, therefore, that the Gaels were able to preserve names, beliefs and practices which are so ancient practically to the present day.

There are, for example, cups and rings engraved on a stone called 'The Fairy (or Peace) Stone' which is located to the south of the Lake of Menteith, close to the ruins of a church at Arnclay. One man who had the second sight, *Pàraig Mac Phàraig*, said that two brothers who would bury the stone underground would die childless and that the stone would rise again.

There is a similar stone close to Shegarton (Gaelic Sìdh-Ghartan,'The Fairy Field'), to the west of Rossdhu. These stones are known to be at least two and a half thousand years old. Highland women used to leave milk in the holes of these rocks for the fairies until the nineteenth century.

According to oral tradition, there were fairies which would dye wool left in *Lochan Uaine* ('The Wee Bright-green Loch') any colour you wanted, until some perverse person asked for black wool to be coloured white. The fairies would not do a bit of work after that.

Although the Gaels of old believed that the fairies were creatures the same size as humans, it seems that the idea that they were 'wee folk' had become common several generations ago.

> Many years ago, there lived in a house on a small hillock on the main road between Aberfoyle and Kinlochard a kind man, his wife Morag and his child. Although they were not at all wealthy, they were very generous to everyone who passed by their house.
>
> One day, the man of the house went away to a great fair that was about ten miles away from the house. He told his wife that he would be home before dark. When dusk came, Morag was singing an old song about the fairies to the child so that he would sleep when she heard a strange knock at the door. She shouted out, in fear, 'Who is that?'
>
> 'It is only a poor old woman,' answered the person who was outside. Morag opened the door and saw a tiny old woman with eyes as black as berries and hair as white as snow.

'Nach i an oidhche seo a tha fuar,' thuirt an t-seann bhean.
'Tha i sin gu dearbh,' arsa Mòrag. 'Thigibh a-steach chun an teine, a bhean bhochd - tha mi làn-chinnteach gu bheil sibh fuar gu leòr a-muigh air an rathad oidhche mar seo.'

Chaidh an t-seann bhean a-steach agus bha i coltach ri bhith glè thoilichte nuair a fhuair i àite seasgair ri taobh an teine.

Chlisg Mòrag nuair a chunnaic i cho fìor bheag agus a bha an t-seann bhean: cha robh i mòran na bu mhò na cailin bheag, ged a bha i gun teagamh sam bith anabarrach aosda. A bharrachd air sin, bha rudeigin gle neònach uimpe, ach bha a gnùis cho taitneach agus cho coibhneil agus nach robh eagal sam bith air Mòrag roimhpe.

Thug Mòrag dhi deoch de bhainne blàth agus thuirt an t-seann bhean, 'A bhean chòir, nach sibhse a tha math do choigreach!'

'Chan eil sibh idir nur ban-choigreach. Tha sibh sean is sgìth agus tha mi cinnteach gun tàinig sibh astar fada an-diugh.'

'Thàinig, thàinig,' ars an t-seann bhean a' tarraing osna throm, 'na b' fhaide na shaoileas sibh.'

Aig a' mhionaid sin chuala iad fuaim faramach aig an doras agus fuaim eile aig astar mar gum biodh na sìthichean a' seinn òran muladach is fiadhaich os cionn na gaoithe a bha a' sèideadh gu ro mhòr.

'Dhia glèidh sinn,' arsa Mòrag. 'Gu dè tha sin?'

'Is e sin rabhadh,' fhreagair an t-seann bhean. 'Tha mise a' dol a-mach; thigibhse às mo dhèidh.' Air sin a ràdh, ruith i a-mach.

'Ciamar, càite?' ghlaodh Mòrag bhochd agus a cridhe làn uabhais; ach aig a' cheart mhionaid sin chuala i fuaim a thug air a cridhe plosgadh gu luath. Chuala i guth a fir-phòsda ghràdhaich mar gum biodh e an trioblaid mhòir.

Ruith i a-mach an dèidh na seann mhnà agus astar beag shìos an rathad ann an sùil-chrith chunnartaich chunnaic i a fear-pòsda fodha chun nan achlaisean. Cha mhòr nach robh an duine bochd air a shlugadh leis a' bhoglaich. Bha e a' fàs na bu laige gach mionaid agus cha tàinig iad idir tuilleadh is tràth.

Le neart iongantach thug an t-seann bhean còmhnadh don mhnaoi gus a tharraing a-mach às a' bhoglaich agus an dèidh mòran dragh fhuair iad a-mach e sàbhailte.

Nuair a fhuair an duine bochd anail, thuirt Mòrag ris, 'A dhuine mo chridhe, mur biodh an t-seann bhean sin ann bhiodh tu nise marbh ann an sùil-chrith an-iochdmhoir.'

'Dè tha thu ag ràdh, m' eudail?' ars an duine. 'Chan fhaca mi neach sam bith ach thu fhèin is gu cinnteach bha mi ro thoilichte d' fhaicinn.'

Sheall Mòrag mun cuairt oirre. Bha a' bhean bheag air falbh gu tur.

'What a cold night!' said the old woman.

'It certainly is,' said Morag. 'Come inside to the fire, you poor woman - I am sure that you are cold enough outside on the road on a night like this.'

The old woman went inside and she looked very pleased when she got a comfortable place next to the fire.

Morag was startled when she saw how very small the old woman was: she wasn't much bigger than a small girl, although she was undoubtedly very old. On top of that, there was something very strange about her, but her countenance was so pleasing and so gentle that Morag was not frightened of her.

Morag gave her a drink of warm milk and the old woman said, 'My dear woman, you are very kind to strangers!'

'You are no stranger! You are only old and tired and I am sure you have travelled a long distance today.'

'I certainly have,' said the old woman, giving a heavy sigh, 'further than you think.'

At that moment, they heard a loud noise at the door and another sound in the distance as though the fairies were singing a wild and sad song above the wind that was blowing very fiercely.

'God save us,' said Morag. 'What is that?'

'That is a warning,' answered the old woman. 'I'm going outside; follow me.' And on saying that, she ran outside.

'How, where?' shouted poor Morag, her heart full of terror; but at that very minute she heard a sound which set her heart pounding quickly. She heard the voice of her beloved husband sounding as though he were in great distress.

She ran outside after the old woman, and a small distance down the road in a dangerous quagmire she saw her husband sunk down to his oxters. The poor man had nearly been swallowed up by the bog. He was growing weaker every minute and they had come none too soon.

With incredible strength, the old woman helped the wife to pull him out of the bog, and after a great deal of effort they got him out to safety.

When the poor man had recovered his breath Morag said to him, 'My dear one, if it hadn't been for that old woman, you would now be dead in a merciless quagmire.'

'What are you talking about, darling?' said the man. 'I didn't see anyone at all but yourself and I was certainly glad to see you.'

Morag looked all around. The little woman had entirely disappeared .

## 6. Clach-neirt Shamsoin

Anns na seann làithean, bha sgeulachdan air fuamhairean bitheanta air feadh na Gàidhealtachd. Aon uair is gun do thòisich a' Chrìosdachd air drùidheadh air mac-meanmna nan Gàidheal, chaidh beul-aithris ath-chumadh a rèir saoghal a' Bhìobaill. Seach gu robh Samson na dhuine làidir, tha esan freagarrach a bhith na fhuamhair anns an sgeulachd seo:

> Tha clach aig Dealganros, an Cuimrigh, ris an abair an sluagh 'Clach-neirt Shamsoin' agus tha ail-cròig an fhuamhair ra fhaicinn oirre. Ged as mòr trom a' chlach aig Dealganros, chan eil i ach na leanabh an coimeas ris a' chloich mhòir a tha air talamh Bhoth-Chaisteil. Tha iomadh tunna de chuideam anns a' chloich seo.
>
> Latha de na làithean, bha Samson a' spaidsearachd air Beinn Mhurlaig, fagas do Loch Laomainn. Bha e an deagh aigne, a chorp gun mheang agus inntinn gun smalan. Chunnaic e clach mhòr na laighe an sin agus dh'fhosgail e a bheul agus thug e dùbhlan do na daoine làidir, ag ràdh: 'Feuchaidh mise beagan de chleasachd air fuamhairean fad-chasach spaglainneach na dùthcha seo.'
>
> Le sin, spìon e i às an talamh is thug e urchair chumhachdach dith agus thuit i gu socrach air fìor fhaobhar cnuic mu fhichead mìle air falbh. Gu ro fhortanach, thachair gu robh an taobh bu truime den chloich ris a' bhruthaich - mur biodh sin, 's i magh Bhoth-Chaisteil bu leabaidh dhi, oir chan eil mòran de ghrèim aice air mullaich a' chnuic.
>
> Bha e glè thàmailteach do fhuamhairean na h-Albann nach robh fear dhiubh comasach air a' chlach a thogail no air a tilgeadh air ais. Tha i air mullach a' chnuic gus an latha an-diugh.

## 6. Samson's Shot-put

In olden times tales about giants were common throughout the Highlands. Once Christianity started making an impression upon the imagination of the Gaels, tradition was sometimes reworked to fit into Biblical tradition. Since Samson was a strong man, he was appropriate to take the part of the giant in this piece of folklore:

> There is a stone at Dalginross, Comrie, which the people call 'Samson's Shot-put' and the claw-print of the giant can be seen on it. Although the stone at Dalginross is large and heavy, it is a mere infant in comparison with the huge stone on the grounds of Bochastle. That stone weighs many tons.
>
> One day Samson was strolling about the top of Ben Vorlich, close to Loch Lomond. He was in great spirits, his body was in tip-top shape and he was feeling cheerful. He saw a large rock lying there and he opened his mouth and gave out a challenge to the strong men, saying: 'I think I'll play a few tricks on the long-legged, conceited giants of this country.'
>
> With that, he plucked it out of the ground and gave it a powerful throw and it fell comfortably on the very edge of a hillock about twenty miles away. Fortunately it happened that the heaviest side of the rock was against the embankment - if it hadn't been, it would have come to lie in the plain of Bochastle, since that does not have much of a hold on the top of the hillock.
>
> This was a cause of great embarrassment to the giants of Scotland, as none of them were able to lift the rock or to throw it back. It is on the top of the hillock to this very day.

## 7. Fuamhair na h-Uamha Mòire

A rèir beul-aithris, bha fuamhair eile a bha a' fuireach anns an Uaimh Mhòir ann am parraist Chill Mo Dog. Chuir Sior Walter Scott am fuamhair seo ann an sgeulachd, ach cha b' ionann an sgeul aig Scott agus mar a bha e aig muinntir na sgìre. Seo mar a fhuair Seumas MacDhiarmaid an sgeul aig Donnchadh MacIlleMhìcheil ann an Calasraid.

Bha fuamhair a' fanachd anns an Uaimh Mhòir agus bha e na uabhas agus na thrioblaid don dùthaich air fad. Gheall Iarla Mhoireibh gum faigheadh an duine a mharbhadh am fuamhair còir air a' Bhreac-Linn.

Dh'uidheamaich Fear Argadaidh e fhèin airson na h-oibre fuiltich agus chrioslaich e claidheamh geur guineach uime. Dh'fhalbh e anns an oidhche a dh'ionnsaigh na h-Uamha Mòire. Nuair a ràinig e am fagas don toll anns an robh am fuamhair a' fuireach, chaidh e air a mhàgan agus shnàig e gu ciùin gu beul na h-uamha, far an d' rinn e freiceadan rè fad na h-oidhche. Dh'fhairich e an oidhche fada na bu leòr; ach chaidh an ùine seachad agus thòisich ruthadh dearg air sgaoileadh anns an iarmailt anns an àird an ear.

Chuala Fear Argadaidh am fuamhair a' gluasad am measg nan croicnean tioram air an robh e na laighe agus bha iad a' cracail na h-uile tarraing a charaicheadh e. An dèidh sin chuala Fear Argadaidh am fuamhair a' mèananaich agus thuig e gum biodh an duine mòr a-mach às an uaimh an ùine gheàrr. Thug am fuamhair an còmhdach bhàrr beul na h-uamha a dh'amharc dè an seòrsa maidne a bh' ann. Chuir e a cheann mòr molach feusagach a-mach air an toll, ach cha bu luaithe rinn e sin na thàinig claidheamh an fhir eile le sgailc chruaidh air cùl amhaich agus thuit a cheann a-steach don uaimh.

Cha d' rinn Fear Argadaidh maille ach ghlac e am falt na làimh agus air falbh a ghabh e dh'ionnsaigh an Iarla agus an ceann aige. Nuair a chunnaic an duine sin Fear Argadaidh agus an ceann fuilteach na làimh, thàinig gruaim air aghaidh agus dh'àicheidh e gun do gheall e a' Bhreac-Linn a thoirt do neach sam bith a mharbhadh am fuamhair.

Tharraing Fear Argadaidh an claidheamh aige agus thuirt e, 'Seadh, seadh, tha thu coltach ri mòran eile - chan àill leat do ghealladh a choileanadh; ach, a dhuine charaich, mur toir thu còir dhomhsa air an àite sin nad làimh-sgrìobhaidh fhèin, air m' fhacal, thèid do cheann gu luath maille ri ceann an fhuamhair.'

## 7. The Giant of the Great Cave

According to oral tradition, there was another giant who lived in *Uamh Mhòr* ('The Great Cave') in the parish of Kilmadoc. Sir Walter Scott put this giant in one of his stories, but his tale is quite different to that of the people of the area. This is the tale as Seumas MacDiarmid got it from Duncan Carmichael in Callander.

> There was a giant who lived in Uamh Mhòr and he was a terror and a threat to everyone around the country. The Earl of Murray promised that the man who would kill the giant would earn the right to possess the estate of Brackland.
>
> The Lord of Argaty equipped himself for the bloody job and he belted a sharp, piercing sword around himself. He left during the night for Uamh Mhòr. When he came close to the hole in which the giant lived, he went down on his hands and knees and crept silently to the mouth of the cave, where he kept watch all night long. The night seemed longer than it should have; but the time passed and the firmament began to redden in the east.
>
> The Lord of Argaty heard the giant moving amongst the dry hides on which he was lying, which crackled every time that he stirred. After that, the Lord of Argaty heard the giant yawning and he was certain that the big fellow was going to be coming out of the cave very shortly. The giant removed the covering from the mouth of the cave to see what kind of morning it was. He stuck his big, hairy, bearded face out of the hole but as soon as he did that, the sword of the other man came down with a heavy stroke on the back of his neck and his head fell inside of the cave.
>
> The Lord of Argaty wasted no time - he took the hairy head into his hands and made his way to the Earl. When the Earl of Murray saw him with the bloody head in his hand, gloom came upon his face and he denied having promised Brackland to the first person who would kill the giant.
>
> The Lord of Argaty drew his sword and he said, 'Yes, of course, you are like many other people - you don't like keeping your promises; but, you deceitful man, if you do not grant me the right to that estate in your own handwriting, by my word, your head will very quickly join the head of the giant.'

'Bracklinn Falls'. (2.7)

Source: *The Lady of the Lake*, by Sir Walter Scott.

'Clach nan Tarbh'. (2.8)

Source: European Library - Zaltbommel/Netherlands, *Loch Lomond in old picture post-cards*.

Chuir sin eagal a bhàis air a' chealgair mhòr agus shuidh e agus sgrìobh e an nì a chaidh iarraidh air. Mar sin, fhuair teaghlach Argadaidh còir air a' Bhreac-Linn.

## 8. Clach nan Tarbh

Tha clach mhòr siar air Loch Laomainn agus is e 'Clach nan Tarbh' a tha oirre. Tha an sgeulachd seo a' mìneachadh mar a thàinig a' chlach ann, ach, a bharrachd air sin, tha i a' nochdadh cho fèin-fhoghainteach agus a bha na seann Ghàidheil agus gu robh iad pròiseil às an cruadalachd.

Bu chòir na facail a leughadh mar gu robhas ag atharrais air na tairbh: 'Is truuuuagh an dùùùùthaich,' is mar sin air adhart.

Thàinig roimhe seo tarbh mòr dearg à Sasainn gu maslachadh a thoirt do Albainn. Sheas e gu h-àrd air gualainn Beinn Mhurlaig is ghlaodh e, 'Is truagh an dùthaich: is truagh an dùthaich!'

Thachair gu robh tarbh dubh Gàidhealach air taobh eile Loch Laomainn, mu choinneimh bràigh Dhùn Pholl Chrò, agus ghlaodh esan, 'Cia às a tha thu? Cia às a tha thu?'

Fhreagair an tarbh dearg, 'A tìr do nàmhaid!
A tìr do nàmhaid!'
Ars an tarbh dubh, 'Gu dè do theachd-an-tìr?
Gu dè do theachd-an-tìr?'
Ars an tarbh dearg, 'Cruithneachd is fìon: cruithneachd is fìon.'
Ars an tarbh dubh, 'Chuirinn thu an comhair do chùil:
chuirinn thu an comhair do chùil.'

Ars an tarbh dearg, 'Càit an d' rugadh tu? Càit an d' rugadh tu?'
Ars an tarbh dubh, 'An crò an dùin:
an crò an dùin.'
Ars an tarbh dearg, 'Gu dè bu bhiadh dhut on a bha thu ad laogh?
Gu dè bu bhiadh dhut on a bha thu ad laogh?'

That put the fear of death into the cheating scoundrel and he sat down and he wrote out what was asked of him. And that is how the family of Argaty got the right of ownership of Brackland.

## 8. Clach nan Tarbh

There is a large stone on the western bank of Loch Lomond which is called *Clach nan Tarbh* ('The Stone of the Bulls'). This story explains how the stone came to be there, but, besides that, it demonstrates how self-confident the Gaels of old were about themselves and how proud they were of their hardiness.

The original Gaelic words of this tale imitate the voices of bulls, but this is impossible to reproduce in an English translation.

A great big red bull from England once came to put Scotland to shame. He stood up high on the shoulder of Ben Vorlich and he exclaimed, 'What a pathetic country: what a pathetic country!'

It happened that there was a black Highland bull on the far side of Loch Lomond, across from the slope of Dùn Pholl Chrò, and he shouted, 'Where are you from? Where are you from?'

The red bull answered, 'From the land of your enemy!
From the land of your enemy.'
The black bull said, 'On what do you stay alive?
On what do you stay alive?'
The red bull said, 'Wheat and wine: wheat and wine.'
The black bull said, 'I would drive you backwards:
I would drive you backwards.'

The red bull said, 'Where were you born? Where were you born?'
The black bull said, 'In the cattle fold of the fortress:
in the cattle fold of the fortress.'
The red bull said, 'What food have you had since you were a calf?
What food have you had since you were a calf?'

Ars an tarbh dubh, 'Bainne 's bàrr fraoich:
bainne 's bàrr fraoich.'
Ars an tarbh dearg, 'An adharc chrom seo am beul do chlèibh!
An adharc chrom seo am beul do chlèibh!'
Ars an tarbh dubh, 'Chugad mi! Chan eagal domh!
Chugad mi! Chan eagal domh!'

 Chaidh an tarbh dubh suas timcheall ceann Loch Laomainn agus choinnich an dà tharbh ri chèile air gualainn Beinn Mhurlaig. Chuir iad an ceann ri chèile is ghleac iad. Chuir an tarbh dubh an tarbh dearg air ais an coinneamh a chùil, gu ruig clach mhòr a bha an sin, is chuir iad car den chloich. Chaidh a' chlach car mu char leis a' bhruthaich gus an d' ràinig i an còmhnard aig taobh an rathaid mhòir còig mìle air falbh. Chuir an tarbh dubh adharc chrom tro chliabh an tairbh dheirg is mharbh e e.

'S iongantach cho coltach agus a tha an sgeulachd seo ri earrann de sgeulachd àrsaidh Eireannaich ris an canar Táin Bó Cuailgne anns a bheil dà tharbh, a' riochdachadh dà rìoghachd, a' sabaid gu fiadhaich. Tha an gaisgeach ainmeil Cù Chulainn anns an sgeul, agus dearbhaidh an sgeulachd shuas bho Ghleann Falach gu robh iad eòlach air Cù Chulainn an sin.

The black bull said, 'Milk and the top of the heather:
milk and the top of the heather.'
The red bull said, 'This curved horn right in your chest!
This curved horn right in your chest!'
The black bull said, 'I'm coming for you! I'm not afraid!
I'm coming for you! I'm not afraid!'

The black bull went over around the end of Loch Lomond and the two bulls met each other on the shoulder of Ben Vorlich. They butted their heads together and wrestled. The black bull pushed back the red bull up to where there was a huge rock, and they caused it to take a tumble. The rock went rolling down the slope until it reached a level spot on the side of the main road five miles away. The black bull put his crooked horn through the chest of the red bull and killed him.

This tale bears a striking resemblance to a scene from an ancient Irish tale called *Táin Bo Cuailgne* ('The Cattle Raid of Cooley') in which there are two bulls, representing two kingdoms, who have a savage fight. The famous warrior *Cù Chulainn* appears in the Táin and the tale shown above from Glen Falloch shows that the people there were indeed familiar with *Cù Chulainn*.

## 9. Cleasan na Sgoile Duibhe

Bha na Gàidheil a' creidsinn gu robh buidseachd ris an canadh iad 'An Sgoil Dhubh' aig feadhainn. Bha Aindrea na cheann-cinnidh air na Pàrlanaich eadar 1514 agus 1544, agus chaidh e don Ròimh gus foghlam fhaighinn. A rèir beul-aithris, bha e an cuideachd Alasdair nan Cleas, ceann-cinnidh Chloinn Dòmhnaill na Ceapaich, agus dh'ionnsaich an dithis aca an Sgoil Dhubh. Is iomadh sgeul a bha air beul an t-sluaigh air cleasan an dithis seo.

Mar a chunnaic sinn cheana, bha aoigheachd do luchd-siubhail air a meas na dleasdanas agus na deagh bheus, agus spìocaireachd air a meas na tàmailt. Dh'ionnsaich Aindrea don mhuillear anns an sgeul seo a leanas gum biodh am fear nach robh fialaidh làn aithreachais air a' cheann thall.

Bha gnàth-fhacal ann a chanadh daoine ri pàiste luaineach: 'Cho lùthmhor ri Muileann Phearraig.'

Rachadh Aindrea ceann-cinnidh nam Pàrlanach gu tric do lùchairt an Rìgh ann an Gleann Iucha gus frithealadh air an Rìgh. Air latha teth den fhoghar, bha Aindrea a' marcachd air an rathad dhachaigh bhon lùchairt. Nuair a ràinig e Muileann Phearraig, bha am muillear agus buanaichean a' cur smùid asta ann an achadh ri taobh an rathaid faisg air a' mhuileann.

Dh'iarr Aindrea deoch dha fhèin agus don each air a' mhuillear, ach thuirt am muillear nach robh deoch aige dha. Bha pathadh, ìotadh agus sgìths air a' Phàrlanach, agus leis a sin, bha e fo mhì-ghean. Gun dàil, theann e a-rithist ri siubhal an rathaid gu siar.

Ach cho luath agus a chaidh e seachad air a' mhuileann, thòisich innealan agus rothan a' mhuilinn air glideachadh. Chuala am muillear gliongadaich agus glagadaich a' mhuilinn agus dh'iarr e air tè buana a dhol don mhuileann gus an cuireadh i stad air.

Chaidh i don mhuileann, ach a' cheart uair a chaidh i seachad air stairsneach a' mhuilinn, thrus i an earsaid a bha uimpe agus thòisich i air dannsadh, agus i a' seinn:

Siuthad e, suas e! Siuthad e, suas e!
Dh'iarr MacPhàrlain deoch is cha d' fhuair e e!

## 9. The Wizard's Tricks

The Gaels believed that some people had a kind of magic which they called 'The Black Schooling', or what we would call witchcraft. Andrew, who was the chieftain of the MacFarlanes between 1514 and 1544, went to be educated in Rome. According to oral tradition, he was a companion of Alasdair of the Tricks, the chieftain of the MacDonalds of Keppoch, and both of them learned witchcraft. People told many tales about the exploits of these two men.

As we have already seen, hospitality to travellers was considered an obligation and a virtue, and people were ashamed to be miserly. Andrew taught the miller in the following tale that the man who is not generous will eventually regret it.

There was a common expression in Gaelic that people used for a restless child: 'As energetic as Partick Mill.'

Andrew, the chieftain of the MacFarlanes, frequently went to the palace of the King in Linlithgow in the service of the King. On one hot autumn day, Andrew was riding his horse on the way home from the palace. When he reached Partick Mill, the miller and some reapers were busily engaged in a field at the side of the road close to the mill.

Andrew asked the miller for a drink for himself and for his horse, but the miller said that he did not have a drink for him. Andrew was thirsty and tired, and because of that, he was disgruntled. Without any hesitation, he resumed travelling westwards on the road.

But as soon as he passed by the mill, the machinery and wheels of the mill began to stir. The miller heard the rattle and hum of the mill and he asked one of the reaping women to go to the mill to stop it.

She went to the mill, but at the very moment that she passed the threshold of the mill, she gathered up her dress and she began to dance and to sing:

Move it on, sing it out! Move it on, sing it out!
MacFarlane asked for a drink and got none!

An ceann treis, chuala am muillear nach do stad am muileann agus dh'iarr e air tèile a dhol don mhuileann gus an cuireadh i stad air. Cha do thill ise, agus, tè mu seach, dh'fhalbh na mnathan buana uile.

Ghabh am muillear fadachd riutha agus, mu dheireadh thall, chaidh e don mhuileann feuch gu dè bha iad ris. Mun d' ràinig e an doras, chunnaic e na mnathan buana a' dannsadh mar gum biodh iad glan às an ciall, agus iad a' seinn aig àird an cinn:

Siuthad e, suas e! Siuthad e, suas e!
Dh'iarr MacPhàrlain deoch is cha d' fhuair e e!

Dh'aithnich am muillear gu robh iad fo gheasaibh aig an duine-uasal nach d' fhuair deoch. Dh'iarr e air gille a dhol an tòir air MacPhàrlain agus aslachadh gun tilleadh e gus deoch agus aoigheachd fhaotainn.

Dhiùlt Aindrea ach dh'innis e don ghille: 'Their ris a' mhuillear spìocach, sir anns an tugha os cionn doras a' mhuilinn, agus gheibh e sgolb caorainn ann. Feumaidh e a thilgeil ann an allt a' mhuilinn agus sguiridh na mnathan de dhannsadh agus de sheinn.'

Thill an gille agus rinn am muillear mar a dh'iarr MacPhàrlain, agus cha b' urrainn do na mnathan car tuilleadh a dhèanamh le sgìths.

After a while had passed, the miller could hear that the mill had not stopped, and so he asked another woman to go to the mill to stop it. She did not return, and one by one, all of the reaping women left.

The miller grew tired of waiting for them, and he finally went to the mill to see what they were doing. Before he reached the door, he saw the reaping women dancing as though they had gone completely mad, as they sang as loud as they could:

Move it on, sing it out! Move it on, sing it out!
MacFarlane asked for a drink and got none!

The miller realised that they had been put under a spell by the man who had been denied a drink. He ordered a servant boy to go after MacFarlane and to beg him to return and to take a drink and hospitality.

Andrew refused the invitation, but told the servant, 'Tell that miserly miller to search through the thatch above the mill door, and he will find a rowan twig. He must cast it into the mill stream and the women will stop their dancing and singing.'

The servant returned and the miller did as MacFarlane told him, but the women could not do a single bit of work on account of their weariness.

## 10. ''S Mairg Duine a Chaill a Ghuth'

Bha na Gàidheil a-riamh measail air seinn agus air ceòl, agus tha fhathast. Bhiodh daoine a' tighinn a chèilidh air a chèile gu tric, agus bhiodh iad an dùil gum biodh comas aig a h-uile duine air òran a ghabhail no air sgeulachd innseadh. B' e sin fearas-chuideachd nan daoine, agus sgoil nan daoine. Bha mòran de na daoin'-uaisle a' faighinn sgoile gus a' chlàrsach a sheinn agus gus duain a dhèanamh.

Is e Donnchadh Mòr a rinn an duan seo. Is iomadh ceann-cinnidh Pàrlanach agus Mormhair Leamhna air an robh Donnchadh. Is dòcha gur e an t-ochdamh Mormhair Leamhna a rinn an duan seo. Bha athair Dhonnchaidh fada gun chathair Leamhna a thoirt dha, agus mas e Donnchadh a rinn an duan seo, is coltach gu bheil e a' toirt slaic air athair o chionn agus nach robh e ro mhath mar cheannard. Chaidh Donnchadh a dhìthcheannadh anns a' bhliadhna 1425 agus e ceithir fichead bliadhna de dh'aois.

'S mairg duine a chaill a ghuth                    1
Aig a bheil sruth de dhàn
Agus nach fhaod gabhail leò
Agus nach eòl bhith na thàmh.

Agus nach seinn còr no port                         5
Agus nach gabh gun lochd laoidh,
Agus nach sguir de chruit bhinn
Agus nach seinn mar a mhaoin.

Is mairg nach sguir de dhring-drang
Agus a nì rann a ràdh,                              10
Agus nach cluinnear a chruit
Agus nach tuigear a dhàn.

'S mairg nach toir aire do chèill
Is nach cùm e fhèin slàn;
Is mairg a bheir ionnsaigh gu tric                  15
Air a' mheas nach ruig a làmh.

Nam biodh mo mhiann anns a' mheas
Nach ruiginn le sreap gu h-àrd,
Ghearrainn an crann mu bhun
Ge b' e neach air 'n cuirinn mairg.                 20

## 10. 'Pity Him Who Has Lost His Voice'

The Gaels have always been fond of singing and of music. People would come together for *cèilidhs* ('house-visits') very often, and it was expected that everyone would be able to sing a song or to tell a tale. This was the people's entertainment, and their education as well. Many of the nobility were educated to play the *clàrsach* (wire-strung harp) and to compose poetry.

Great Duncan was the author of this poem. The name Duncan was common among the Earls of the Lennox and the chieftains of the MacFarlanes. The eighth Earl of the Lennox, who was named Duncan, could well have been the author of this poem. Duncan's father held on to the rule of the Lennox for a long time, and if Duncan is the author of this poem, it seems as though he is accusing his father of being an ineffective ruler. Duncan was beheaded in 1425 at 80 years of age.

> Woe to him who has lost his voice 1
> Who has a stream of song
> And who cannot sing it
> And does not know how to be silent.
>
> And cannot play a tune or melody 5
> And cannot sing a lay without flaws,
> And does not lay down his melodious harp
> And does not make music according to his rank.
>
> Woe to him who does not desist from twing-twang
> As he continues with his verse 10
> While his harp is not heard
> And his song is not understood.
>
> Woe to him who pays no attention to sense
> And does not keep himself well;
> Woe to him who makes the frequent attempt 15
> For the fruit which his hand does not reach.
> If I desired the fruit
> That I could not reach by climbing,
> I would cut the tree at its trunk
> Despite anyone I might offend. 20

## 11. Oran Gaoil do Mhàiri Nighean Dhòmhnaill

'S ann do Mhàiri nighean Dòmhnaill Mhic an t-Saoir ann am Bràigh Chalasraid a rinneadh an t-òran seo, ged nach eil fhios againn cò am bàrd no cuin a rinn e an t-òran.

'S e dhùisg mo ghaol an tùs dut 1
An ciùin-shealladh caomh
A thaom orm od shùilean
'S a dhrùidh orm gach taobh;
Ghabh e tàmh nam inntinn, 5
Sìor chinntinn na ghaol,
Gus an d' fhàg e tinn mi
'S mi srì ris ga chlaoidh.

Och, mar a tha
Mi air mo chlaoidh - 10
Ma thrèigear lem ghràdh mi,
Cha slànaich mi chaoidh.
Och, mar a tha
Mi air mo chlaoidh.

Ge h-iomadh maighdean rìomhach 15
A lìon mi len gaol,
Bha 'n ìomhaigh gam dhìobradh
Nuair a shìn thu rim taobh;
Chaochail iad mar reultan
Air aodainn nan speur 20
'S thusa mar ghath grèine
A' boillsg' air gach taobh.

'S e siud mar tha
Ailleachd do ghnùis
A dh'fhàg mise cràiteach 25
Mur tàr mi do rùn.

## 11. Love Song to Mary Macintyre

This song was composed for Mary Macintyre, the daughter of Donald Macintyre, who lived in the braes of Callander, although we don't know who the poet was or when he made it.

It was the kind and gentle look 1
That first awoke my love for you,
Pouring over me from your eyes
And penetrating me from every angle;
It rested a while in my mind, 5
Growing ever into passion,
Until it left me sickly
As I tried to struggle with it.

    Och! How I am
    Sorely tried - 10
    If I am abandoned by my love,
    I will never recover.
    Och! How I am
    Sorely tried.

There's many a lovely lass 15
Who has filled me with love,
But the mirage would forsake me
When I went beside her;
They faded like stars
On the face of the heavens 20
While you were like a beam of sunlight
Shining all around.

    And that is what
    The fairness of your countenance is like
    Which has left me pained 25
    If I cannot win your love.

Ach cuim an d' rinn mi sealltainn
Air òigh nan rosg caomh?
Mur feuch i dhomh coibhneas 30
An dèidh dhi mo chlaoidh,
B' fhèarr dhomh bhith nam shuain
Ann am bruadairean faoin
Na 'n sealladh ud a fhuair mi
Mur buannaich mi 'gaol. 35

    Ach 's èiginn di bhith
    Am inntinn a-chaoidh
    'S nach faic mi san t-saoghal
    Bean aogais mo ghaoil.

Cuim an d' rinneadh nàdar 40
Cho àillidh mo ghaol,
Mur eil ioc agus bàidh innt'
Gu m' shàbhladh on aog;
Mis' a thug mo ghràdh dhi
Nach bàsaich a chaoidh; 45
'S truagh i gam fhàgail
'S mi cràiteach ga caoidh.

    Air gach tràth
    'S mi ann an srì,
    A h-àilleachd gam thàladh 50
    'S a gràdh bhith gam dhìth.

Ach 's ann a tha mi 'n dòchas
Gun deònaich i gaol,
Gun dùraig i pòg dhomh
Bheir beò mi on aog 55
Ged nach fhaighinn-sa gach stòras
Is òr tha fon ghrèin,
B' annsa Màiri bhòidheach
Bhith 'n còmhnaidh rim thaobh.

But why have I gazed
Upon the maiden of the gentle eyes?
If she will not show me kindness                         30
After she has already wounded me,
I would be better off asleep
In a silly dream
Than to catch a glimpse of her
If I do not win her love.                                35

    But she must be
    In my mind forever -
    I will never find in this life
    A woman of the likes of my love.

How did nature create                                    40
My darling so beautiful,
If she has no mercy or sympathy
To save me from death -
I am the one who gave her love,
Love that will never die;                                45
Alas, that she should be leaving me
And that I should be grieving at her loss.

    I am constantly
    Struggling with myself,
    Her beauty calling to me                             50
    Although I am without her love.

But I still have hope
That she will grant me her love,
That she will want to give me a kiss
Which will revive me from death;                         55
Even if I did not receive great wealth
Or all of the gold on the earth,
I would prefer to have pretty Mary
Always by my side.

'S e dh'fhàgadh slàn 60
Mi ann mo chrìdh'
Bhith faicinn a h-àilleachd,
Ged d'fhàg i mi tinn.

Chan iongnadh mi do ràdh siud:
'S tu 's àillidh measg sluaigh; 65
Tha aoibh is tlachd gun àrdan
Do ghnàth leat a' gluas'd;
Do bheusan tha ro àillidh,
Neo-thràilleil, làn stuaim,
Gu ciallach, glic, ro nàrach, 70
'S fiamh ghàir' ort gach uair.

'S e siud mar tha
Rìbhinn nam buadh
A lìon mi le h-àilleachd
'S gu bràth nach fhaigh m' fhuath. 75

What would make  60
My heart healthy and whole would be
To be able to see her beauty,
Even though she has left me troubled.

It is no surprise that I should say all this:
You are a beauty without peer;  65
Good cheer and delight, without haughtiness,
Constantly accompany you;
Your manners are exquisite,
Unservile, full of virtue
Sensible, intelligent, modest,  70
With a constant smile.

    That is what
    The noble lass is like
    Who has filled me with her beauty
    And to whom I will never show dislike.  75

## 12. Dàn mu na Mnathan

Ged as iomadh òran gaoil a rinn bàrd do thè ris an robh e a' sùgradh, cha robh a h-uile suirghe rèidh. Tha duain ann anns am bi fir a' càineadh bhan agus mnathan a' càineadh fhear. Is e seo aon eisimpleir den sin, agus a rèir beul-aithris, is e am Bàrd Laomainneach, mac Mormhaire Leamhnachd, a rinn an dàn seo.

Luaineach ged a gheibh thu ghaoth, 1
'S luainiche na mnài nan rùn:
An tè gheall an-diugh dhut gràdh
Taghaidh màireach leannan ùr!

Mar as bòidhche gheibh thu iad, 5
'S ann as lugha 'n ciall da rèir;
'S tric, tràth dhaibh bhith mealladh chàich,
A gheibhear iad gam mealladh fhèin.

'M fear làidir chan eil am miann;
Chan àill leo duine dian bochd; 10
Cha taobh iad ri bramanach breun;
Fear sèimh chan fhaigh iad gun lochd.

Nam faigheadh i làn a sùl
De gheugan ùr a' teachd o thràigh,
Cha bu ruith leath' siud ach leum - 15
Chan eil fèill air na mnaà.

Chan àill leath' ach na 's àill leath' fhèin,
Cha bhi i beò mur faigh i 'miann!
'S cha mhotha dhèanadh i dod rèir
Na ged leigeadh tu leath' fhèin an srian. 20

Ged bhiodh agam dà bhaile dheug,
Ged a thogam còig ceud àth,
'S muileann a chur air gach sruth,
Gheibhinn-sa guth bho na mnài!

## 12. A Poem about Women

Although poets made many love songs to women they were wooing, not every courtship was successful. There are poems in which men complain about women and in which women complain about men. This is one example, and, according to oral tradition, it was composed by the 'Lomond Bard', the son of the Earl of the Lennox.

Though you may find the wind restless, 1
Even more so are women in their desires:
The woman who promised love to you today,
She will choose a new lover tomorrow!

The more beautiful you find them, 5
The more senseless they are;
Often, when they think they are deceiving others,
They are found deceiving themselves.

The strong man - they won't want him;
They don't desire a poor but ambitious man; 10
They won't approach a turbulent boor;
They will find some flaw on a kind man.

If she got an eye-full
Of a young scion coming from a beach,
She would make a mad rush for that - 15
There's no use for women.

She obeys only her own her desires,
She will not live unless she gets her wish!
She would not do your bidding
Even if you let her hold the leash. 20

Even if I had twelve townships,
Even though I were to build five hundred kilns
And put a mill on every stream,
I would hear it from the women!

## 13. Gearradh-Cainnte MhicPhàrlain an Arair

Nuair a bhiodh bàird a-mach air a chèile, bhiodh iad a' càineadh a chèile, fear mu seach, le rannan an làrach nam bonn. Seo gearradh-cainnte den t-seòrsa sin le MacPhàrlain an Arair. Tha e an toiseach a' toirt iomradh air rudan a shamhlaicheas uaisleachd - fiadh, claidheamh agus tuagh - agus an dèidh sin, tha e a' sònrachadh uaisleachd fhèin eadar sreathan 29 agus 40 le bhith toirt iomradh air foghlam agus sochairean nan daoine-uasal.

Tha an duan seo cuideachd a' daingeachadh nach ionann faclan dhathan anns a' Ghàidhlig agus anns a' Bheurla: tha an aon fhacal 'glas' mu choinneamh ceithir no còig de fhaclan anns a' Bheurla.

Chaidh MacPhàrlain Triath an Arair a-mach aon latha do shealg fhiadh. Leòn e fiadh agus leig e na coin. Ruaig na coin am fiadh agus lean MacPhàrlain na coin a-steach astar air fearann MhicNeachdainn. Thàinig cur-sneachd air agus chaill MacPhàrlain sealladh air an fhiadh 's air na coin, sguir e den t-seilg agus, bhon a bha Dùn Dà Ràmh am fagas dha, chaidh e gus oidhche a chur seachad ann.

Tràth chaidh e a-steach cha d' aithnich Baintighearna Mhic Neachdainn e agus dh'fharraid i, 'Cò e an corra-bhalach glas?'

Ghabh MacPhàrlain san t-sròin gun tuirt i 'corra-bhalach glas' ris agus fhreagair e:

Thàrladh dhomh bhith an Dùn seo shiar                 1
'S chunnacas ainnir 'siar mu dheas,
'S thuirt i rium le còmhradh borb
Gu robh mi 'm chorra-bhalach glas.

Mas glas mise, is glas mòr-shneachd                   5
Gu dè as misde mo mhèinn bhith glas?
Gu dè a' ghnè glainne a bhios
Gun ghlaisead na adhbhar?

Ar leam gur glas an cuileann,
Is glas am fochann, is glas am feur,                  10
Is glas an dos tha am barr a' chroinn,
Is glas a' choille fo dhubh-neul.

## 13. The Flyting of MacFarlane of Arrochar

When the poets fell out with each other, they would often satirise each other in turn with impromptu verses. This is a 'flyting' of that sort composed by MacFarlane of Arrochar. He first refers to things that represent nobility - the deer, sword and axe - and after that he highlights his own nobility from lines 29 to 40 by referring to the education and the privileges of the noble classes.

This poem also demonstrates that a direct translation from Gaelic into English can be extremely difficult: one Gaelic colour word *glas* can equate to several colour words in English - grey, green, blue, white, pale and so on, as well as meaning 'sickly'. I have therefore left the word as *glas* in the translation, whose English colour should be clear from the context.

> MacFarlane the Lord of Arrochar went out one day to hunt deer. He wounded a deer and he released the hounds. The hounds chased after the deer and MacFarlane followed the hounds into the territory of MacNaughton. A snowstorm came upon him and MacFarlane lost sight of the deer and of the hounds. He abandoned the hunt, and since Dùn Dà Ràmh was close at hand, he went there to pass the night.
>
> When he went inside, Lady MacNaughton did not recognise him and she asked him, 'Who is this odd glas ('pale') boy?'
>
> MacFarlane was offended that she called him an 'odd glas boy' and he answered:

| | |
|---|---:|
| I happened to be in this western fortress | 1 |
| And I saw a lady looking askew, | |
| And she said to me with barbed words | |
| That I was an odd *glas* boy. | |
| | |
| If I am *glas*, a blizzard is *glas*, | 5 |
| How is my disposition the worse for being *glas*? | |
| What sort of glass is without | |
| *Glas*ness in its make-up? | |
| | |
| I believe that the holly is *glas*, | |
| The young blade of corn and the grass are *glas*, | 10 |
| The shoots at the tips of branches are *glas*, | |
| The forest under dark clouds is *glas*. | |

Is glas an Gall a tha air an t-sràid,
Is glas an càl a thèid sa phoit,
Is glas a' ghàire thig fo dheud:  15
Is cha mhisde a mhèinn a bhith glas.

Is geal am bainne thig bho bhuar,
Is bòidheach a shnuadh 's a dhreach;
'S nuair a sgaras an gruth ri mheug,
Tionndaidh a neul 's bidh e glas.  20

Ge dearg an earbag anns a' choille
An tiom an t-samhraidh is an teas,
Tràth thig an geamhradh 's am fuachd
Tionndaidh a snuadh is bidh i glas.

Is glas an claidheamh a thèid san truaill  25
Is glas an tuagh sam bi a' chas;
'S ma bhios am faobhar tana geur,
Cha mhisde a mèinn ged tha i glas.

Thàirnginn teud chaol tro loinn,
'S rachainn don bheinn 's mharbhainn fiadh,  30
'S chuirinn snàthainn fir-faraire air chlàr
Mar nach do chuir làmh balaich riamh.

Nam bithinn-s' air chlàr mo luinge
Far an cluinninn fuaim sàil,
No air bharraibh nan tonn brisg,  35
Cha bu bhalach mi, air Nàill'!

Fhuaireas m' fhoghlam an teach Rìgh
'S cha bu chìobair mi measg chliar:
Sheinninn laoidh 's chanainn dàn
A bhean ud thall, cuimhnich do chiall!  40

The Lowlander who walks the streets is *glas*,
The cabbage that goes into the pot is *glas*,
The laughter that appears from under the teeth is *glas*:  15
It does no harm to it to be *glas*.

The milk that comes from the cattle is white,
Its hue and appearance lovely;
When the curds separate from the whey,
Their colour changes and becomes *glas*.  20

Although the young roe deer in the forest is red
During the summer, when it is warm,
When the winter and the cold come
Its colour changes and it becomes *glas*.

The sword that goes into the sheath is *glas*,  25
The handled-axe is *glas*;
If its edge is sharp and keen,
Its quality is none the worse for its being *glas*.

I can fasten a slender wire through a blade,
And I can go to the hill and kill a deer,  30
And I can put the thread of a man at a wake on a board
As no boy's hand ever could.

If I was on board my ship
Where I could hear the sound of the salt water,
Or on the tips of the breaking waves,  35
I would not be called a boy, I'll warrant!

I was educated in a King's house
And I am no mean fellow among learned men:
I can sing a lay, and I can recite a poem -
O yonder woman, remember your sense!  40

## 14. Cumha do Iseabal Chaimbeul

Is e an t-Urramach Raib Kirk a sgrìobh an cumha seo do a bhean Iseabal, a theasd anns a' bhliadhna 1680 nuair a bha esan na mhinistear ann am Both Phuidir. Rugadh agus thogadh Kirk ann an Obar-Phuill. Ged a choisinn e cliù leis an leabhar a sgrìobh e, *The Secret Commonwealth of Elves, Fauns and Fairies*, bu chòir barrachd cliù a bhith aige air sgàth na saothrach mòire a rinn e: chuir e Gàidhlig air na Sailm uile. Tha an rann a tha aige aig toiseach Leabhar nan Salm:

> Imich, a Dhuilleachain, gu dàn,
> Le Dàn diadhaidh, dùisg iad thall;
> Cuir fàilte air fonn fial nam Fiann,
> Air Garbh-Chrìochan 's Innse Gall.

Dh'ionnsaich e Gàidhlig Chlasaigeach nam filidh, cuspair nach furasta idir. Sgrìobh e an cumha seo ann an Gàidhlig nam filidh nuair a bha e ga foghlam, agus is coltach gur e seo a' chiad eiseimpleir a tha againn de chuid bàrdachd.

| | |
|---|---:|
| An uchd as truagh a thrèig mi, gu cas | 1 |
| Air teachd dom shòlas fhèin, à m' amharc ghluais; | |
| Ge diombuan Sonas seunail san t-saoghal bhras, | |
| Mo Sheircean a tha treun measg fhlaithean shuas. | |
| | |
| Is blaisde mo smuain, a sheòid nam ban, ort fhèin | 5 |
| Na sealladh buan air mnaoi na Cruinne-cè; | |
| Ge mall do rosgan shìos san uaigh chèin | |
| Ar leam gur faisg' thu dhomh na càch gu lèir. | |
| | |
| 'S chan iongnadh mise bhith dèidheil ort le cliù | |
| 'S gun tuirl Crìosd a-nuas gad iarraidh grod; | 10 |
| 'S an aon latha ghineadh e is shiubhail thu - | |
| An Nollaig, binn do chàch, chuir ormsa sprochd. | |
| | |
| Chan adhbhar bròin ubhal abaich theachd om chrann; | |
| Ach 's beud, o-chòin, a' chraobh a chrathadh gu lèir | |
| 'S a thoradh glas - mur biodh gur Dia rinn e, | 15 |
| Ge glas leam iad, bidh iad abaidh dhòmhs' le chèil'. | |

## 14. Lament for Isabel Campbell

This lament was written by the Rev. Robert Kirk for his wife Isabel, who died in the year 1680 when he was the minister of Balquhidder. Kirk was born and raised in Aberfoyle. Although he has earned a reputation on account of his book *The Secret Commonwealth of Elves, Fauns and Fairies*, he deserves further recognition for the tremendous labour he undertook when translating all of the Psalms into Gaelic. The following quatrain begins his Psalter:

> Depart, O book of pages, bravely,
> With a poem of devotion, arouse them over yonder;
> Give a welcome to the generous land of the *Fianna*,
> To the Highlands and the Hebrides.

He learned the Classical Gaelic of the *filidhs*, which is a very difficult undertaking. He wrote this lament in Classical Gaelic when he was learning it, and this seems seems to be the first example we have of his poetry.

> The breast that I left behind, suddenly                               1
> After coming to my solace, has moved out of my sight;
> Although charmed Happiness is fleeting in this wanton world,
> My persevering beloved one is up above with princes.
>
> My thoughts for you, o jewel of women, are more pleasurable          5
> Than any long looks at the women of the world;
> Although your eye down in the distant grave is slow,
> I feel that you are closer to me than anyone else.
>
> It is no wonder that I should be fond of you
> And that Christ will descend quickly to get you;                     10
> This day, Christmas, on which He was born, which makes others happy,
> Was the day that you died, and makes me sorrowful.
>
> A ripe apple coming from my branch is no cause for woe;
> But what grief, the tree which is totally thrashed
> While its fruit is too young - if it had not been God that did this  15
> To that which seems still unready to me, they would be acting against
>                       my wishes.

## 15. Cumha Dhòmhnaill MhicPhàrlain Choill' Ath-chrathaidh

Tha an cumha seo na dheagh bhall-sampaill de òran-molaidh a dhèanadh na bàird do na h-uaislean. Bhiodh eireachdas, subhailcean agus beairtean a' cheannaird gan aithris agus bha seo na chomhairle don luchd-èisteachd agus don fhear a rachadh na àite. Bha cudrom mòr air feum a' cheannaird ann an co-chomannachd na coimhearsnachd, agus tha sin follaiseach ann an sreathan 20, 29 agus 35.

Bha meas mòr aig na Gàidheil air sealgaireachd, mar a chithear ann an sreathan 37-42, oir bha an deagh shealgair na dheagh ghaisgeach. Nuair a shealgadh iad fèidh, ruagadh iad na fèidh a-steach ann an àite cumhang, ris an abairte 'eileirg', far an rachadh am marbhadh. Tha am facal seo ann an ainm-àite aig bun Ghlinn Fionnghlais, a bha na fhrìth rìoghail, agus air àite an ear air Rubha Aird Eòdhnain. Tha iomradh aig a' bhan-bhàrd air cleachdainn àraid ann an sreath 41: rachadh na h-iasgairean a-mach feadh na h-oidhche agus thàlaidheadh iad na h-èisg gu uachdar an uisge le lòchrain.

'S cian 's gur fad' tha mi 'm thàmh,　　　　　　　　　　1
'S trom leam m' acain a ghnàth
Mun fhleasgach ùr àlainn treubhach.

Bàs Choill' Ath-chrathaidh seo shuas,
An t-òg finealta suairc,　　　　　　　　　　　　　　　　5
Dh'fhàg a chinneadh fo ghruaim 's b' e beud e.

B' e siud Dòmhnall mo rùin
An sàr Phàrlanach ùr -
Bu mhòr do bheachd is do thùr is do lèirsinn.

'S lìonmhor baintighearna ùr　　　　　　　　　　　　10
Gun dìon air rosgaibh a sùl
An-diugh gad roladh gu dlùth sna lèintibh.

B' ann diubh do mhàthair gheal rùin
Thug dhut cìoch agus glùn
Is a thog thu ad ùr-fhàs ceutach.　　　　　　　　　　15

# 15. Lament for Donald MacFarlane of Achray Forest

This lament is an excellent example of the eulogies that the poets composed for the nobility. The comely appearance, virtues and deeds of the social leader would be enumerated as counsel for the audience as well as for the person who would replace him. The social leader had a very important role in maintaining the order of the community, and this is evident in lines 20, 29 and 35.

The Gaels were very fond of hunting, as can be seen in lines 37-42, since a skilled hunter was also an able warrior. When they would go to hunt deer, the deer would be chased into a constricted narrow passage called an eileirg (often Englished as 'elrick'), where they would be killed. This word can be found as a place-name at the bottom end of Glen Finglas, which was a royal hunting ground, and to the east of Rowardennan. The poetess mentions a particular custom in line 41 of going fishing at night with flaming torches in order to entice the fish to the surface of the water.

Too long have I been still: 1
My constant sobbing for the brave, handsome,
Young man weighs heavily on me.

The death of the man of the Forest of Achray overhead,
The refined, courtly youth 5
Who left his people dejected, is tragic.

He was my beloved Donald,
The gallant, young MacFarlane -
Your wisdom, ideas and vision were great.

Many a young noble-woman 10
Who has not covered her eyes
Is rolling you tightly in the linen death-shroud.

One of them is your fair beloved mother
Who gave you knee and breast
And raised you to be a handsome young blossom. 15

Fhuair d' athair ciall-chaisg -
'S e 'n Rìgh chùm ris a bheachd
On a rinn iad do thasgadh a' cheud là.

Tha do bhràithrean fo phràmh,
Gun ghuala thaiceadh an ceann             20
On a dh'fhàs thu gun chainnt gun lèirsinn.

Ged chuireadh ann an ciste nam bòrd
An dèidh a sparraidh le h-òrd,
Gur lìonmhor bha deòir mud dhèidhinn.

'S ann Di-Sathairn' bhuainn geàrr           25
Thug sibh gaisgeach mo ghràidh -
'S i do cholainn bha àillidh ceutach.

Ann an Cill Mo Chùg seo shuas
Thug sibh ceannard an t-sluaigh -
Mo chreach, gu là Luain chan èirich.        30

Bu tu ceannard fhear-feachd
Is sàr dhròbhair nam mart;
B' i do shùil a b' fheàrr beachd is lèirsinn.

Bha thu fialadh mud stoc,
Bu tu seiseadh nam bochd;                   35
Chan fhaca mi lochd fon ghrèin dut.

'S mòr am mulad orm fhèin
Do ghunn' air an stèill
'S an acfhainn on a ghèisgeadh d' fhùdar.

Bu tu marbhaiche 'n fhèidh                  40
'S a' bhric leis an leus
'S a' choilich air ghèig 's an smùdain.

Nam b' urra mi ràitinn,
Chuirinn tuilleadh ann ad dhàn -
Mo bheannachd dod chàirdibh ad dhèidh, ghaoil.   45

Your father has received a warning -
It is God himself who has kept him sane
Since the day that they put you in the grave.

Your brothers are grieving,
Without the supportive shoulder of their leader
Since you have become speechless and sightless.

You have been placed in a kist of boards
Which was forged together with a hammer
There were many tears shed over you.

A short time ago, on Saturday,
You took my beloved warrior
Whose body was handsome and elegant.

Over in Kilmahog
You took the people's leader -
Alas, he will not rise until Doomsday!

You were a leader of fighting men
And a skilled drover of cattle;
You had the best eye for sight and perception.

You were generous with your wealth,
You fed the poor;
I never saw a single flaw in you.

It is a great grief for me
That your gun is on the peg
Along with the weapon which would thrust out your gunpowder.

You were the hunter of deer
And of the trout, attracted by a torch,
And of the forest-cock and of the wood-pigeon.

If it were possible for me to say it,
I would put more into this poem for you -
My blessings to your relations now that you are gone, dear one.

'Duncraggan Huts'. (2.15)  Source: *The Lady of the Lake*, by Sir Walter Scott.

## 16. Marbhrann do Mhisgear

Is e seo marbhrann do Aindrea MacPhàrlain, Fear na Tulaich, air dha a mhaoin a struidh le misg. Chaidh a chàirdean an urras air, agus an sin bhrist e air, ach lean e air a bhith na mhisgear. Fhuaras an duan seo aig Alasdair MacPhàrlain, a bha na mhinistear anns an Arar.

    Fon leac-laighidh seo gun suim                                     1
    Tha glutaidh pàiteach air a dhruim;
    B' fheàrr gu robh e an sin o chian -
    'S iomad fulachd chaidh na bhian.

    Dh'òl e an Tulach 's Sròn Mhaolain                              5
    An Tom Buidhe, Fionnaird 's an t-Aonach;
    Shluig e an Goirtean 's a choill;
    Chreic e na h-ionraicean le foill.

    Dogan gearrain is seisear mhart;
    Dh'òl e an Tairbeart do chasgadh a thart;                     10
    Dh'òl e an Taigh 'Bheachdadain na chrùin;
    Bu tric sgeith air gu a dhà shùil.

    Chuir e a mhaoin an leann 's an dram
    Gus an deach an stùird na cheann.

## 16. Elegy for a Drunkard

This is an elegy for Andrew MacFarlane, the Laird of Tullich, composed after he had wasted all of his wealth on drink. His friends had put up security for him, but then he ruined it, and continued in his drinking habits. This poem was obtained from Alasdair MacFarlane, who was the minister in Arrochar.

Indifferent, underneath this flat recumbent stone,
Lies a thirsty drunkard on his back;
Better had he been there long ago -
He has been the centre of many a feud.

He drank Tullich and Strone Mallanach                    5
Tom Buidhe, Finnart and Aonach;
He consumed Goirtean and its forest;
He sold out the righteous with treachery.

A runt of a gelding and a team of six plough-horses;
He drank Tarbert to quench his thirst;                   10
He drank Taigh 'Bheachdadain, sold for a crown;
He often had vomit up to his eyes.

He put his wealth into ale and drams
Until finally the drunkenness went into his head.

## 17. Marbhrann a' Choin Duinn

Chan e an cinneadh-daonna a-mhàin air an tug luchd-bàrdachd feart. Thug iad spèis cuideachd do ainmhidhean agus àiteachan nam bàrdachd. Tha bàrd a' mharbhrainn seo ag ionndrain a' choin a dh'fhuirich aig baile nuair a dh'fhalbh e don oilthigh ann an Glaschu.

Tha mi ro dhuilich 1
Is fo mhulad an dràsta;
Chan e gaol rinn mo bhuaireadh,
Chan e gruagach rinn m' fhàgail,
Ach 's e naidheachd fhuair mi 5
As taobh tuath o mo bhràthair
Thug na deòir air mo shùilean
Is chuir air chùlaibh mo ghàire.

'S ann a bha mo chù gasta,
Mo ghaisgeach, air fàillinn - 10
An cuilean bu dìleas'
Riamh dhìr ri stùic àrda;
A leithid gu cuairteach'
No fuadach cha d' fhàg e;
A Rìgh, bu mhisneachail cruaidh e, 15
Ach mo thruaigh, thàin' am bàs air!

Cha leig mi à m' aire,
Ge b' e 'n cùrsa mo sheòladh,
Am lomaidh agus spuinnidh
Sna madainnean bòidheach; 20
Nuair a bhithinn-sa gabhail
An rathaid bu chòmhnard
'S gaisgeach stiùireadh a' mheanbhchruidh
As a' gharbhlach gu seòlta.

Chan eil stàth dhomh bhith caoineadh, 25
Is gnothach faoin bhith ri bròn -
Cha toir mi mo chù
As an ùir le mo dheòir;
Tha e gu socrach sìochail
Na shìneadh fon fhòid 30
Far nach dinneadh air teas grèine
No gaoth gheur chruaidh an reòit.

## 17. Elegy for the Russet Dog

Poets did not limit their attentions to humankind, but were also mindful of the beasts and places which they held dear. The poet of this elegy is lamenting the dog that stayed home when he went to university in Glasgow.

| | |
|---|---:|
| I am very grieved | 1 |
| And in great sorrow at this moment; | |
| It is not love which has vexed me, | |
| It is not a woman who has left me | |
| But news I have received | 5 |
| From my brother in the north | |
| Which has put tears in my eyes | |
| And has made me turn away from laughter. | |
| | |
| My excellent hound, | |
| My own companion, has fallen - | 10 |
| The most loyal puppy | |
| Who ever climbed high pinnacles; | |
| There is none left who can | |
| Surround the herd or drive them like him; | |
| O Lord, how enthusiastic and hardy he was, | 15 |
| But, woe is me, death has taken him! | |
| | |
| I will never forget, | |
| Wherever my travels take me, | |
| The times we did the shearing | |
| In the fair mornings; | 20 |
| When I would be walking | |
| On the flat road, | |
| That little soldier would be directing the sheep | |
| Around the country with expertise. | |
| | |
| There's no use for me to be keening, | 25 |
| To be sorrowful is futile - | |
| I will not bring my hound | |
| Out of the earth with my tears; | |
| He is comfortable and peaceful | |
| Stretched out in the ground | 30 |
| Where the heat of the sun will not bother him | |
| Nor will the bitter frozen wind. | |

## 18. Oran Pòsaidh

Rinn Iain Mac an Fhùcadair an t-òran seo don Urramach Iain Stiùbhart nuair a phòs e Siùsaidh Nic an t-Saoir anns a' bhliadhna 1792. Bha an t-Urramach Stiùbhart na mhinistear ann an Lus agus bhaist e Siùsaidh nuair a bha i na leanabh. Bha a h-uile duine eòlach air sgeulachdan nam fineachan Gàidhealach, agus tha tè ann a tha ag innse mar a chàirich balach òg bàta le òrdaig agus uime sin bha 'Saor na h-Òrdaig' air a-riamh an dèidh sin. Bhuineadh e do Dhòmhnallaich nan Eilean ach chaidh e gu Cruachan Beann air tìr-mòr agus stèidhich e Clann an t-Saoir.

Fàilte dhutsa, fhir na gruaige, 1
Thug thu buaidh is 's math leam faicinn
'N òigh mhaiseach a bhith rid ghualainn
Nuair a ghluaiseas tu gu faiche.

Na bi borb is na bi reasgach, 5
Gruamach teumach sradach,
Gu neo-chothromach ad bheusaibh,
Udlaidh leumach spadach.

Bi gu suairce ris an òg-bhean -
'S math a còir air na tha agad: 10
Sliochd an t-Saoir i o Chloinn Dòmhnaill
A chaill an òrdag treis on chladac

'S iomadh fear dhiubh siud rinn mòr-bheart
Nuair bha 'n còir ga toirt a dh'aindeoin,
'S gar a bheil annamsa ach lòpan, 15
'S ann den t-seòrs' ud bha mo sheanair.

Bidh sùil mhothaich agam fhèin ort
Gu dè 'n ceum am bi thu gluasad:
Bidh mi faire 's bidh mi 'g èisteachd
Air eagal gum bi thu 'n tuasaid. 20

Ach ma bhios tu coibhneil càirdeil,
Gheibh thu gràdh airson do shaothrach,
'S bheir mi fhèin dut uainean òisge
Nuair a chròdhas mi na caoraich.

## 18. A Wedding Song

John Walker composed this song for the Rev. John Stuart of Luss in the year 1792 when he married Susie Macintyre, whom he had baptised when she was an infant.

Every Gael was acquainted with the tales of the Highland clans, and there is one which tells how a young boy repaired a boat with his thumb, and because of that he was called 'The Joiner of the Thumb'. He was one of the MacDonalds of the Islands, but he went to Cruachan Beann on the mainland and the Macintyres are descended from him.

|  |  |
|---|---|
| Welcome to you, O bridegroom, | 1 |
| You have succeeded, and I am glad to see | |
| The beautiful maiden standing at your shoulder | |
| As you proceed to the field. | |
| | |
| Do not be brutal and do not be stubborn, | 5 |
| Sullen, biting or quick-tempered, | |
| Unfair in your manners, | |
| Morose, quarrelsome or violent. | |
| | |
| Be gentle to the young bride - | |
| She has every right to what is yours: | 10 |
| She is a descendant of the MacDonald joiner | |
| Who lost his thumb a distance from the shore. | |
| | |
| Many of those folk did great deeds | |
| When their rights were unjustly usurped, | |
| And although I am only a mean labourer, | 15 |
| My grandfather was one of those folk. | |
| | |
| I myself will keep a watchful eye on you | |
| To see what steps you take; | |
| I will be watching and listening | |
| For fear that you will fall into trouble. | 20 |
| | |
| But if you are gentle and kind, | |
| You will have love for your labours, | |
| And I myself will give you lambs | |
| When I put the sheep into the fold. | |

## 19. Sliochd an Eich Bhric Nach Robh Riamh Glic

Chan eil sìon nas bunasaiche do bheatha anns an t-saoghal seo na fearann. Bha na Pàrlanaich am measg nam fineachan a bu tràithe a fhuair còir sgrìobhte air an fhearann aca, ged a bha feadhainn a' dìon oighreachdan le 'còir-claidheimh' gu Bliadhna Theàrlaich. Mar a thachras cho tric ann an sgeulachdan, ghabh muime an oighre dhlighich an t-eud ris agus dh'fheuch i ceartas a chlaonadh a rèir a toil.

Tha frith-ainmeannan air fineachan agus air daoine agus tha sgeulachdan a tha a' mìneachadh mar a fhuair iad na frith-ainmeannan sin. Is tric a bhios frith-ainm na aithis no na thàir don fheadhainn ris an èighear e.

Bha Rìghrean na h-Albann a' feuchainn ri smachd fhaotainn air na fineachan anns an t-siathamh ceud deug. Ged a bha bàs Dhonnchaidh, Triath nam Pàrlanach, aig Cath Phincidh anns a' bhliadhna 1547 na chall don fhine, chuir dìoghaltas an Riaghaltais - a bha suidhichte ann an Lunnainn an dèidh na bliadhna 1603 - na bu mhiosa orra.

An dèidh Cath Phincidh, chaidh MacPhàrlain an Arair a chreachadh le luchd-riaghlaidh na Rìoghachd agus chaidh mòran den fhearann a thoirt bhuaithe. Bha MacPhàrlain air a bhith pòsta dà uair agus bu bhan-Shasannach a' bhean mu dheireadh a bha aige.

Dh'fhàg a' chiad bhean aon mhac agus b' esan an t-oighre. Ach bha e coltach nach biodh an oighreachd aige ach beag agus bha e los dol do Dhùn Eideann a dh'ionnsaigh an Rìgh a dh'fheuchainn am faigheadh e air ais cuid den fhearann. Ach leis mar a chaidh MacPhàrlain a chreachadh, cha robh each freagarrach aige leis am b' urrainn da ('s nach bu nàr leis) dol an làthair nan uaislean an Dùn Eideann.

Bha each bòidheach breac aig a leth-bhràthair a fhuair e aig bràthair a mhàthar; agus dh'iarr e coingheall an eich bhric air a leth-bhràthair, ach cha robh esan toileach coingheall an eich bhric a thoirt dha.

Chuala màthair a' bhràthar a b' òige iad a' bruidhinn mun each agus thuirt i, 'Chan fhaigh thu coingheall an eich air eagal is nach toir thu air ais tuilleadh e. Chan eil do ghnothaichean ro shoirbheachail leat anns a' cheart àm.'

Thuirt esan gu robh e cinnteach gun tugadh e an t-each air ais slàn; ach bha a mhuime a' cur mòran amharais nan tugadh e an t-each do Dhùn Eideann leis nach tugadh e air ais tuilleadh e. Thuirt an t-oighre gu bitheanta gu robh e cinnteach gun tugadh e an t-each dhachaigh

# 19. The Descendants of the Speckled Horse Who Was Never Wise

There is nothing more fundamental in life than land. The MacFarlanes were one of the first clans to have a written charter for their land holdings, although some people still defended their holdings with the sword until the Jacobite Rising of 1745. As happens so often in stories, the step-mother is jealous of the rightful heir and attempts to have her own way by perverting justice.

Both individuals and clans have nicknames and there are stories which explain how they got those names. A nickname is frequently an insult or an embarrassment.

The Kings of Scotland were trying in the seventeenth century to bring the Highland clans under their sway. Although the death of Duncan, chieftain of the MacFarlanes, at the Battle of Pinkie in the year 1547 was a loss to the clan, the heavy punitive measures of the government - which was based in London after the year 1603 - brought even heavier losses.

> After the Battle of Pinkie, MacFarlane of Arrochar was robbed and ruined by the leaders of the government and much of his land was taken from him. MacFarlane had been married two times and his last wife was an English lady.
>
> His first wife had left a son who was the rightful heir. But it seemed as though his inheritance was going to be rather small and he wanted to go to Edinburgh, to the King, to see if he could get back some of the estate. But because of the way that MacFarlane had been ruined, there was not an appropriate horse that he could take (and that he would not be embarrassed of) to go into the presence of the nobles of Edinburgh.
>
> His half-brother had a beautiful speckled horse which he had been given by his mother's brother, and he asked his half-brother for a loan of the horse, but he was not willing to give him a loan of the speckled horse.
>
> The mother of the younger brother heard them speaking together about the horse and she said: 'You cannot borrow the speckled horse because we are afraid you might never give him back. Your affairs have not been too successful of late.'
>
> He said that he was sure that he would return the horse safe and sound; but his step-mother was showing great doubt that he would bring the horse back from Edinburgh alive, safe and sound. The heir said repeatedly that he was sure that he would bring the horse back home

a-rithist beò slàn fallain, mar a bha e tràth thug e air falbh e.

Dh'fharraid a mhuime dheth, 'Ma tha thu cho cinnteach gun toir thu an t-each dhachaigh cho slàn fallain agus a bhios e tràth bheir thu air falbh e, an toir thu dhomh còir don fhearann mar bharantas gun dèan thu sin, agus mur toir thu an t-each dhachaigh slàn fallain gum faigh do bhràthair am fearann na èirig?'

Thuirt an t-oighre gun dèanadh e sin. Chaidh an sin fianaisean fhaotainn agus cùmhnantan a dhèanamh mur tugadh an t-oighre an t-each breac dhachaigh slàn fallain a-rithist gum faigheadh a bhràthair am fearann.

Tràth fhuair a mhuime fios gu robh an cùmhnant deiseil, chuir i dòigheannan an gnìomh gus an t-oighre dligheach a mhealladh agus còraichean an fhearainn fhaotainn do a mac fhèin. Fhuair i fàth gus guth a dhèanamh ris a' ghille a bha gu dol còmhla ris. Thug i don ghille puinnsean gu thoirt don each bhreac gus a mharbhadh agus duais airson am puinnsean a thoirt don each. Dh'fhalbh an t-oighre òg agus e a' marcachd an eich bhric agus an gille na dhèidh a' marcachd air each eile.

Anns an àm sin cha robh rathad eich sìos taobh Loch Laomainn ann. Is ann a chaidh iad suas tro Ghleann Falach, gu dol rathad Taigh an Droma, agus seach Sruighlea gu dol do Dhùn Eideann. A' chiad oidhche stad iad aig taigh-òsta a bha am fagas do Bhràighe Ghlinn Urchaidh. Chuir an gille na h-eich a-steach don stàball agus tràth bha e a' toirt an t-sìl do na h-eich chuir e am puinnsean an sìol an eich bhric, agus an ath latha bha an t-each breac marbh.

Cha robh air ach gum b' fheudar an dìollaid a b' fhearr a chur air each a' ghille agus phill oighre Chloinn Phàrlain dhachaigh a' marcachd air each a' ghille agus an gille a' giùlain na màileid. Agus tràth thàinig e dhachaigh gun an t-each breac aige, dh'agair a mhuime am fearann do a mac fhèin an èirig an eich bhric.

Tràth chaill mac bu shine MhicPhàrlain a chòir air an fhearann, chaill e a mhiadh am measg na fine gu lèir agus is e 'An t-Each Breac' a theireadh iad ris bhon a bha e fhèin cho faoin is gun tug e a chòir air an fhearann an urras an eich bhric.

Phòs e agus bha clann aige. Is ann bho a mhac a shìolaich an dream Clann an Oighre. Ged a fhuair mac na ban-Shasannaich fearann an Arair, cha d' aidich Clann Phàrlain a-riamh mar cheann-fine e. Theireadh iad ri a shliochd 'Clann Phàrlain an Fhearainn.' Ach bhon a bha an ceann-feadhna dligheach bochd, ghabh iad e mar Chaiptean, agus theireadh iad ri a shliochd 'Sliochd an Eich Bhric Nach Robh Riamh Glic.'

alive, as whole and healthy as the horse was when he took it away.

His step-mother asked him, 'If you are so sure that you will bring the horse back home as whole and healthy as when you take him away, you must give me title to the lands as a guarantee that you will act accordingly, so that if you do not return the horse home whole and healthy, your brother will have the land to pay for it.'

The heir said that he would do that. Witnesses were found and contracts were made that stated that if the heir did not bring the speckled horse home whole and healthy again his brother would get the land.

When his step-mother found out that the contract had been made, she set up a way to deceive the rightful heir and to obtain the rights to the land for her own son. She found an opportunity to speak to the servant that was going to go along with him. She gave the servant some poison to give to the speckled horse to kill it, and gave him a reward for giving the poison to the horse. The young heir departed riding the speckled horse and the servant was behind him on another horse.

At that time there was no horse road going down the side of Loch Lomond. Instead, they went up through Glen Falloch to go toward Tyndrum and past Stirling in order to go to Edinburgh. On the first night they stopped at a hostel that was close to the braes of Glenorchy. The servant put the horses into the stable and when he was giving grain to the horses he put the poison into the grain of the speckled horse, and the next day the speckled horse was dead.

There was nothing for it but that the best saddle had to be put on the servant's horse and the heir of the MacFarlanes returned home riding the servant's horse while the servant carried the baggage. And when he came home without the speckled horse, his step-mother demanded that the land be given to her son in payment for the speckled horse.

When the eldest son of MacFarlane lost his right to the land, the people of the clan lost their respect for him altogether and they called him 'The Speckled Horse' because he was so stupid as to give the rights to the land as a surety for the speckled horse.

He got married and had children. It is from his son that those of the name MacNair ('The Son of the Heir') were descended. Although the English lady's son got the land in Arrochar, the MacFarlanes never acknowledged him as the leader of the clan. They called his descendants 'MacFarlanes of the land'. But because the rightful heir was destitute, they accepted him as their Captain and they called his descendants 'The Descendants of the Speckled Horse who was never Wise.'

## 20. Oran air Clag Chalasraid

Rinn Maighread Chamshronach an t-òran seo mun bhliadhna 1780 nuair a bha an eaglais tàbhachdach ann am beatha na coimhearsnachd agus am ministear na cheannard air a' choimhearsnachd. Bha esan gu tric air a mholadh leis na h-aon shamhlaidhean leis an robhar a' moladh nan ceann-cinnidh bho shean.

'S e mòr chòmhnadh ar n-uaislean -  1
Thàin' an smuainte san tìm seo -
'N eaglais mhòr a chur suas duinn
'S clag bhith bualadh an stìopaill;
Tha mòr-mhath do gach sluagh ann  5
Tha mun cuairt oirnn san sgìreachd -
Nuair nì Bhaltair a bhualadh,
Cluinnear uaith' e seachd mìle.

Seo 'n clag a tha gàireachail
Chost mòr-airgead don sgìreachd -  10
Chan eil a leithid an Albainn
'S fad' chaidh ainm feadh nan crìochan;
Nì ar dùsgadh anns a' mhoch-thràth
Dhol do chlachan gu sìobhalt;
Ged bhiomaid fo airsneal,  15
Bheir dhuinn caismeachd thoil-inntinn.

Nuair a thugadh e dhachaigh
Nall o Ghlascho na Beurla,
'S ann a chruinnich am baile
Ga fhaicsinn le h-èibhneas.  20
Rinn an ministear innleachd
Air *machine* à Dùn Eideann -
'S chuireadh suas e le Gibsan
An crochadh le rèidh-bheirt.

## 20. A Song about the Bell of Callander

Margaret Cameron composed this song about the year 1780 when the church was important in the life of the community and the minister was its leader. He was often praised in the same terms as the chieftain had been of old.

It is the great assistance of the nobility -  1
The thought has just struck me -
That has erected the church for us
And allowed the bell to strike the steeple;
There is great benefit in it for all the people  5
Who are around us in the district -
When Walter strikes it,
It can be heard seven miles away.

A bell which is resonant
Which cost much money to the district -  10
Its like cannot be found in Scotland
And its fame has spread throughout the country;
It wakes us in the early morning
To go to the church in civility;
Though we may be weary  15
The march brings enjoyment to us.

When it was brought home
From Glasgow of the English tongue,
All of the people of the area gathered together
With cheer to see it.  20
The minister performed a feat of engineering
On a machine from Edinburgh -
As it was set up by Gibson,
Set to hang with sophisticated equipment.

A dheagh bhuachaill na sgìreachd 25
A nì gu dìreach ar seòladh,
Meud do ghliocais chan innseam
Ann am mìneachadh sgeòil duinn;
Tha thu sìobhalta ad bhruidhinn,
Tha thu suidhicht' ad chòmhradh, 30
Tha thu farast' ad ghluasad,
Gun uabhar gun mhòr-chùis.

Nuair a chruinnicheas do phoball
Dh'ionnsaigh d' eaglais Di-Dòmhnaich
Is fìor deas-labhrach d' fhacail 35
O chridhe reachdmhor làn sòlais;
Ged bhiomaid ri lochdaibh
On a ghineadh or n-òig' sinn,
Bu chruaidh bhiodh ar cridhe
Mur tiomaich briathran do bheòil sinn. 40

Ach seachd bhuidheachas rim Athair
Nach d' rinn thu fhathast ar fàgail;
Gum faic sinn thu romhainn
Toirt do chomhairle 's gach càs oirnn.
Guma fada thu maireann 45
Ann ad thalla mar a tha thu
Air do theaghlach mhòr phrìseil
Gus an cinn iad an-àirde.

O good shepherd of the district,  25
You who keep us straight,
I cannot express the greatness of your wisdom
In explaining things to us;
You are peaceful in your speech,
You are organised in your conversation,  30
You carry yourself gracefully,
Without arrogance or haughtiness.

When your congregation comes together
To your church on a Sunday,
Your words are true and well-spoken  35
From a commanding heart, full of solace.
Although we have been guilty of misdeeds
Since the time that we were children,
Hard would be our hearts
Not to be softened by your discourse.  40

Many thanks to my Father,
You have not yet left us;
May we still see you before us
Giving us your counsel in every hardship.
May you live long  45
In your hall as you are now
And support your beloved family
Until they grow to maturity.

## 21. 'An Làir Chruaidh Thàinig à Calasraid'

A rèir beul-aithris rinn forsair am Bràghaid Albann an t-òran seo mun each a cheannaich e air Fèill Chalasraid. Gus bho chionn ghoirid, bha eich gu bitheanta rim faicinn air feadh na Gàidhealtachd, oir is ann leotha a rinneadh treabhadh agus mòran obair àitich.

Bha buair orm nuair cheannaich mi                 1
'N làir chruaidh thàin' à Calasraid -
'S e crùbach thug an car asam
Le capall 's i gun chluasan.

   'S ann bha an cruaidh-fhortan orm         5
   Nuair cheannaich mi
   An capall cruaidh an Calasraid.

Bha sròn cho mòr ri cuinneig oirre
'S i molach ròmach mun chuinneanan,
'S nuair shealladh tu bho urrad oirre           10
Bha mullach mar an tuagh oirre.

Null air Drochaid Chalasraid,
Bu luaithe i na 'n dealanaich,
Gun mhìr a-mach air claigeann di
Ach fàilcan de na cluasan.                      15

Nach mise bh' air mo nàire
Nuair cheannaich mi 'n làir ghrànda -
Chan itheach i ach buntàta
'S ri stàth cha chuireadh i gualann.

## 21. 'The Hard Mare that Came from Callander'

According to oral tradition, this song was composed by a forester from Breadalbane about a horse that he bought at the Callander Fair. Until recently, horses could be seen throughout the Highlands, since they did the ploughing and a great deal of agricultural work.

I was highly annoyed after I bought 1
The hard mare that came from Callander -
The cripple cheated me
With the earless horse.

 What terrible luck I had 5
 When I bought
 The hard mare in Callander.

She had a nose as big as a bucket
Which was hairy and shaggy around the nostrils;
And when you gazed on her from above, 10
She had a ridge like an axe.

Crossing Callander Bridge
Faster than lightning,
With nothing coming out of her skull
But little stubby ears. 15

I was so ashamed
When I bought the hideous mare -
Potatoes are all that she will eat
And she refuses to set her shoulders to work.

## 22. Spleadh a' Chapaill Bhacaich Bhàin

Bha sgeulaichean a' feuchainn ri bàrr a thoirt air a chèile bhon a thòisich daoine air sgeulachdan aithris, agus bha iad ag aithris spleadhan èibhinn làn bhreugan cho math ri naidheachdan eachdraidheil. Fhuair Iain Deòireach an spleadh seo aig Peadair MacPhàrlain, a bha a' fuireach anns an Arar.

Nuair a bha mise torrach air mo sheanair is air mo sheanmhair, is m' athair na sguidseanach maol dubh mum chois, bha càs mòr orm, cia an dòigh air am faighinn sìol den dèanainn mìn airson nam bangaid. Ach chuimhnich mi air Brùsgag, piuthar m' athar anns na speuran a bha a còmhnaidh gu h-àrd aig cùl na gealaiche. Ach cha robh fios agam fhèin ciamar a gheibhinn an-àird.

Bha mi aon latha a' dìreadh fala agus a' tilgeadh beinne. Thachair gainmheach bhòidheach rèidh mhìn orm. Cha robh fhios agam gu dè bu stàth don ghainmhich, ach smaointich mi gun rachainn 's gun dèanainn sìoman dith. Chaidh mi agus thòisich mi, ach na h-uile car a chuirinn-se den t-sìoman, bhristeadh e. Ach fa dheireadh, chuir mi os mo chionn e, shìninn mo làmh an-àird 's bheirinn air a' cheann a b' fhaide bhuam, agus leiginn às den cheann a b' fhaisge dhomh. Agus mar sin, chaidh mi grèim air ghrèim an-àird gus an do ràinig mi cùl na gealaiche.

Dh'innis mi do Bhrùsgag piuthar m' athar, cia dè a bha dhìth orm, agus dh'fharraid ise dhiomsa an robh poca agam. Thuirt mi rithe nach robh. Thachais i bac a h-iosgaid 's chuir i a làmh sìos na h-osan is thug i a-nìos deargann às. Dh'fheann i an deargann agus rinn i seachd pocannan 's gearra-phoc de chraiceann na deargainn. Lìon i le sìol iad domh fhèin, agus thuirt i rium an toirt leam.

Cha robh fios agam fhèin ciamar a bheirinn leam iad ann. Bha na seachd pocannan 's an gearra-phoc làn sìl nan eallach tuilleadh is trom leam, agus bha an t-astar a-nuas bhon ghealaich gus an saoghal na leum tuilleadh is àrd leam.

Chaidh Brùsgag piuthar m' athar air feadh nan reultag is fhuair i capall bacach bàn a bha aice ag ionaltradh gu h-àrd air feadh nan speur is thug i chun na gealaiche i. Chuir i na seachd pocannan is an gearra-phoc air druim a' chapaill agus mi fhèin air muin sin. Bhuail i sgealp de a bois air tòin a' chapaill agus leum an capall a-nuas bhon ghealaich, ach le neart an tuiteim, bhrist i a druim. Cha b' urrainn dhi an sin

## 22. The Fable of the Lame White Mare

Storytellers have been trying to outdo each other ever since people started telling stories, and they could tell funny, fabulous stories, without a word of truth in them, as well as historical legends. John Dewar got this tall story from Peter MacFarlane, who lived in Arrochar.

When I was pregnant with my grandfather and grandmother, and when my father was a dark, bald runt of a girl at my feet, I had a terrible hardship before me, namely, how I was going to get grain in order to make meal for the banquets. But I remembered Brùsgag, my father's sister in the sky who lived up on the far side of the moon. But I had no idea how I would get up there.

There was one day when I was climbing blood and tossing mountains around. I happened upon some beautiful, smooth, even sand. I had no idea what use the sand might be, but I thought that I would go and make a rope of it. I went and started, but every time I made a twist in the rope, it would break. But finally, I put it over my head, I stretched my hand up and I caught hold of the end farthest from me, and I let go of the end closest to me, and thus did I progress upwards bit by bit until I reached the far side of the moon.

I told Brùsgag, my father's sister, what I needed, and she asked me if I had a sack. I said that I did not. She scratched her hough and she put her hand down in her hose and she brought up a flea. She skinned the flea and she made seven bags and a satchel from the flea's skin. She filled them with grain for me, and she told me to take them with me.

I had no idea how I would take them with me. The seven bags and the satchel were full of grain, which I thought too heavy a load, and I thought that the distance from the moon to the world was too high of a leap.

Brùsgag my father's sister went into the stars and she got a lame white mare which she had left grazing in the stars and she brought it to the moon. She put the seven bags and the satchel on the mare's back and put me on top of all of that. She struck the horse's rear with the palm of her hand and the mare lept up from the moon, but broke her back with the force of the fall. She was then unable to an sìol a ghiùlan is cha robh fios agam fhèin ciamar a gheibhinn dhachaigh mo chuid sìl.

Bha craobh mhòr ghobhlach fheàrna an sin. Cha robh fios agam fhèin gu dè a b' ùis den chraoibh, ach chuir mi romham gum buaininn i. Fhuair mi tuagh is bhuain mi a' chraobh agus sgath mi na meuran dhith agus stob mi a-steach air tòin a' chapaill i, agus bha a gobhal a-mach air a cluasan.

Bha an sin druim a' chapaill cho làidir is a bha e a-riamh. Chuir mi na seachd pocannan is an gearra-phoc sìl air a druim agus thug i dhachaigh iad. Chuir mi a-steach anns an taigh an sìol. Thilg mi an taod mu chluasan a' chapaill agus leig mi leatha falbh.

Bha an sin gu leòr de shìol agam airson gach tiom-breith is bangaid a bha gu bhith ann.

Nuair a bha gach fèis, an dà chuid breith is bangaid, seachad, cha do theirig fhathast an sìol agus cha robh fios agam gu dè a dhèanainn ris a' chòrr, ach smaointich mi gun cuirinn e agus is e sin a rinn mi. Chaidh mi agus chuir mi an sìol anns an dail mhòir a bha air an taobh shuas den taigh. Chinn an sìol an-àird na arbhar trom biadhchar làn. Bha an dail cho mòr agus na h-uimhir arbhair oirre is nach robh fios agam ciamar a dhèanainn a bhuain, no ciamar a gheibhinn saibhlean a chumadh e. Ach smaointich mi gun rachainn agus gun tòisichinn air a bhuain co-dhiù.

Aon mhadainn mhoch fhogharraidh chuir mi gnothaichean an òrdugh gu dol a bhuain. Dh'fhàg mi m' athair a-staigh a' luasgadh na creathalach agus chaidh mi fhèin a-mach is mo chorran air mo ghualainn, gu tòiseachadh air a' bhuain. Agus cha b' fhada bha mi an dèidh tòiseachaidh gus an d' èirich maigheach air thòiseach orm. Thilg mi an corran oirre. Chaidh cas a' chorrain ann an tòin na maighich agus ruith a' mhaigheach sìos an dàrna clais agus an-àird an clais eile, agus sìos an t-imire agus an-àird an t-imire eile agus mar sin, bho imire gu clais agus bho chlais gu imire gus nach d' fhàg i dias arbhair air an dail gun bhuain. Cha robh agam air a sin ach a cheangal is adagachadh.

Tràth bha an t-arbhar ceangailte agus adagaichte, cha robh fios agam ciamar a gheibhinn saibhlean an cuirinn e, ach chuir mi romham gun rachainn a dh'iarraidh a' chapaill bhacaich bhàin is gun cuirinn cruinn e co-dhiù.

Dh'fhalbh mi ris a' mhonadh a dh'iarraidh a' chapaill bhacaich bhàin. Bha mi a' falbh bho mhonadh gu monadh is bho bheinn gu beinn, carry the grain and I had no idea how I was going to get the grain home.

There was a huge, forked alder tree there. I had no idea what the tree might be good for, but I made up my mind that I would cut it down. I got an axe and I cut down the tree and I took the branches off of it and I crammed it into the horse's rear end, and its fork came out of her ears.

The horse's back was then as strong as it ever was. I put the seven bags and the satchel on her back and she brought them home. I put the grain inside the house. I tossed the reins about the horse's ears and I let her go.

I had plenty of grain then for every birth-celebration and banquet that there was going to be.

When every festivity, both birth-celebration and banquet, was over, I still had grain left and I had no idea what to do with the rest, but I thought that I would sow it and that is what I did. I went and I sowed the seed in the great field that was above the house. The grain grew high and became a full and heavy crop of corn. The field was very large and there was so much grain in it that I had no idea how I was going to reap the corn, or how I would get enough barns to contain it. But I thought that I would go and begin the reaping anyway.

Early one autumn morning I organised things to go reaping. I left my father inside rocking the cradle and I myself went outside with my sickle on my shoulder in order to begin the reaping. But I had hardly begun when a hare rose up in front of me. I tossed the sickle at it. The handle of the sickle went into the hare's rear end and the hare ran down one trench and up the next trench, and down the ridge and up the next ridge, and thus from ridge to trench and from trench to ridge she went until not a single ear of corn was left on the field that had not been reaped. There was nothing left for me to do then but to tie them and gather them into shooks.

When the corn had been tied and gathered into shooks, I had no idea how I would get the barns to keep them in, but I made up my mind to go and find the lame white mare and that I would gather them all together anyway.

I travelled up the moor seeking the lame white mare. I travelled from moor to moor and from mountain to mountain

a' beachdachadh le mo shùil. Cha b' urrainn domh a faicinn an toiseach. Ach fa dheireadh chunnaic mi rud beag bàn agus dòmhladas mòr air a muin. Chaidh mi a shealltainn gu dè a bha ann.

Tràth ràinig mi, gu dè a bha an sin ach an capall bacach bàn. Bha a' chraobh fheàrna air cinntinn an-àird tro druim agus coille mhòr fheàrna aice air a muin. Thug mi fhèin dhachaigh an capall bacach bàn agus gheàrr mi dhith a' choille fheàrna a bha air a druim. Bha gu leòr de fhiodh agam an sin gus na saibhlean a thogail. Thog mi sabhal, chuir mi dhachaigh an t-arbhar, bhuail mi is ghrèidh mi a-rithist e. An uair sin bha mi air mo shocair agus bha de shìol agam air na chùm min rium bhuaith sin fhathast gus a seo.

watching out with my eye. I could not see her at first. But finally, I saw a small white object with a huge bulk on its back. I went to see what it was.

When I reached it, what did I find but the lame white mare. The alder tree had grown up through her back and she was carrying a huge alder forest. I took the lame white mare home and I cut down the alder forest which was on her back. I had plenty of wood then to build the barns. I built a barn, I sent home the corn, I threshed and winnowed it later on. I rested then and I had enough grain to last me from then until now.

## 23. Moladh do Dhùghall Mac Dhùghaill Pìobaire ann an Aird Mac Maoin

B' àbhaist do chinn-chinnidh aos-dàna fhastadh: filidhean, bàird, clàrsairean, pìobairean, agus eile. Chuireadh aos-dàna seachad mòran bhliadhnaichean ri foghlam agus cha b' urrainn don chleachdainn seo a bhith ann gun chomaradh nan uaislean. Bha an cleachdainn seo a' dol an ainneamhachd beag air bheag an luirg Reachdan Idhe Chaluim Chille anns a' bhliadhna 1609, leis mar a bha buaidh nan Gall a' sìor theannachadh air uaislean Gàidhealach, ach is e call Chùil-lodair a thug buille-bàis don cho-chomannachd a bha ann eadar tuath agus tighearna.

Gidheadh, bha feadhainn fhathast a' fastadh pìobair aig deireadh an ochdamh ceud deug. Bhiodh co-fharpaisean gach bliadhna ann an Lunnainn agus air a' Ghalldachd, agus bhuineadh mòran de na pìobairean do Shiorrachd Pheairt. Bha Griogaraich Ghlinn Lìomhann air an robh *Clann an Sgeulaiche* gu h-àraid soirbheachail aig na co-fharpaisean. Sheinn an Tèadhach Eòghan Griogarach *Teachd a' Phrionnsa gu Mùideart* agus *Fàilt' a' Phrionnsa* air a' phìob aig co-fharpais ann an Dùn Eideann anns a' bhliadhna 1785.

Bha Tighearna Ghallanaich a' toirt comaradh don phìobair seo, a bha a' fuireach aig ceann an iar Loch Ceiteirein. Choisinn Dùghall duais na treas ìre aig co-fharpais ann an Dùn Eideann anns a' bhliadhna 1784, agus is e Iain Griogarach *Mac an Sgeulaiche Og* a choisinn an duais a b' àirde.

| | |
|---|---|
| Nuair chunnaic mis' am fleasgach ud | 1 |
| Tighinn dhachaigh 'n àm an fheasgair oirnn | |
| Le bhreacan caol am pasgadh air | |
| 'S a ghunna glaic na dhòrn, | |
| | |
| 'S Dùghall Bàn am Pìobaire - | 5 |
| Cuim nach dèanainn innseadh dhuibh: | |
| Nuair theannadh e dà-rìreadh ris, | |
| Gum b' àrd a chluinnt' an ceòl. | |
| | |
| 'S i do phìob a tha ainmeil | |
| Chaidh 'cliù sheinn feadh na h-Albann - | 10 |
| Gur lìonmhor ìobhraidh bhall-bhreac | |
| Oirr', airgead agus òr. | |

## 23. In Praise of Dougald McDougal, Piper in Ardmachmuin

Chieftains used to employ artists of many sorts: *filidhs*, bards, harpers, pipers and others. These artists spent many years being educated, and this practice would not have been possible without the patronage of the nobility. This custom began to decline, little by little, after the enactment of the Statutes of Iona in the year 1609, once the influence of the English-speaking world began to intrude upon the Gaelic nobility, but the defeat at Culloden dealt the fatal blow to the mutual inter-dependency between the people of the clan and their chieftain.

Despite this, there were still some who employed a piper at the end of the eighteenth century. There were competitions annually in London and in the Lowlands, and many of these pipers were from Perthshire. The MacGregors of Glen Lyon, who were called *The Clan of the Storyteller* were particularly successful in the competitions. One man from Menteith, Hugh MacGregor, played *The Landing of the Prince in Moidart* and *The Prince's Welcome* on the pipes at the Edinburgh competitions in the year 1785.

The Laird of Hayfield was the patron of this piper who lived at the west end of Loch Katrine. Dougald won third place at the Edinburgh competition in the year 1784, and John MacGregor, called the 'Young Son of the Storyteller', won first prize.

| | |
|---|---:|
| I saw that gallant youth | 1 |
| Coming home to us that afternoon | |
| Wearing his lean, pleated kilt | |
| And his pistol in his hand. | |
| | |
| Fair Dougald the Piper - | 5 |
| Why should I not openly declare it: | |
| When he truly sets his mind to the music, | |
| It can be heard loud and proud. | |
| | |
| Your pipes are renowned; | |
| Their fame has been the subject of song throughout Scotland: | 10 |
| They are full of engraved ivory, | |
| Silver and gold. | |

Nuair shèideadh tu led anail i,
Bhiodh fuaim nam feadan caithreamach;
Gum b' àrd a chluinnt' an langann aic'  15
'S b' eangarra do mheòir.

'S beag iongnadh a bhith prìseil dut
A' bhean thug glùn is cìoch dhut;
'S tu 'm fleasgach foinneamh fìnealta
'S gur sìobhalt' cainnt do bheòil.  20

Thig osan geàrr is gartan dut
'S fèileadh grinn ann am pleatadh ort
Is bonaid dubh-ghorm dathte
Mud chùl bachlach mar òr.

An àm cruinneachadh nan ceudan  25
Bha 'm baile mòr Dhùn Eideann,
Gun d' fhuair thu cliù nad fheuchainn
Ach Mac an Sgeulaiche òg.

Ged bhithinn fhèin am mhaighdinn
Is còir agam air oighreachd,  30
Nan tigeadh tu gham fhaighneachd,
Bu leat, le coibhneas mòr.

When you blew into them,
The sound of the chanters would make a joyful blast;
They would be heard as a powerful bellowing                      15
And your fingers were agile.

Little wonder that you hold her dear,
The woman who gave you her knee and her breast;
You are a handsome and refined young man
And the words of your speech are mannerly.                       20

Short hose and garters suit you well
And an elegant kilt pleated all around you,
With a dark-blue coloured bonnet
Around your golden, curly hair.

At the time that hundreds gathered together                      25
In the great city of Edinburgh,
You won the highest renown for your efforts -
With the exception of the young Son of the Storyteller.

If I myself were a young maiden
With the title to an estate,                                     30
If you came to ask for me
I would be yours, with the utmost of affection.

# 3
# COGADH AGUS GAISGEACHD

## 1. Fineachas agus Beusan nam Fineachan Gàidhealach

B' iad Mormhairean Leamhna na h-uaislean a bu chumhachdaiche ann an Leamhnachd bho shean. Ged nach eil sinn cinnteach cò às a bha iad bho thùs, tha fhios gu robh iad èifeachdach mar cheannardan air Leamhnachd a chùm taic ri cànain agus dualchas nan Gàidheal rè iomadh linn. Thug Calum, còigeamh Mormhair Leamhna, taic mhòr don Bhrusach.

Tha ainmeannan-àiteachan ann an Leamhnachd a' daingneachadh gun do shìolaich na Mormhairean bho Mhumhanaich: 's dòcha gur ionann 'Eòghan' anns an ainm Tulaich Eòghain, faisg air a' Bhealach, agus an fhine 'an Eòghanacht' anns a' Mhumhain an Eirinn. Dh'fhaodadh gu bheil an t-ainm-àite *Carman* a' sònrachadh 'Cathair Maine', oir is e Maine sinnsear Mormhairean Leamhna a rèir Mhuireadhaich Albannaich. Tha an t-ainm-àite 'Caiseil' a' nochdadh air oirthir an ear Loch Laomainn anns an aon chruth anns a bheil e ann an Eirinn mar chathair na Mumhan.

Ged a bha Mormhairean Leamhna an seilbh air Caisteal Dhùn Breatann air tùs, b' fheudar dhaibh a liubhairt don Rìgh agus imrich gu àite-dìon eile, Caisteal Bhealaich. Bho dheireadh a' cheathramh ceud deug, bha iad a' fuireach air Innis Mearain. Chaidh prìomh mheur nam Mormhairean dùthchasach a-mach à bith anns a' bhliadhna 1392 nuair a dhìcheannaich Seumas a h-Aon Donnchadh, ochdamh Mormhair Leamhna.

Bha mac aig Alùn dàrna Mormhair Leamhna, air an robh 'Gille Crìosd'. Fhuair Gille Crìosd còir air fearann eadar Lus agus an t-Arar aig a bhràthair Maol Dòmhnaich, treas Mormhair Leamhna. Bha Pàrlan a thug ainm don fhine na iar-ogha do Ghille Crìosd. Leis mar a shìolaich an fhine seo bho Mhormhairean Leamhna, tha am facal 'rìoghail' a' nochdadh ann am beul-aithris agus litreachas nam Pàrlanach.

Bha àiteachan-dìon aig an fhine aig Aird Shlios, aig Inbhir Dhubhghlais, air Eilean a' Bhùth agus anns an Arar. Loisg agus chreach saighdearan Sasannach Chrombail Caisteal Inbhir Dhubhghlais. Thog Eòin Triath nam Pàrlanach taigh ùr anns a' bhliadhna 1697 faisg air an Tairbeirt Laomainnich, ged a bhiodh iad a' fuireach air Eilean a' Bhùth air uairean. Bha na Triathan Pàrlanach air an tiodhlacadh ann an Lus.

Gus fir na fine a thoirt cruinn còmhla, rachadh teachdaire mun cuairt

# 3
# HEROISM AND WARFARE

## 1. Clanship and the Moral Codes of the Highland Clans

The Earls of the Lennox were the most important nobles in the Lennox in olden times. Although we are not sure what their origins are, they were certainly effective leaders of the Lennox and supported the Gaelic language and heritage for many centuries. The Fifth Earl, Malcolm, was a major supporter of Robert the Bruce.

There are place-names in the Lennox which emphasise the Munster ancestry of the Earls. The second element in the place-name Tullichewan ('The Hillock of Ewan'), which is close to Balloch, seems to be the same as that of an early tribal grouping in Munster in Ireland, the *Eóghanacht*. The place-name Carman may signify *Cathair Maine* ('The royal seat of *Maine*'), since *Maine* was an ancestor of the Earls of the Lennox according to *Muireadhach Albannach*. The place-name Cashel on the east shore of Loch Lomond appears in the same form as it does in Ireland as the royal seat of Munster.

Although the Earls of the Lennox were originally in possession of Dumbarton Castle, they had to surrender it to the king and to remove themselves to another stronghold, Balloch Castle. From the end of the fourteenth century, they lived on Inchmirrin. The primary branch of the Earls died out in the year 1392 when James the First beheaded Duncan the Eighth Earl of the Lennox.

*Alùn* the second Earl of the Lennox had a son who was named Gilchrist ('The servant of Christ'). Gilchrist got the title to the land between Luss and Arrochar from his brother *Maol Dòmhnaich* ('The servant of the Lord', sometimes Englished as 'Malduin'), the third Earl of the Lennox. Parlane, who gave his name to the MacFarlanes, was the grandson of Gilchrist. Because this clan was descended from the Earls of the Lennox, the word 'royal' frequently appears in the traditions and literature of the MacFarlanes.

The clan had strongholds in Ardleish, in Inveruglas, on Island I Vow, and in Arrochar. Cromwell's English soldiers burnt down and destroyed the castle at Inveruglas. John the chief of the MacFarlanes built a new home in the year 1697 close to Tarbert, although they sometimes lived on Island I Vow. The MacFarlane chieftains were buried in Luss.

In order to gather the clansmen, a messenger would travel around the nam bailtean agus dh'èigheadh e 'sluaghairm' na fine àird a chinn. Air tùs, bha an sluaghairm na h-ainm-àite aig an tigeadh na daoine còmhla, ged nach robh i ach na h-iollach an dèidh sin. Is e 'Loch Slòigh' an sluaghairm a bha aig na Pàrlanaich, ach chruinnicheadh iad aig Sròin na Fine, faisg air an Arar.

Shìolaich Clann Amhlaoibh bho Mhormhairean Leamhna cuideachd, mar a nochdas anns an duan 'Is Mairg a Thrèigeas Mi' shuas. Bha an t-àite-dìon aca ann an Aird nan Capall.

Fhuair Sior Umfra, fear Gallta, còir air fearann mu thimcheall Chill Phàdraig anns an treas ceud deug. Phòs Sior Roibeart ban-oighre Luis agus mar sin stèidhicheadh Triathan Chloinn a' Chombaich ann an Lus. Bha àite-dìon aca ann an Ros Dubh agus bha caisteal beag aca air eilean Dùn Glas ann an abhainn Chluaidh. Bhite gan tiodhlacadh-san ann an cladh Luis an ear air an eaglais. Is e 'Cnoc Ealachain' sluaghairm Chloinn a' Chombaich.

A rèir beul-aithris, chuir na Lochlannaich an ruaig air Abhsolan Ó Cathain gus an do theich e à Uladh a Deas mun bhliadhna 1016. Stèidhich e fine nuair a ràinig e Alba agus bha Abhsolan mac MhacBheatha na sheachdamh triath air an fhine agus na thoiseachadair do Mhaol Dòmhnaich, Mormhair Leamhna. Fhuair e còir air eilean Clàr Innis ann an Loch Laomainn aig a' Mhormhair anns a' bhliadhna 1225.

Ged a tha an t-ainm 'Mac Abhsolain' fhathast ann, is coltach gur e an t-ochdamh triath, Gille Moire mac Abhsolain, a ghabh an t-ainm 'Mac a' Chananaich', oir bha athair, Abhsolan, na chlèireach anns an eaglais. A-rithist, ghabh iad an t-ainm-àite Both Chanain mar ainm-fine. Is e 'Clàr Innis' sluagh-gairm nan Cananach.

A rèir beul-aithris, shìolaich Clann a' Bhreatannaich bho sheann Bhreatannaich. Is e Gille Crìosd Breatannach a' chiad fhear a tha a' nochdadh air chlàr. Bha leth-rann ann a tha a' cumail a-mach gu robh iad an seilbh air Dùn Breatann bho shean:

Breatannaich bhon Talla Dhearg,
Uaisle fir Albann do shloinneadh.

Tha fianais againn gu robh an t-ainm Artair air triathan Chloinn a' Bhreatannaich bhon treas ceud deug co-dhiù. Bha Innis Ghille a' Bhreatannaich, eilean beag faisg air Lus, na àite-dìon nan seilbh rè ùine fhada.

Tha Tèadhaich na Mormhaireachd àrsaidh a bha aig aon àm na roinn den homesteads and he would call out the clan's 'slogan' as loud as he could. Initially, the slogan was the name of the place where the people would meet up, although it was merely a wake-up call in later times. 'Loch Sloy' was the slogan of the MacFarlanes, although they would gather at Stronafyne ('The Point of the Clan') close to Arrochar.

The MacAulays were also descended from the Earls of the Lennox, as can be seen in the poem above. Their stronghold was at Ardencaple ('The Height of the Horses').

Sir Humphrey, a non-Gael, got the title to the land around Kilpatrick in the thirteenth century. His descendant Sir Robert married the heiress of Luss and thus the chieftains of Colquhoun were established in Luss. They had a stronghold at Rossdhu and a small castle on Dunglass island in the Clyde. They were buried in Luss cemetery east of the church. *Cnoc Ealachain* was the slogan of the Colquhouns.

According to tradition, the Vikings pursued and harassed *Abhsolan Ó Cathain* until he fled South Ulster about the year 1016. He founded a new lineage when he reached Scotland and *Abhsolan* the son of MacBeth was the seventh chieftain of the clan and an honorary officer to Malduin the Earl of the Lennox. He was given the title to Clarinch island in Loch Lomond from the Earl of the Lennox in the year 1225.

Although the name MacAuselan ('the son of *Abhsolan*', also appearing in English as MacAslan, MacAuslan, MacAusland, MacAuslane) still exists, it seems that it was the eighth chieftain, *Gille Moire* ('the devotee of Mary') the son of *Abhsolan*, who took the name 'the son of the canon', since his father, *Abhsolan*, was a clergyman in the church. They later took the place-name Buchanan ('The Canon's steading') as the clan name. 'Clarinch' was the slogan of the Buchanans.

According to tradition, the Galbraiths are the descendants of old Britonnic stock. Gilchrist Galbraith is the first of the clan to appear on record. There was a couplet which claimed that once they were in possession of Dumbarton Castle:

Britons from the Red Tower,
Your ancestry is of the nobles of Scotland.

We have evidence that there have been chieftains of the Galbraiths called 'Arthur' since at least the thirteenth century. They possessed the small island close to Luss called Inchgalbraith as a stronghold for a long time.

Menteith is an ancient Earldom which was once a district in the Pictish

Rìoghachd Chruithnich *Fortriu*. Is e Muireadhach a' chiad Mhormhair air Tèadhaich air a bheil fios againn, agus bha Gille Crìosd agus Muiris nam Mormhairean às a dhèidh. Nuair a theasd Muiris anns a' bhliadhna 1230, ghabh Bhaltair Cuimeanach Mormhaireachd Thèadhaich os làimh.

Is e Maol Iosa a' chiad Ghreumach a bha na Mhormhair air Tèadhaich bhon bhliadhna 1490. A rèir beul-aithris, bha a' Ghàidhlig aig Mormhairean Tèadhaich uile gus an do theasd am fear mu dheireadh anns a' bhliadhna 1694.

Dh'fhuirich Mormhairean Tèadhaich air Eilean Tallach ann an Loch Innis Mo Cholmaig. Dhèanadh iad breith air tagraidhean nan Tèadhach aig Tom a' Mhòid, deas air an loch, agus bha pìobair don Mhormhair a' fuireach air oirthir an loch.

Nuair a fhuair na Caimbeulaich làmh-an-uachdar air Gleann Urchaidh, sgap na Griogaraich feadh na Gàidhealtachd. Treis an dèidh sin, dh'àitich cuid dhiubh Gleann Goill, cuid mu thimcheall Obair-Phuill, agus cuid eile Gleann Aircleid, am measg àiteachan eile.

Ged a bha na Griogaraich gu tric eadar a' bhadhbh agus a' bhuarach, bha iad nan gaisgich threuna. Leis cho teòma agus a bha iad air a' bhogha, bha gnàth-fhacal ann: 'Fearas-bhogha Chloinn Ghriogair, ann no thairis'. Is e as ciall do sin, mura ruigeadh an t-saighead an cuspair gun rachadh i seachad air. Ach a bharrachd air cruadalachd, bha iad meanmnach àrd-chuiseach. Theireadh iad 'Is rìoghail mo dhream' agus 'Cha robh balach a-riamh de Chloinn Ghriogair'. Is e as ciall don fhacal 'balach' an seo duine gun stàth.

Cha robh ceann-cinnidh air a h-uile fine, ge-ta, agus cha b' ainneamh a ghabhadh muinntir oighreachd ainm an uachdarain a bha iad na eisimeil. Bha fuigheall de fhineachan thall 's a-bhos. Bha Stiùbhartaich ann an Gleann Fionnghlais a shìolaich bho Fhorsair Stiùbhartach ris an abairte Seumas Beag.

A rèir naidheachd eile, thug triùir bhràithrean cuideachadh do Chaimbeulach gus dìoghladh a thoirt air MacGilleEathain Dhubhaird. An dèidh làimh, b' fheudar do na bràithrean teicheadh, agus dh'àitich iad Gleann Falach. Is e 'Mac Caluim' a bha air na bràithrean seo, agus theirte gu robh Gleann Falach làn de an sliochd-san. Bha gnàth-fhacal ann: 'Nuair thèid thu do Ghleann Falach, chan fhaigh thu ach Calum mac Iomhair, Iomhair mac Eòghain mhic Caluim, agus Calum mac Eòghain mhic Iomhair.'

Is glinneach gu robh na Gàidheil uile nan gaisgich dom bu dual sabaid agus cogadh nuair a dh'èireadh aimhreit, ach cha robh iad idir nan daoine borb gun laghannan gun mhiadh.

kingdom *Fortriu*. The first Earl of Menteith of which we know anything was called *Muireadhach*, followed by Earls Gilchrist and *Muiris* (corresponding to the name Maurice). When *Muiris* died in the year 1230, Walter Cumyn took over the Earldom of Menteith.

Maol Iosa ('the devotee of Jesus') was the first Graham to be the Earl of Menteith in the year 1490. According to oral tradition, Gaelic was universal amongst the Earls of Menteith until the last of them died in the year 1694.

The Earls of Menteith lived on Ellantallo in the Lake of Menteith. They deliberated the legal disputes of the people of Menteith at *Tom a' Mhòid* ('The Moot Hill'), south of the loch, and the Earl's piper lived on the shore.

When the Campbells took control of Glenorchy, the MacGregors scattered throughout the Highlands. Some time after that, some of them took up residence in Glengyle, some around Aberfoyle, and others in Glen Arklet, amongst other places.

Although the MacGregors were frequently in dire straits, they were formidable warriors. Because they were very skilled in archery, there was a proverb about them: 'The bowman-ship of the MacGregors, in it or past it', meaning that the arrow would either reach the target or go past it. But even beyond their fortitude, they were proud and high-spirited. They said, 'My race is royal' and 'There was never a boor of the MacGregors.'

Not every surname had its own chieftain, however, and it was often the case that the people on an estate would take the name of the laird upon whom they were dependent. Fragments of clans were scattered here and there. There were Stewarts in Glen Finglas, for example, who were descended from a Stewart Forester called 'Wee Jamie'.

According to another anecdote, three brothers once gave help to a Campbell in taking vengence on MacLean of Duart. The brothers had to flee afterwards, and they took up residence in Glen Falloch. The brothers were called 'MacCallum', and it was said that Glen Falloch was full of their descendants. There was a proverb about this: 'When you go to Glen Falloch, all you will find there is Calum son of Ivor, Ivor son of Ewan son of Calum, and Calum son of Ewan son of Ivor,' referring to the Highland custom of passing father's names on to their sons.

It is clear that the Gaels had a society in which warfare and combat were expected when conflict arose, but they were not a barbaric people without laws or honour.

Mar a bha iomadh treubh eile, bha iad caomh càirdeil ann an sìth. Is dòcha gun canadh iadsan gu bheil sinne anns an latha an-diugh borb, fada air ais, oir bu chùis nàire leotha daoine fhaicinn ri uchd bàis leis an acras agus biadh aig cuideigin nam measg.

Ged nach b' ionann beusan nan Gàidheal agus beusan nan Gall, sheòl laghannan agus cleachdainnean Gàidhealach iad gu giùlan ion-mholta. Bha cuid de laghannan na Gàidhealtachd fìor àrsaidh, oir thòisich na Gàidheil air an sgrìobhadh anns an t-seachdamh ceud. Ghairmte mòdan nuair a bha feum air breith a dhèanamh, agus tha an t-ainm 'Suidhe a' Bhreithimh' air cloich an ear air Calasraid.

Bha gnàth-fhacal aig na Gàidheil, 'Cha tugadh an Cille Mo Cheallaig breath bu chlaoine'. Ged nach eil fios againn le cinnt càit an robh a' chùirt seo, bha na Leamhnaich den bheachd gur ann mu Chille Mo Cheallaig aig ceann shuas Ghlinn Goill a tha an gnàth-fhacal. A rèir an sgeòil, ghoid fear each uair, ach leis gur e seo a' chiad mhèirle a rinn e, cha deach a dhìteadh. B' fheàrr leis an each esan na am fear leis an robh an t-each, agus thill an t-each a dh'ionnsaigh a' mhèirlich. Nuair a chuireadh a' chùis gu Taigh na Cùirte a tha làmh ri Cille Mo Cheallaig, is e an t-each a fhuair binn bàis, agus chaidh a chrochadh. Is uime sin chanadh iad an gnàth-fhacal mu choinneamh binn nach robh ciallach.

Canaidh cuid gu robh na Gàidheil nan daoine brùideil mì-mhodhail seach gun robh iad ri togail chreach, ach feumar tuigsinn nach do mheas na Gàidheil togail chreach na mèirle ann, ach na beart ghaisgeil, coltach ri iomadh treubh eile. Seo mar a mhìnich Màrtainn MacGilleMhàrtainn a' chùis mun bhliadhna 1695:

Bha aig a h-uile oighre is ceann-cinnidh òg a thrèinead a thaisbeanadh gu follaiseach mun gabhte ris na thriath is na fhear-treòrachaidh air a shluagh is iadsan an sin umhail dha anns gach suidheachadh ... Threòraicheadh an ceannard iad agus bheireadh iad ionnsaigh fhiadhta air coimhearsnaich sam bith ma bha falachd eatarra. Bha e mar fhiachaibh orra an crodh a gheibheadh iad ann an crìochan nan coimhearsnach sin a thoirt leotha le làmhachas-làidir air neo am bàs fhaighinn anns an oidhirp ... Cha mheasadh iad gum b' e goid a bha ann, oir bha gach fine mu seach ris, ga dhèanamh air a chèile, is bha an call air a chothromachadh nuair a thigeadh ceann-feadhna eile gus a chliù fhèin a chosnadh ...

A rèir beul-aithris, thog ceatharnach uair creach air na Pàrlanaich. Ghlac na Pàrlanaich an ceatharnach nuair a chualas e a' seinn an òrain seo:

As can be said about many peoples, they were gentle and kind in times of peace. They might have said that we in the modern era are primitive and barbaric, as they felt it inexcusable to see people at the edge of starvation while others around them had enough to eat.

Although the moral code of the Gaels was quite different to that of the Lowlanders, they did have laws and customs which dictated what was considered as proper behaviour. Some of these laws are extremely ancient, for they were first recorded as early as the seventh century. Courts would be called together when there was a legal dispute to be decided, and there is a rock near Callander called Severie ('The Seat of the Judge').

The Gaels had a proverb which stated 'A more unjust verdict could not have been made in *Cille Mo Ceallaig.*' Although we cannot be entirely sure where this court was, the people of the Lennox believed that this was the *Cille Mo Ceallaig* at the upper end of Glengyle. According to the tale, a man once stole a horse, but since this was his first theft, he was let off without punishment. But the horse preferred him to his legal owner, and the horse returned to the thief. When the matter was taken to the Court House that is next to *Cille Mo Ceallaig*, the horse received the death sentence and was hanged. The proverb was accordingly applied to a judgement which defied common sense.

Some claim that the Gaels were brutal and lawless people because they often engaged in cattle raiding. It must be understood, however, that the Gaels did not consider this to be theft but the enterprise of warriors, just as many other peoples do. This is how Martin Martin explained it about the year 1695:

Every heir or young chieftain of a tribe was obliged in honour to give a public specimen of his valour before he was owned or declared governor or leader of his people, who obeyed him and followed him on all occasions … It was usual for the captain to lead them, to make a desperate incursion upon some neighbour or other that they were in feud with; and they were obliged to bring by open force the cattle they found in the lands they attacked, or to die in the attempt … This custom being reciprocally used among them, was not reputed robbery; for the damage which one tribe sustained by this essay of the chieftain of another, was repaired when their chieftain came in his turn to make his specimen …

According to tradition, there was once a brigand who made an incursion upon the MacFarlanes. The MacFarlanes seized the brigand when he was heard singing this song:

Thug mi à Beinn Mhurlaig
Ghreigh dhubh-ghorm bu mhath snuadh;
Thug mi greigh nam Pàrlanach
A-nall o Lochan Sluaigh.
Chreic mi an Inbhir Nis iad
'S cha mhiste leam a luas,
'S cha dorra leam na 'n tòrachd
Gun d' fhàs mo bhrògan cruaidh.

Thog mi creach Bheinn Mhurlaig
Nuair bha an sluagh nan suain,
'S fhuair mi mòran stòrais oirre -
Leam is deònach bhith ga luaidh.
Chuir mi pàirt an dramaig dheth
'S pàirt an aran cruaidh,
'S cha bu ghearan leam an tòrachd
Mur biodh mo bhrògan cruaidh.

 Theirte gu robh Gàidheil a bha a' fuireach faisg air a' Mhachair Ghallta na b' fhiadhta na bha na Gàidheil eile, agus dh'fhaodadh gu robh brìgh anns a' chasaid.  Leis nach robh an aon dùthchas anns an dà chrìch, cha robh co-nasgaidhean coibhneis eatarra.  Ach a bharrachd air sin, bha na Gàidheil a' meas gu robh na Goill nan luchd-glàim a ghabh talamh os làimh air an robh na Gàidheil fhèin a' tighinn beò bho shean, agus bu choma leis na Gàidheil gu dè an luach a chreachadh iad far na talmhainn a bu chòir a bhith aca co-dhiù.

> From Ben Vorlich did I take
> The shiny black herd of excellent appearance;
> I took the MacFarlanes' herd
> Out of Loch Sloy itself.
> I sold them in Inverness
> And I do not think the expedition was the worse of it -
> The hardening of my shoes is just as annoying to me
> As the pursuers themselves.
>
> I raided the cattle of Ben Vorlich
> While the people were sleeping
> And I got great wealth for them:
> I am very happy to say it.
> I spent some of it on drams
> And some on hard bread,
> And I would not complain
> If my shoes were not so hard.

It was said that the Gaels who lived next to the Lowlands were fiercer than other Gaels, and there could be some substance in this accusation. Because these two territories corresponded to different cultures, they lacked the same mutual bonds of interdependency. But beyond this is the fact that the Gaels considered the Lowlanders to be usurpers who had taken over lands that Gaels of old had lived on, and thus, Gaels cared little about what wealth they took from the lands that should have belonged to them anyway.

## 2. Am Brusach air Chàrn

Ged a bhuineadh Uilleam Uallas do Phàislig, àite a tha faisg air Leamhnachd, chan eil naidheachdan mu dheidhinn cho pailt am measg nan Gàidheal agus a tha sgeulachdan air Roibeart Brus: bha am Brusach na dhuine-uasal, bha a' Ghàidhlig aige agus bha taobh sònraichte aige ris na Gàidheil. Ged nach eil an sgeulachd seo buileach ceart a thaobh eachdraidh, tha i a' nochdadh mar a bha daoine fhathast a' bruidhinn air na thachair sia ceud bliadhna ron àm aca fhèin.

An dèidh do Roibeart Brus an Cuimeanach a mharbhadh, chaidh e don Ghàidhealtachd gu a ghleidheadh fhèin an ceil, agus bha e fhèin 's a' Bhan-righinn rè tamaill a' tuineadh ann am bothan beag aig taobh abhainn Teimheil. A rèir beul-aithris na dùthcha sin, dh'fhan a' Bhan-righinn ga gleidheadh fhèin an cleith anns an àite sin an dèidh don Rìgh fàgail. Tha linne anns an abhainn ris an abairear Linne na Ban-righinn far a bheil e air a ràdh gum b' àbhaist don Bhan-righinn dol gu a h-ionnlaid fhèin.

Tràth bha Roibeart Brus a' fanail ann an Srath Teimheil, chuir e eòlas air fear ris an abairte Donnchadh Reamhar agus gheall Donnchadh Reamhar a bhith na charaid dìleas do Roibeart Brus. Bha seanailear Sasannach ris an abairte Aimer de-Bhalanse campaichte aig àite ris an abairear Meadhainnidh am fagas do Pheairt. Thog Roibeart Brus daoine anns a' Ghàidhealtachd agus chaidh e a thoirt blàr dha. Bha e am fagas don oidhche an tràth a ràinig Roibeart Brus Meadhainnidh agus cha b' fhiach leis bualadh gun rabhadh a thoirt, agus chuir e teachdaire gu Aimer de-Bhalanse ag iarraidh air tarraing a-mach gu blàr.

Chuir Aimer de-Bhalanse fios air ais gu Roibeart Brus gu robh an oidhche tuilleadh is faisg agus nach robh ùine gu leòr gu euchd a dhèanamh mum biodh an dorch ann agus gun cuireadh iad blàr an ath latha. Tharraing Roibeart Brus air ais astar beag agus champaich e air achadh agus dh'fhan e neo-umhailleach gus an oidhche a chur seachad ann.

Ach thog Aimer de-Bhalanse fheachd feadh na h-oidhche. Chaidh iad agus bhuail iad air feachd Roibeirt Brus agus iad bhàrr an earalais. Mharbh iad mòran diubh is chuir iad an ruaig air càch, agus sgaoil iad bho chèile is thàr iomall beag dhiubh às.

Tràth chaill Roibeart Brus Cath Mheadhainnidh, b' e Sior Niall Ridire Loch Obha an t-aon fhear bu mhotha anns an robh e a' cur earbsa

## 2. Robert the Bruce on the Run

Although William Wallace belonged to Elderslie, near Paisley, which is close to the Lennox, the Gaels did not have nearly as many anecdotes about him as they did about Robert the Bruce. The Bruce was a nobleman, he spoke Gaelic and he had a particular affection for the Gaels. Although this tale is not exactly correct in a historical sense, it demonstrates that people were still talking about what happened six hundred years previously.

> After Robert the Bruce had killed the Comyn, he went to the Highlands to go into hiding, and he and the Queen were for a while living in a small bothy at the side of the river Tummel. According to the traditions of that district, the Queen was left to keep herself in hiding in the area after the King had gone. There is a pool in the river which is called The Queen's Pool where it was said that the Queen used to go to wash herself.
> 
> When Robert the Bruce was living in Strath Tummel, he got to know a man who was called Stout Duncan and Stout Duncan promised to be Robert the Bruce's loyal friend. There was an English general who was called Aylmer de Valance camped at a place which is called Methven which is close to Perth. Robert the Bruce gathered men from the Highlands and he went to make war on him. It was nearly night-time by the time that Robert the Bruce reached Methven and he did not think it honourable to strike without giving warning, so he sent a messenger to Aylmer de Valance asking him to come out to battle.
> 
> Aylmer de Valance sent word back to Robert the Bruce that the evening was too close at hand and that there would not be time enough to strike blows before darkness would be upon them and that they should make war the next day. Robert the Bruce retreated a short distance and he camped on a field and he settled there unwarily to spend the night.
> 
> But Aylmer de Valance raised his troops in the night. They went and they struck the troop of Robert the Bruce and caught them unawares. They killed a great number of them and they chased off the rest and they scattered from each other and only a small group of them escaped.
> 
> When Robert the Bruce lost the Battle of Methven, Sir Niall the Knight of Lochawe was the man in whom he had the most confidence

agus chuir e roimhe gun rachadh e a dh'ionnsaigh Shir Niall gu còmhnadh fhaighinn aige. Agus dh'èirich Donnchadh Reamhar Shruthain agus thog e trì ceud fear agus chaidh e còmhla ri Roibeart Brus gu fhaicinn sàbhailte air crìoch Shir Niall.

Chaidh iad tro na monaidhean eadar Gleann Lìomhann agus Loch Tatha agus bha fear dom b' ainm Manach na fhear-iùil an riochd Roibeirt Bhrus. Bha Mac a' Phearsain Chluainidh, Mac an Aba agus MacNeachdainn ann an co-bhann ri MacDhùghaill Latharna an aghaidh Roibeirt Bhrus. Chuir iad fios gu MacDhùghaill gu robh Roibeart Brus a' dol gu Ridire Loch Obha.

Bha àireamh naoi ceud fear aige. Bha aig an àm sin Srath Dubhuisg, Gleann Falach agus mòran de Shraithibh nan aon ghiùthsaich mhòir agus chuir MacDhùghaill mòran de na daoine aige am foill-fhalach anns a' choille.

Tràth thàinig Roibeart Brus agus fheachd air an adhart gu ruig bràigh Ghlinn Dochart, choinnich buidheann de nàimhdean iad is chuir iad cath. Chaidh Manach, am fear a bha na iùl do dhaoine Roibeirt Bhrus, a bhualadh le saigheid agus a mharbhadh, agus is e Creag a' Mhanaich a theirte ris a' chreig air an do thuit e.

Theirinn Roibeart Brus le leathad don t-srath, is thàinig feachd MhicDhùghaill às an ceil, agus thòisich an cath air dail chòmhnard a tha ri taobh Abhainn Shraithibh.

Dh'fhan Roibeart Brus agus fheachd air fearann a tha eadar abhainn Choin-innis agus abhainn Sraithibh far an robh cothrom aig an fheachd air an dìonadh fhèin, agus chog feachd Bhruis cath cruaidh aig an àite sin. Agus chùm iad dhiubh feachd MhicDhùghaill rè ùine fhada agus chog Roibeart Brus fhèin aig tùs a' bhlàir gu h-anabharra agus mharbh e mòran sluaigh le a làimh fhèin, gus mu dheireadh an robh feachd MhicDhùghaill a' gabhail eagail roimhe agus a' fanail bhuaithe.

Aig an àm sin, thàinig Ridire Loch Obha a-nuas Gleann Choin-innis, agus feachd sluaigh aige, agus leig iad èigh 'Cobhair bho Chruachan!': Cha robh fios aig Roibeart Brus no aig a shluagh cò iad an fheachd a bha a' tighinn, a' marcachd air eich bhàna odhar is ghlasa, agus sleaghan aca seach claidheamhan.

Theich feachd Roibeirt Bhrus. Tha lochan beag ann am mòine astar beag bràigh far an deach an cath a chogadh ris an abairear a-nis Lochan a' Bhail' Uir agus thilg mòran dhiubh an airm chatha a-steach don lochan, oir is nach faigheadh na nàimhdean iad, agus theich an àireamh bu mhotha dhiubh rathad bràigh Leitir an Iubhair agus a-steach do Ghleann Urchaidh.

and he decided that he would go to Sir Niall in order to get his help. And Stout Duncan of Struan rose and he raised three hundred men and he went along with Robert the Bruce to see him safely into the territory of Sir Niall.

They went through the high moors between Glenlyon and Loch Tay and there was a man who was their guide named Manach who looked exactly like Robert the Bruce. MacPherson of Cluny, MacNab and MacNaughton were allied with MacDougall of Lorne against Robert the Bruce. They sent word to MacDougall that Robert the Bruce was on his way to the Knight of Lochawe.

He had nine hundred men with him. At that time, Srath Dubhuisg, Glen Falloch and much of Strath Fillan were one giant pine forest and MacDougal put many of his men in hiding in the forest.

When Robert the Bruce and his men went onwards until they reached the braes of Glen Dochart, they met a host of their enemies and they had a battle. Manach, who was the guide for Robert the Bruce's men, was struck by an arrow and he was killed and the craig where he was killed was called 'Manach's Craig'.

Robert the Bruce descended the slope to the strath, and MacDougall's troop came out of hiding and they began to battle on the level field on the side of the river of Strath Fillan.

Robert the Bruce and his troop stayed on the land that is between the river Coin-innis and the river of Strath Fillan, where the troop would have the chance to protect themselves, and the Bruce's troop fought a fierce battle at that place. And they kept MacDougall's troop from them for a long time and Robert the Bruce himself fought well in the vanguard of the battle and he killed many people with his own hands until finally MacDougall's followers took fright of him and stayed well away from him.

Just at that moment, the Knight of Lochawe came down the valley of Coin-innis with a battle host and they raised the shout 'Succour from Cruachan!'. Robert the Bruce and his men did not know who the troop was who was coming, riding on pale white and grey horses, with spears rather than swords.

Robert the Bruce's troop fled. There is a small loch in the bog a short distance up from where the battle was fought which is now called Lochan a' Bhail' Uir ('The Loch of the new village') and many of them cast their battle-arms into the loch so that their enemies would not have them, and the greatest number of them fled up towards Leitir an Iubhair and into Glenorchy.

Chaidh feachd MhicDhùghaill à òrdugh blàir a ruith na ruaige agus thàinig an trup geal air an adhart is iad an òrdugh. Bhuail iad air feachd Mhic Dhùghaill is mharbh iad àireamh mòr dhiubh is thug iad orra sgur de ruith na ruaige agus dol an òrdugh blàir a-rithist. Tràth chunnaic Sior Niall seo, thug e air fheachd grad chur mun cuairt agus teicheadh, agus tràth chaidh iad astar beag air an ais, chuir iad an làmh rim bearraidean, gu urram a thoirt do Roibeart Brus, agus an sin theich iad, agus chaidh iad rathad Leitir an Iubhair an dèidh chàich.

Bha Roibeart Brus an sàs aig cuid de fheachd MhicDhùghaill agus chaidh a chur bhàrr an eich a bha aige agus chaill e an t-each. B' ann tràth thug Sior Niall an ruathar air feachd MhicDhùghaill a fhuair Roibeart Brus tàradh às, agus b' ann rathad Ghlinn Falach a fhuair Roibeart Brus e fhèin agus àireamh bheag dhaoine a' teicheadh agus iad air an ruagadh aig feachd Mhic an Aba.

Tràth ràinig iad àite ris an abairear Allt nan Saor, bha figheadair agus a dhà mhac nan seasamh aig an doras fhèin, ag amharc air an ruaig. Ghlaodh Mac an Aba ris an fhigheadair, 'Beir air an fhear sin air a bheil an cleòc agus gheibh thu làn-duais.'

B' ann le Mac an Aba a bha am fearann anns an robh iad, agus ged nach robh am figheadair no a mhic aig a' bhlàr, b' ann de dhaoine Mhic an Aba a bha iad. Ruith am figheadair is a dhà mhac gu beireachd air an fhear air an robh an cleòc, agus cha b' fhada gus an d' rug iad air. Thàinig am figheadair air taobh cùil Roibeirt Bhrus agus an dà mhac aig a thaobh beòil.

Tràth chathaich Roibeart Brus ri dà mhac an fhigheadair, fhuair am figheadair fhèin grèim air a chleòc air a thaobh cùil agus ghlaodh Mac an Aba ris, 'Cùm do ghrèim - is e an Rìgh fhèin a th' agad!' Ach thug Roibeart Brus làmh air tuaghaig bhig chogaidh a bha aige fo chleòc agus spad e dà mhac an fhigheadair agus thug e buille thar a ghuailne don fhigheadair fhèin agus leag e e. Gidheadh, ghlèidh am figheadair a ghrèim den chleòc, ach dh'fhuasgail Roibeart am bràist agus leig e leis a' chleòc fanaid an làimh an fhigheadair, agus air an dòigh sin fhuair Mac an Aba cleòc agus bràist Roibeirt Bhrus.

Theich Roibeart Brus agus a' bhuidheann bheag a lean ris seach gualainn Chaol-leitir agus an tòir cas nan dèidh, agus chaidh iad thar abhainn Ghlinn Falach. Bha pìobaire aig Roibeart Brus dom b' ainm Mac Rachain. Bha an tòir ga gheur-ruagadh-san. Tràth bha e a' ruigeachd na h-aibhne, thug e daoidh-leum do linne a bha an sin gu teicheadh bho nàmhaid, agus chaidh a bhàthadh anns an linne, agus is e 'Buinne Mhic Rachain' a theirear ris an linne sin.

MacDougall's troop abandoned their battle formation, since they were giving chase, at the same time as the white troop came forward in battle array. They gave blows to MacDougall's troop and they killed a great number of them and caused them to abandon their chase and return to battle formation. When Sir Niall saw this, he caused his troop to turn around suddenly and to flee and after they had gone backwards a short distance, they put their hands on their head-pieces, in order to pay their respects to Robert the Bruce, and then they retreated and they went toward Leitir an Iubhair after the others.

Robert the Bruce was engaged by some of the MacDougall's troop and he was struck off his horse and he lost the horse. It was when Sir Niall made a rush on MacDougall's troop that Robert the Bruce was able to make an escape, and he and a small number of his men fled toward Glen Falloch as they were pursued by MacNab's troop.

When they reached a place called Allt nan Saor, a weaver and his two sons were standing in their doorway watching the pursuit. MacNab cried out to the weaver, 'Grab that man wearing the cloak and you will get a handsome reward.'

MacNab was the lord of the land upon which they lived, and although neither the weaver nor his sons were at the battle, they were MacNab's dependants. The weaver and his two sons ran after the man with the cloak in order to seize him, and it was not long before they caught up with him. The weaver came from behind Robert the Bruce and his two sons were in front of him.

When Robert the Bruce fought with the weaver's two sons, the weaver himself kept hold of the cloak from behind and MacNab cried out to him, 'Keep your hold, it is the King himself you have!' But Robert the Bruce grabbed his small war-axe that he had under his cloak and he did away with the weaver's two sons and he struck a blow over his shoulder at the weaver himself and felled him. The weaver, despite this, kept his hold of the cloak and Robert the Bruce released the brooch and he let the cloak fall into the hands of the weaver, and that is how MacNab got Robert the Bruce's cloak and brooch.

Robert the Bruce and the small band that followed him fled past the shoulder of Caol-leitir as their pursuers were a step behind them and they went across the river of Glen Falloch. Robert the Bruce had a piper called MacRachain. He was very closely pursued. When he reached the river, he made a feeble leap over the pool that was there in order to escape from his enemies, and he was drowned in the pool, and that pool is called 'MacRachain's Rapid'.

Theich Roibeart Brus agus a bhuidheann bheag rathad Bhoth Phuidir, agus lean an ruaig iad gu ruig ceann Loch Bhoill. Fhuair Roibeart Brus àite an sin far nach faigheadh iad tighinn air bho thaobh cùil agus sheas e riutha. Thàinig an tòir air an adhart. Mharbh Roibeart Brus cuid dhiubh agus thug e air a' chuid eile pilleadh, agus chaidil e an oidhche sin ann an uaimh aig àite ris an abairear Creag Ruighe.

Dhealaich Brus ris a' bhuidhinn agus chaidh e rathad Loch Laomainn, gun each, gun ghille, gun chù, gun chleòc, agus bha e a' chiad oidhche ann an taigh ghabhar a bha eadar allt Inbhir Snàthaid agus Sgàirneach nan Cat - fo sgèith creige ris an abairte an dèidh sin Sgiath an Rìgh. An ath latha chaidh e sìos Creag Throstain gu ruig Rubha Chois. Fhuair e an t-aiseag aig an àite sin thar an locha. Ghabh e a' chiad tràth bìdh a ghabh e bhon a dh'fhàg e Dail Rìgh aig bun craoibh-iubhair a tha aig Stuc an Tiobairt ìosal.

Chaidh e a-rithist timcheall ceann deas Loch Laomainn. Chaidh e gu taigh a' Chananaich agus dh'innis e cò e. Chuir an Cananach e gu Innis Mearain, gu taigh Iarla Leamhna. Cha robh de chridhe aig Iarla Leamhna Roibeart Brus a ghleidheadh ann an Innis Mearain ach ùine ghoirid, agus os barr bha e fhèin fo gheilt. B' ann fo sgèith Iarla Leamhna a bha am fearann aig MacPhàrlain an Arair agus bha e mar fhiachaibh air MacPhàrlain ceatharnaich a ghleidheadh anns a' ghleann a tha eadar dà Thairbeirt a dhìonadh na dùthcha bho luchd togail chreach. Tràth bhiodh Iarla Leamhna a' dol gu cath, bha e mar fhiachaibh air MacPhàrlain dol maille ris agus bha e mar cheannard sluaigh fo Iarla Leamhna.

Bha fearann MhicPhàrlain garbh, agus monaidhean àrda creagach, mòran choilltean agus sgàirneach ann. Chaidh Iarla Leamhna còmhla ri Roibeart Brus agus uaislean eile don Arar gu iad fhèin a chumail an ceil bho nàmhaid. Fhuair iad uaimh a bha freagarrach dhaibh ann an garaidh a tha ann an Gleann Luinne, tuaiream air mìle shuas bho cheann Loch Long. B' ann an am fearann MhicArtair a bha an uaimh, ach mar astar beag bho chrìoch MhicPhàrlain, agus cha robh i ach mar astar thrì mìle bho thaigh MhicPhàrlain.

Chuir Roibeart Brus agus na h-uaislean eile seachad geamhradh anns an uaimh sin agus b' e Iarla Leamhna agus MacPhàrlain an Arair a bha a' cumail bìdh riutha. Cha robh fios aig luchd-àiteachaidh a' ghlinne cò iad an fheadhainn a bha a' fanail anns a' gharaidh agus b' e Garaidh nam Fear an t-ainm a thug iad air a' gharaidh an dèidh sin.

Robert the Bruce and the small band escaped toward Balquhidder, and they were pursued to the head of Loch Voil. Robert the Bruce found a place where they could not come from behind him and he could make a stand against them. The pursuers made their advance. Robert the Bruce killed some of them and he made the others retreat and he slept in a cave that night which is called Creag Ruighe.

Robert the Bruce parted from the band and he went toward Loch Lomond, without either horse, servant, horse or cloak, and he spent the first night in a goat-shelter that was between Inversnaid burn and Sgàirneach nan Cat - underneath a craig which was called after that 'The King's Shelter'. The next day he went down Creag Throstain toward Rubha Chois. He got the ferry there across the loch. He had his first meal since he left Dalrigh at the trunk of a yew tree that is at Stuc an Tiobairt.

He later went around the southern end of Loch Lomond. He went to the house of Buchanan and he said who he was. Buchanan sent him to Inchmirrin, to the house of the Earl of the Lennox. The Earl of the Lennox dared not keep him in Inchmirrin any longer than a short while and he was secretly very frightened. MacFarlane of Arrochar held the title of his lands under the authority of the Earl of the Lennox and MacFarlane was obliged to keep warriors in the glen that is between the two Tarberts in order to protect the district from cattle raiders. When the Earl of the Lennox went to war, MacFarlane was obliged to go along with him and he was the leader of the host under the Earl of the Lennox.

MacFarlane's land was rough, with high, craggy moors, many forests and screes. The Earl of the Lennox went along with Robert the Bruce and other nobles to Arrochar in order to hide them from their enemies. They found a cave that was suitable for them in a place full of rocks that is in Glen Loin, about a mile above the head of Loch Long. Although the cave was within the territory of MacArthur, it was only a short distance from MacFarlane's territory and it was only about three miles distant from MacFarlane's home.

Robert the Bruce and the other nobles spent the winter in that cave and the Earl of the Lennox and MacFarlane of Arrochar kept them fed. The local inhabitants of the glen did not know who the people were who were living in the den and they called the den Garaidh nam Fear ('The Den of the Men') after that.

## 3. Dòmhnall nan Ord agus an Greumach

Bha Dòmhnall nan Ord, ceann-cinnidh Stiùbhartaich na h-Apainn, na ghaisgeach treun ainmeil anns an t-siathamh ceud deug. Mar a gheibhear gu tric ann an sgeulachdan nam fineachan, tha an dàrna gaisgeach a' toirt leth-rann dùbhlain do ghaisgeach eile, agus tha am fear eile a' freagairt a' chiad dùbhlain le leth-rann dùnaidh. Is ùidheil mar a tha an càl, a mheasadh na bhiadh Gallta, na aithis anns a' chiad leth-rann.

Air an latha an dèidh Cath Phincidh, bha na Stiùbhartaich fagas do Phort Loch Innis Mo Cholmaig agus bha an t-acras gan claoidheadh gu ro ghoirt. Thàinig fàile cùbhraidh gu an cuinneagan bho thaigh a bha ri taobh na slighe. Thàlaidh sin iad agus a-steach a chaidh na diùlanaich agus, gun fhiamh gun eagal, an sàs anns na coilich agus anns na cearcan ròiste gu robh iad. Cha do chaomhain iad an deoch no am biadh a bha deasaichte don bhanais.

Dh'fhalbh na Stiùbhartaich on taigh gun bhuidheachas a thoirt don mhuinntir a bha ag uidheamachadh na cuirme. Chaidh iad gu neo-chùramach agus neo-umhaileach ris a' mhonadh gun sgàth sam bith orra. Ach chaidh fios a chur gu luath gu Iarla Tèadhaich agus ghabh esan buath-muic, buath ana-cneasta, nuair a chuala e an sgeul.

Thug e leis gach Greumach agus gach fear dom b' urrainn claidheamh a làimhseachadh agus air tòir nan Stiùbhartach gun deach iad gu cabhagach. Ràinig na Stiùbhartaich Tobar na Rèil a tha taobh an rathaid air Làirig an Tiobairt eadar Loch Innse Mo Cholmaig agus Loch Bheannchair. Stad na Stiùbhartaich aig an tobar agus dh'òl iad an sàth às. Tha e air aithris nan rachadh neach sam bith a dh'ionnsaigh an tobair air oidhche shònraichte aig uair àraid, nuair a bhiodh reul àraid a' dèalradh air an tobar, gu faigheadh an neach sin eòlas air cainnt gach creutair a tha air uachdar na talmhainn no a tha anns na h-uisgeachan is gun tuigeadh e gach aon nì a theireadh iad ri chèile.

Bha na Stiùbhartaich aig an tobar agus cò chunnaic iad a' dlùthachadh orra ach Iarla Tèadhaich agus a' bhuidheann aige. Ged a bha daoine an Iarla na bu lìonmhoire, sheas na Stiùbhartaich gu daingeann gualann ri gualainn. Nuair a thàinig na Greumaich fagas do Thobar na Rèil, ghlaodh fear dhiubh:

## 3. Donald of the Hammers and Graham of Menteith

Donald of the Hammers, the chieftain of the Stewarts of Appin, was a mighty warrior of great renown in the sixteenth century.

As is often the case in tales of the Highland clans, one warrior challenges another with a couplet and the second one responds to the challenge by completing the stanza with his own couplet. It is interesting that cabbage (or kail), which was considered the food of the Lowlanders, is used as an insult in the first couplet.

On the day after the Battle of Pinkie, the Stewarts were close to the Port of Menteith and they were painfully hungry. A wonderfully fragrant smell came to their nostrils from a house that was on the side of the path. That tantalised them and the stalwarts began helping themselves to the roasted hens and cocks, fearlessly and heedlessly. They saved not a drink nor a bit of food that was prepared for the wedding.

The Stewarts left the house without even giving their thanks to the people who were preparing the feast. They began climbing the moors carelessly and unabashedly, thinking nothing of what they had done. But word was quickly sent to the Earl of Menteith and he flew into a rage of fury, a most unpleasant fit of anger, when he heard the news.

He took every man of the Graham clan and every male who could handle a sword with him and they went quickly in pursuit of the Stewarts. The Stewarts reached Tobar na Rèil ('The Well of the Star') which is at the side of Làirig an Tiobairt ('The Path of the Well'), which is between the Lake of Menteith and Loch Venachar. The Stewarts stopped at the well and drank out of it until they were full up.

It is said that if a person went to the well on a particular night at a particular hour when a certain star was shining on the well, that that person would gain knowledge of the speech of every creature that is on the surface of the world and in the waters and that he would understand everything that they say to one another.

The Stewarts were at the well and who did they see advancing upon them but the Earl of Menteith and his troop. Although the Earl had more people, the Stewarts stood steadfastly shoulder to shoulder. When the Grahams came close to Tobar na Rèil, one of them shouted:

A Stiùbhartaich dhuibh na h-Apainn,
A cheàrdaich ghlais air a chàl!

Chuir fear de na Stiùbhartaich am bogha aige air lagh agus fhreagair e leis an leth-rann:

Ma tha an Apainn againn mar dhùthaich,
Is dùth dhuinn gun tarraing sinn feàrsaid.

Agus leis an sin, thilg an Stiùbhartach an t-saighead agus chaidh i an cridhe a' Ghreumaich. Leig iad air a chèile le saighid, le claidheamh agus le tuaigh. Bu mhòr an casgradh a bha ann. Thachair an t-Iarla air Dòmhnall nan Ord, ach b' e sin a' choinneamh mhuladach dha. Cha robh coimeas idir eadar an dithis, oir bha spionnadh Dhòmhnaill cho mòr ri spionnadh thriùir dhaoine eile. Ged a bha an t-Iarla cruaidh tapaidh, an ceann ùine ro ghoirid gheàrr claidheamh Dhòmhnaill tro chlaidheamh agus tro chlaigeann an Iarla.

Is ro bheag de na Greumaich a dh'fhàg an àrach. Cha d' fhuair na Stiùbhartaich na bu mhotha às gun dochainn, oir thuit àireamh nach bu bheag dhiubh air an t-sliabh: cha d' fhuirich fear ri taobh Dhòmhnaill ach MacIlleMhìcheil, a dheagh ghille.

You dark Stewart of Appin!
You pale, cabbage-eating tinker!

One of the Stewarts prepared his bow and he responded with the couplet:

Just as Appin is our homeland,
So it is in our nature to launch a missile.

And with that, the Stewart let his arrow fly, which went straight into the heart of the Graham man. They fell upon each other with arrow, with sword and with axe. Great was the slaughter there. The Earl encountered Donald of the Hammers, and that was a sad encounter for him. There was no comparison between the two, for the strength of Donald was as great as the strength of three men. Although the Earl was hardy and tough, in a short time Donald's sword had cut through the Earl's sword and then through his very skull.

Very few of the Grahams ever left the battlefield. The Stewarts themselves did not escape without harm, for a great number of them fell on that mountain-side; no-one was left at Donald's side but his good servant, Carmichael.

## 4. Togail nam Bò

Bha na Pàrlanaich gleusda air creachan a thogail air na Goill a bha a' fuireach air a' Mhachair Ghallta. Is e 'Buad (Lòchran) MhicPhàrlain' a chante ris a' ghealaich, oir is ann ri solas na gealaich a rachadh na Pàrlanaich a-mach gus crodh a thogail.

A rèir beul-aithris, is e Aindrea Triath nam Pàrlanach, a bha na cheannard eadar 1514 agus 1544, a rinn an t-òran seo agus a' phìobaireachd a tha air an aon fhonn.

Thogail nam bò, thogail nam bò,     1
Thogail nam bò, thèid sinn;
Thogail nam bò, ri uisge 's ri ceò,
Ri monadh Ghlinn Crò, thèid sinn.

Thogail nan creach, bhualadh nan speach,     5
Thogail nan creach thèid sinn;
Thogail nam bò, ri uisge 's ri ceò,
Ri monadh Ghlinn Crò, thèid sinn.

Thogail nan creach, thogail nan creach,
Thogail nan creach thèid sinn;     10
Thogail nan creach, bhualadh nan speach,
Thogail nan creach thèid sinn.

Togail nam bò suas ris na bealaichean,
Togail nam bò an-àird ris an aonach,
Togail nam bò, soillse na gealaich leibh,     15
Caogad cruidh ballaich is balaich gan saodach'.

## 4. MacFarlane's Song to the Cattle Raid

The MacFarlanes were expert at 'lifting' (raiding) cattle from the Lowlanders who lived in the low country. The moon was called 'MacFarlane's Lantern', since the MacFarlanes would go out by the light of the moon to lift cattle.

According to oral tradition, this song was composed by Andrew, chieftain of the MacFarlanes between 1514 and 1544, and there is a pipe tune with the same melody.

|   |   |
|---|---|
| To lift the cattle, to lift the cattle, | 1 |
| To lift the cattle we go; | |
| To lift the cattle, in the rain and in the mist, | |
| Up the moor of Glen Croe we go. | |
| | |
| To make the raids, to deal the blows, | 5 |
| To make the raids we go; | |
| To lift the cattle, in the rain and in the mist, | |
| Up the moor of Glen Croe we go. | |
| | |
| To make the raids, to make the raids, | |
| To make the raids, we go; | 10 |
| To make the raids, to deal the blows, | |
| To make the raids we go. | |
| | |
| Lifting the cattle up through the passes, | |
| Lifting the cattle up the height, | |
| Lifting the cattle in the moonlight, | 15 |
| A herd of spotted cattle being driven by the lads. | |

'An t-Arar'. (3.5)

© Aerographica/Patricia and Angus MacDonald/
P. & A. MacDonald.

'Ceann a tuath Loch Laomainn agus Eilean a' Bhùth'. (3.5)

## 5. Oran Molaidh do MhacPhàrlain an Arair

Feumaidh gu bheil an t-òran-molaidh seo gu math sean, ged nach eil fhios againn cò 'am Bàrd Laomainneach' a rinn e. 'S e 'deagh mhac Dhonnchaidh' a tha aig a' bhàrd (sreath 41), agus bha Donnchadh ann a bha na cheannard air na Pàrlanaich. Theasd e anns a' bhliadhna 1547.
Tha an t-òran a' toirt dhealbh dhuinn air dòigh-beatha rè Linn nan Gaisgeach a tha meanmnach: filidhean a' tadhal air talla an trèith, daoine ri lùth-chleasan, na seòid ri cogadh 's ri cath, is mar sin air adhart. Tha am bàrd a' daingneachadh gu robh an Triath fialaidh ann an sìth, mar bu chòir, ach garg ann an cogadh. Tha moladh mnatha aig deireadh an dàin, mar a b' àbhaist do na bàird a dhèanamh.

| | |
|---|---|
| MhicPhàrlain an Arair, | 1 |
| Làmh àghmhor an einich, | |
| Fhir as fial ri h-ealaibh, | |
| Bidh tu riar' gach filidh. | |
| | |
| Mhic fhìor-ghlic fhearamhail | 5 |
| Leis an dìolar sgolaibh; | |
| Laoich chruaidh' nach crìon aithne | |
| Nì nas buaine d' onoir. | |
| | |
| Thèid d' eineach 's do nàire | |
| Thar fineachd 's ùine; | 10 |
| Gach filidh ag ràdh siud: | |
| Gun sirear 's nach diùltar. | |
| | |
| Olar fion ad bhaile | |
| 'S iomad cliar 's luchd-ealaidh | |
| Air chlàr-dìsle 's fo-rainn | 15 |
| Th' air mirean teachd ad choinneimh. | |
| | |
| Laoich threun dheas lùthmhor, | |
| Gam fuaighteadh beachd àghmhor, | |
| Is sluagh teachd fod lùchairt | |
| Le buaidh-chreich od nàmhaid. | 20 |

## 5. Song to MacFarlane of Arrochar

This eulogy must be quite old, although we do not know for sure who 'The Lomond Bard' was who made it. The poet mentions 'the goodly son of Duncan' (line 41) and there was a Duncan who was the chieftain of the MacFarlanes who died in 1547.

This song describes evocative scenes from the way of life in the Heroic Age: poets visiting the chieftain's hall, people playing at games, the warriors at battle and warfare, and so on. The poet emphasises that the chieftain was generous in peace, as was proper, but fierce in war. As was the custom of the poets, there is praise to a woman at the end of the poem.

O MacFarlane of Arrochar, 1
Prosperous hand of renown,
O man who is most generous to the arts,
You satisfy all of the poets.

You who are very wise and manly, 5
Who art the patron of learning;
Brave warriors who do not lack experience
Will make your honour long-lasting.

Your renown and your modesty
Will surpass kindred and your own lifetime; 10
Every *filidh* says it:
What is sought is not refused.

Wine is drunk in your home;
Many a poet and artisan
Plays at dice and backgammon: 15
They are thrilled to come into your company.

Strong ready vigorous warriors
Who are bound by the thought of victory;
A host comes into your palace
With a successful raid taken from your enemy. 20

'N cur ruaig dhuts' gu dàna,
Dan dualchas bhith cliùiteach;
Siud gheibhteadh 'ad chòir-sa:
Treun-laochraidh bhorb lùthmhor.

'S iomad geur-lann thana, 25
Làmh as làidir buille,
Cinn-bheirt chòmhdach chorrach,
Dol an tòs do choimeisg.

An àm truid b' e d' aighear
Cuirp a bhith fo udhar, 30
T' fhiùbhaidh bhith ga caitheamh,
'S fir a' lùbadh iubhair.

'S an greas gàbhaidh gheibhteadh
Den mheas chùbhraidh ubhal;
Laoich chròdha, sàr-làimh dheas 35
Ag iomairt nan lùth-chleas.

Dod nàimhdibh-se e b' aithreach
Dol an dàil do choimeisg;
'N cur a' bhlàir an tainead,
Dhaibh bu nàir' an turas. 40

D' oighre deagh mhac Dhonnchaidh:
Làmh ghleusd' air fiùbhaidh;
Fear nach maoim on àr-fhaich,
Sluagh nach d' fhuiling iompach'.

Lem buidh'near buaidh-chosgair 45
Ri guala Rìgh sheasamh;
'S math an gnìomh 's an cosna',
Gun eagal roimh ghàbhaidh.

'N àm luidreadh nam faobhar,
Na h-Araraich dhàna 50
Nach iarr barant saoghail -
Lasair cholg a b' ait leò.

In the defeat you inflict boldly,
The winning of fame is only natural;
This is what is found in your company:
A vigorous, fierce warrior-band.

Many a sharp, thin blade, 25
And hand of the fiercest blows,
Pointed, sheltering helmets,
Go in the vanguard of your combat.

At the hour of battle you would relish
That corpses should be sorely wounded, 30
That your ammunition be spent,
And that men should draw bows.

At the time of danger
Some of the fragrant apple would be had;
Bold warriors, expert ready hands, 35
Displaying their athletic prowess.

Your enemies would be repentant
To encounter your combat;
In thinning out the troops,
The trip would cause them shame. 40

Your heir is the goodly son of Duncan,
An expert hand at weaponry;
One who never fled from the battlefield,
A host who bore no retreat.

By whom the victory would be won 45
Standing at the shoulder of the King;
Goodly their deed and their earnings,
Fearless in the face of danger.

When it is time for the blades to be soaked,
The bold men of Arrochar 50
Do not seek guarantee of life -
They rejoice in the sheen of swords.

Dol gu garbh an toiteal:
Srann de phìob air faiche,
Fir len dìolar crosan,                          55
Or-pheall 's e dearg-lasta,
Am barr croinn eang sìoda.

Is garbh-laochraidh sparrta,
An sgaball teann dìonach;
B' e miann a' mhic àghmhoir                     60
'Oighreachd a bhith lìonmhor.

Ag iomairt an tàileisg
Am prionn-lios an fhìona;
Chan innsear beachd m' aigne
Air àrmann na fìrinn -                          65
De shìolach nam flath e
'S de fhreumh nan rìghrean.

Cha bhaoghal na fir
'S am foghail a-muigh;
Tha 'n t-Arar air theine                        70
Chur faobhair am fuil;

Cha teotha buill òird
Air innein nam bolg
Na iomairt an eilg
Air mire le feirg.                              75
'S e chualas mar aithris
Aig ealaidh gach tìre,
Air teachd chum do bhaile
Nach b' ainnis an dìola';

Nis' ortsa, Thriath 'n Arair                    80
Thog mi caithream na fìrinn,
Is guma cian maireann
Do bhan-chèile ghnìomhach.

Going roughly into the attack:
The roar of the pipes on the field,
Men who sate the cross ones,   55
A golden hide ablaze,
At the top of the pole a silk banner.

A driven, raging warrior-band,
Their helmets tight and protective;
It was the desire of the victorious man   60
To have a populous estate.

Playing at board-games
In the royal garden of wine;
My own feelings will not be spoken
About the hero of truth -   65
He is of the seed of royalty
And of the race of kings.

The men have no fear
Though the attack be on their doorstep;
Arrochar is empassioned   70
To thrust blade into flesh;

The blows of a hammer
On the anvil of bellows are no hotter
Than the driving of the hunt
In battle fury.   75
I have heard it said
From the minstrels of each land
That after coming to your homestead
The reward would not be miserly;

Now about you, O Chieftain of Arrochar,   80
I have declared the truth,
And may a long life be enjoyed
By your industrious wife.

## 6. Donnchadh Dubh na Dunach

Bho chionn fada bha coille a' sgeadachadh mòran den Ghàidhealtachd, ach le àiteachadh, ionaltradh, droch uachdaranachd agus teintean chan eil ach breacadh dhi air fhàgail. Ged a dh'fheumadh fearann àiteachaidh a bhith aig daoine, tha an sgeulachd seo, agus a leithid, a' toirt am follais gum bu truagh leis na Gàidheil gun deach na coilltean an gainnead cho mòr agus a chaidh iad.

Leis mar a bha Leamhnachd eadar a' Ghàidhealtachd agus a' Ghalltachd, agus leis mar a bha Rathad Mòr nan Gàidheal a' dol seachad air an Arar - bha a' Mhòine Fhlanrasach na staing do-shiubhal gu ruige deireadh an ochdamh ceud deug - bha feum mòr air MacPhàrlain an Arair a thaobh dìon na dùthcha, agus bhiodh e a' faotainn seòrsa de mhàl-dubh air a shon. Seo am mìneachadh a fhuair Iain Deòireach:

> Bha mar fhiachaibh air, nan rachadh beathaich air bhith a ghoid anns an Eilean Leamhnach, gum faigheadh e iad agus bheireadh e iad a dh'ionnsaigh na feadhna dom buineadh iad, air neo phàigheadh e air an son. Nan rachadh creach a thogail às an Eilean, bha mar fhiachaibh air Triath an Arair a' chreach a thilleadh, air neo beathaich eile a chur nan àite.
>
> Gidheadh, thigeadh creachadairean às a' Ghàidhealtachd na b' fhaide mu thuath a chuireadh na Pàrlanaich fo spàirn, mar a leanas anns an sgeulachd seo.
>
> B' e MacPhàrlain an Arair a bha a' togail a' mhàil duibh agus a' dìonadh an fhearainn ris an abairear an t-Eilean Leamhnach bho na creachadairean. Agus bha iomadh cath eadar na Pàrlanaich agus na Camshronaich, agus eadar na Pàrlanaich agus na h-Athollaich, mu thogail agus tilleadh creich.
>
> Anns an àm sin chaidh buidheann de na h-Athollaich agus thog iad creach às an Eilean Leamhnach agus chaidh buidheann de Chloinn Phàrlain nan dèidh agus rug iad orra air monadh an àiteigin am fagas do Chàrn Droma. Cha robh ann ach buidheann bheag de na h-Athollaich agus chuir Clann Phàrlain an ruaig orra. Phill iad a' chreach agus thug iad air a h-ais i don Arair a-rithist.
>
> Bha MacPhàrlain a chòmhnaidh anns an àm sin ann an Eilean Inbhir Dhubhghlais agus bha taigh eile aige ann an Eilean a' Bhùth.

## 6. Dark Duncan of Disaster

There was once a good deal of woodland in the Highlands, but as a result of agricultural activity, animal grazing, poor landlords and fires, only a fragment of it remains. Although human society required agricultural lands, this tale and others like it demonstrate the regret that the Gaels felt that so much of the forests had been lost.

Since the Lennox was a buffer zone between the Highlands and the Lowlands, and as the 'Great Highland Road' went past Arrochar - Flanders Moss was an impassable bog until the end of the eighteenth century - MacFarlane of Arrochar had an important role in safeguarding the country, and he received a kind of protection-money for it. This is the explanation that John Dewar heard:

> If any animals were stolen in the 'Isle of the Lennox', he was obliged to retrieve them and to return them to those to whom they belonged, or else to compensate for them financially. If any livestock were lifted from the Isle, the Chieftain of Arrochar was obliged to return them, or else to replace them with other livestock.

There were, however, raiders from further north in the Highlands who challenged the authority of the MacFarlanes, as happens in the following tale.

MacFarlane of Arrochar was the one who took protection money and who guarded the land known as the 'Isle of the Lennox' from the raiders. And there were many battles between the MacFarlanes and the Camerons, and between the MacFarlanes and the Atholl Men, regarding lifting and returning livestock.

And in that time, a group of Atholl Men went and they lifted livestock from the Isle of the Lennox and a group of MacFarlanes went after them and they reached them on the high moors some place close to Càrn Droma. There was only a small group of Atholl Men and the MacFarlanes chased them off. They returned the livestock and brought them back to Arrochar.

MacFarlane was living at that time in the island at Inveruglas and he had another house in Island I Vow.

173

Aon fheasgar bha Donnchadh, mac a b' òige MhicPhàrlain ann an Eilean a' Bhùth agus chunnaic e buidheann daoine a' teachd air an adhart aodann a' mhonaidh bhon bhràigh agus thuig e gum b' iad buidheann de na h-Athollaich a bha a' tighinn a thogail na creiche a-rithist agus gu robh tuilleadh sluaigh ann na bha ann an tràth roimhe.

Cha robh feachd cogaidh aig an taigh aig an àm agus smaointich Donnchadh gun rachadh e air tìr agus gum faigheadh e balaich a bha a' fanail mu mhuileann Phuirt a' Chapaill ris an abaireadh feadhainn 'Balaich Mhòr' a' Mhuilinn'. B' iad sin balaich làidir dhìomhanach agus b' e an teachd-beò a bha aca, bha iad a' cur mar chìs air gach fear a thigeadh agus poca sìl aige gus a bhleith don mhuileann, gum faigheadh gach aon diubh uimhir den mhin is a b' urrainn da a thogail eadar a dhà bhois agus a ghiùlain eadar am poca-mine agus doras a' mhuilinn gun dad den mhin a dhòrtadh. Dhèanadh iad bonnaich agus bruthaistean den mhin agus b' e sin bu bhiadh dhaibh.

Chaidh Donnchadh gu tìr aig muileann Phuirt a' Chapaill agus thug e Balaich Mhòr' a' Mhuilinn leis agus chaidh iad a dh'ionnsaigh an àtha a bha thar abhainn Dubhghlais. Chuir iad stuic agus aodaichean orra nan seasamh mu choinneamh an àtha. Bha dorcha nan tràth ann nuair a ràinig na h-Athollaich an t-àth agus tràth chunnaic iad na stuic agus na h-aodaichean orra shaoil iad gum b' e daoine a bha annta agus thòisich iad air tilgeadh shaighdean orra.

Bha Donnchadh agus beagan de na daoine aig an àth ach cha robh iad ach air an droch armachadh agus bha cuid eile de Bhalaich Mhòr' a' Mhuilinn a' dol mun cuairt agus mun cuairt air cnoc a' cuir an cèill do na h-Athollaich gum b' iad tuilleadh sluaigh a bha tighinn air an adhart a dhèanamh còmhnadh ris an fheadhainn a bha a' cathachadh aig an àth.

Bha na Pàrlanaich a' trusadh nan saighdean agus gan tilgeadh air an ais air na h-Athollaich a-rithist. Thug na h-Athollaich an aire gum b' e an saighdean fhèin a bha a' teachd air an ais don ionnsaigh agus smaointich iad gu robh ceilg anns a' chùis, ach cha robh de chridhe aca gus dol thar an àtha air eagal is gu robh luchd foill-fhalach an ceil a ghabhail fàth orra. Chaidh iad an-àird Gleann Dubhghlais gu ruig far an robh bùthain sheilg MhicPhàrlain aig Loch Slòigh agus chaidh iad a-steach do na bùthain a chur seachad na h-oidhche annta.

Bha buidheann eile de na h-Athollaich anns na bùthain air thoiseach orra a thàinig air rathad eile.

One day MacFarlane's youngest son Duncan was on Island I Vow and he saw a group of men advancing along the high moors and they realised that it was a group of Atholl-men who were coming to lift the livestock again and that there were more of them than there had been previously.

There was no body of fighting men at the house at that moment, and Duncan decided that he would return to land and that he would get the lads who loitered around the mill at Port a' Chapaill whom some called 'The Big Mill-Lads'. They were strong but idle lads who made their living by laying a levy upon everyone who came with a sack of grain to be ground at the mill. Each of them would get as much meal as he could enclose between his two hands and carry between the meal-sack and the door of the mill without spilling any of it. They would make bannocks and brose with the meal and that was their sustenance.

Duncan landed at the mill at Port a' Chapaill and he took the Big Mill-Lads with him and they went to the ford which goes across the river Douglas. They erected sticks at the ford and draped clothes over them. Darkness had descended by the time that the Atholl Men had reached the ford and when they saw saw the sticks with clothes draped over them, they thought that they were people and they began firing arrows at them.

Duncan and a few of the men were at the ford, but they were very poorly armed, and the rest of the Big Mill-Lads were going around and around a hillock to give the impression to the Atholl Men that they were additional troops coming to aid the men who were giving battle at the ford.

The MacFarlanes were gathering the arrows and firing them back again at the Atholl Men. The Atholl Men noticed that it was their own arrows that were being returned upon them and they realised that there was some foul-play afoot, but they did not dare to go across the ford for fear that there would be an ambush there in hiding to take advantage of them. They went up Glen Douglas as far as MacFarlane's hunting bothies at Loch Sloy and they went inside the hunting bothies to spend the night in them.

There was another group of Atholl Men who had come by another route and had reached the bothies before them.

Thug iad cuid de chrodh MhicPhàrlain bharr Beinn Mhurlaig agus chuir iad ceithir dhiubh a-steach do aon de na bùthain agus mharbh iad iad. Chuir iad air gealbhain mhòra cuid den fheòil agus thòisich iad air a ròstadh.

Lean Donnchadh an dèidh nan Athollach ach ghlèidh e e fhèin às an t-sealladh aca. Dhorchaich an oidhche agus an sin chaidh e am fagas do na taighean seilge. Bha na h-Athollaich ag ithe agus a' seinn ciùil agus a' dèanamh aighear agus Donnchadh ag amharc orra gun fhios dhaibh.

Bha iad sgìth agus chaidh iad a laigh 's a chadal gun fhreiceadan air bhith air fhàgail. Tràth smaointich Donnchadh gu robh na h-Athollaich nan cadal, chaidh e agus bhuain e goid agus shnìomh e iad agus chaidh e gu sàmhach agus cheangail e dorsan nan taighean seilge air an taobh a-muigh agus chuir e teine ris na taighean.

Aig an àm sin bha Srath Dubhuisge, Gleann Falach, bràigh Ghlinn Urchaidh agus Sraithibh Fhaolainn, rè deich mìle, agus a-nuas gu ruig Coire Ghrogain, nan aon ghiùthsaich mhòir. Tràth chaidh teine a chur ris na taighean, chuir na taighean teine ris a' choille agus chaidh na bha an sin de choille a losgadh.

An ath latha thuirt Donnchadh ri athair, Triath nam Pàrlanach, 'A dhuine, ciamar a bhiodh Srath Dubhuisge an-diugh nam biodh teine air a chur ris na taighean seilg a-raoir?'

'O, a Dhonnchaidh na dunach, a Dhonnchaidh na dunach,' fhreagair e, 'an do loisg thu Srath Dubhuisge?' Agus tuilleadh an dèidh sin b' e an t-ainm a theirte ris 'Donnchadh Dubh na Dunach a loisg Srath Dubhuisge'.

Chuir MacPhàrlain daoine a dh'fhaicinn cia an staid anns an robh Srath Dubhuisge. Tràth ràinig iad bha Srath Dubhuisge na smàl gun chraobh nach robh air a losgadh. Chaidh iad far an robh na taighean seilge agus shir iad air feadh na luaithre agus fhuair iad an sin trì fichead claidheamh agus na lìon cliabh mòine de chorrain shaighdean a bharrachd air tuaghan cogaidh.

Cha tàinig fir Athoill a thogail creich às an Arair an dèidh sin. Bha eagal air MacPhàrlain agus air a dhaoine gun tigeadh tuilleadh dìoghaltais airson mar a chaidh na daoine a losgadh, ach cha tàinig e.

They had taken some of MacFarlane's cattle from Ben Vorlich and they brought four of them inside of one of the bothies and they slaughtered them. They put some of the flesh on large fires and began roasting it.

Duncan had followed the Atholl Men but he had kept himself out of their sight. Once the evening grew very dark, he went up to the hunting bothies. The Atholl Men were eating and making music and making merry as Duncan watched them without their knowing it.

They grew tired and they went to lie down and to sleep without leaving anyone to keep watch. When Duncan thought that the Atholl Men were asleep, he went and cut some switches and he wove them into ropes and he went silently and he tied the doors of the hunting bothies on the outside and he set fire to the bothies.

At that time, Srath Dubhuisg, Glen Falloch, the braes of Glenorchy and Strath Fillan, for ten miles, all the way up to Coire Ghrogain, were a great pine forest. When the houses were set afire, the houses set the forest afire, and all there was of forest was burnt.

The next day Duncan said to his father, the chieftain of the MacFarlanes, 'Well, what would Srath Dubhuisg be like today if the hunting bothies had been set ablaze last night?'

'Oh, Disastrous Duncan, Disastrous Duncan,' he answered, 'did you burn Srath Dubhuisg?' And ever after that, he was called 'Dark Duncan of the Disaster who burnt Srath Dubhuisg'.

MacFarlane sent people to see what state Srath Dubhuisg was in. When they reached Srath Dubhuisg, it was in cinders, and all of the trees had been burnt down. They went to where the hunting bothies had been and they searched throughout the ashes and they found sixty swords there and as many barbed-arrows as would fill a peat creel, as well as battle-axes.

The Atholl Men never again came to raid livestock from Arrochar. MacFarlane and his men were afraid that further vengeance would come upon them because of the way that the men had been incinerated, but it never came.

'Craobhann ann an Gleann Falach'. (3.6)

© Lorne Gill, Scottish Natural Heritage.

'Ben A'an (Binnein)', Trossachs. (3.8)

Source: *The Lady of the Lake*, by Sir Walter Scott.

## 7. Donnchadh Dubh a' Churraic agus Cananach Bhoth Chaisteil

Ghabh Donnchadh Dubh a' Churraic ceannas Caimbeulaich Ghlinn Urchaidh os làimh anns a' bhliadhna 1583 agus cha mhòr nach robh e anns a' chathair sin fad leth-cheud bliadhna. Tha e cliùiteach leis cho carach seòlta agus a bha e, agus leis a' mheud de sglaim a fhuair e le làmhachas-làidir. Thog e no leasaich e seachd caistealan feadh nan oighreachdan aige, agus uime sin is e Donnchadh Dubh nan Caisteal frith-ainm eile a tha air.

Tha Càrn Chailein fhathast ann an Làirig Eibhreannaich. Ach seach gun d' fhuair Cailean am bàs mun do rugadh Donnchadh Dubh, chan eil an sgeulachd seo buileach ceart a thaobh eachdraidh.

Bha aon uair a bha Donnchadh Dubh a' Churraic ann an taigh Cananach Bhoth Chaisteil. Chaidh am biadh bu nòs aig an àm, aran is càise is bainne, a chur air a bheulaibh. Bha Donnchadh Dubh ag ithe càise agus bha brìgh na càise a' taitinn gu math ris agus thuirt e, 'Càite an do chinn a' chàise seo, Fhir Bhoth Chaisteil?'

Thuirt Fear Bhoth Chaisteil, 'Chinn feadh nam bruach is nan glacan buidhe sin urrad feadh na bealaidh.'

Aig ceann ùine goirid an dèidh sin, thuirt Donnchadh Dubh, 'Bu toigh leam a' chòir a tha agad air an fhearann seo fhaicinn. Tha mi cinnteach gu bheil i math.'

Chaidh Fear Bhoth Chaisteil chun na taisg-airm aige. Fhuair e claidheamh agus targaid agus sheas e aig beulaibh Dhonnchaidh Dhuibh agus thuirt e, 'Is e seo na còraichean a tha agamsa air fearann Bhoth Chaisteil agus chan e ach seo.'

Thuirt Donnchadh Dubh, 'Ro mhath, ro mhath, taisg iad, taisg iad.'

Chaidh Fear Bhoth Chaisteil agus thaisg e an claidheamh is an targaid.

Cha robh tuilleadh mu sin aig an àm. Dh'fhalbh Donnchadh Dubh dhachaigh agus cha do chuir Fear Bhoth Chaisteil umhail nach robh e fhèin agus Donnchadh Dubh ann an rèite ri chèile. Thachair aig ceann ùine an dèidh sin gun deach Fear Bhoth Chaisteil do Dhùn Eideann agus bha Donnchadh Dubh a' Churraic ann an Dùn Eideann aig a' cheart àm agus thachair gu robh iad anns an aon taigh-òsta còmhla.

## 7. Black Duncan of the Cowl and Buchanan of Bochastle

Black Duncan of the Cowl took over the headship of the Campbells of Glenorchy in the year 1583 and he held onto that position of power for nearly fifty years. He is infamous for being devious and under-handed, and for seizing a great deal of wealth by violent and forceful means. He built or a improved a total of seven castles throughout his estates, and therefore he was also known as Black Duncan of the Castles.

*Càrn Chailein* ('Colin's Cairn') is still in Kirkton Glen in Balquhidder. *Cailean Uaine* ('Green Colin'), however, died before Black Duncan was born, so that the history in this tale is not entirely correct.

Black Duncan of the Cowl was once in the house of Buchanan of Bochastle. The customary food of the time, bread, cheese, and milk, was set before him. Black Duncan was eating the cheese and was very much enjoying the flavour of it, and he said, 'Where does this cheese come from, Lord of Bochastle?'

The Lord of Bochastle said, 'It comes from the banks, and from those bright yellow hollows, below in the broom.'

A short while after that, Black Duncan said, 'I would like the see the title you have for this estate. I am sure that it is a good one.'

The Lord of Bochastle went to his weapons store. He took out a sword and a shield and he stood in front of Black Duncan and he said, 'These are the titles that I have for the estate of Bochastle, and these only.'

Black Duncan said, 'Very good, very good, you can put them away now.'

The Lord of Bochastle went and he put away the sword and the shield.

No further mention was made of the matter at the time. Black Duncan went home and the Lord of Bochastle had no reason to suspect that he and Black Duncan were not at peace with each other. A while later, it happened that the Lord of Bochastle went to Edinburgh while Black Duncan was there at the same time, and it happened that they both ended up in a tavern together.

Bha Donnchadh Dubh air Cailean Uaine agus feachd mhòr a chur a thogail creich Bhoth Chaisteil. Ach cha robh fios aig Cananach Bhoth Chaisteil air sin, agus ar le Donnchadh Dubh gun tugadh e rabhadh dha agus thuirt e, 'Nach bu bhrèagh an latha seo gu creach Bhoth Chaisteil a thogail?'

Thuirt an Cananach, 'Bhiodh e na latha a cheart cho math gus a toirt air a h-ais.'

Bha an dithis a' bruidhinn ri chèile mar gum b' ann ri feala-dhà a bhiodh iad is iad ann an càirdeas ri chèile.

Tràth ràinig Cailean Uaine Both Chaisteil, cha robh fiughair aig muinntir Bhoth Chaisteil ris agus cha robh fios aca nach robh Donnchadh Dubh aig sìth riutha. Ach thog Cailean creach na dùthcha agus dh'fhalbh iad suas Srath Bhoth Phuidir agus rathad Làirig Eibhreannaich.

Bha còig mic aig Fear Bhoth Chaisteil ris an abairte Gillean Ruadh Bhoth Chaisteil. Thog iadsan na bha de fhir ann am fearann Bhoth Chaisteil agus fir Lànaidh.

Bha fear aig Lànaidh agus bha e ag iasgachd anns an abhainn agus fhuair e breac. Chaidh e dhachaigh agus bha e a' moladh a' bhric, cho math is a bha e.

Thuirt bean a bha a-staigh, 'Is coma dhutsa co-dhiù chan ith thu mìr deth.'

'Is breug dhut e, ithidh mi e,' ars esan.

Ghearr e durc bhàrr a' bhric. Chuir e air teine e, ach mun robh e deis thàinig gairm na fir fon armaibh a philleadh na creich. Chaidh an duine a-mach, dh'fhalbh e còmhla ris na fir eile agus chaidh a mharbhadh aig a' chath aig Làirig Eibhreannaich is cha do phill e tuilleadh.

Thachair iad ris a' chreich aig Làirig Eibhreannaich. Thionndaidh Cailean Uaine mun cuairt ris an tòir is thuirt e, 'Cumadh am fear as fheàrr agaibh suas a làmh.' Agus chùm am fear bu shine de mhic Fear Bhoth Chaisteil suas a làmh.

Leig Cailean Uaine saighead air agus chaidh an t-saighead a-steach fo achlais agus thug i reubadh beag air a chliathaich agus ghlaodh Cailean Uaine, 'Thoir an dealg sin dhachaigh a dh'ionnsaigh mhnathan Lànaidh gus am faic iad cho math is a tha i air a cur.'

Thuirt mac bu shine Fear Bhoth Chaisteil, 'A-nise taghaibh am fear as fheàrr agaibhse.'

Black Duncan had just sent Cailean Uaine and a large troop to raid the livestock of Bochastle. But Buchanan of Bochastle knew nothing about this, and Black Duncan thought that he would give him a warning, and he said, 'Would this not be a wonderful day to raid Bochastle?'

Buchanan answered, 'It would be just as wonderful a day to win the raid back.'

The two spoke to one another as though they were in jest and in good friendship.

When Cailean Uaine reached Bochastle, the folk of Bochastle were taken by surprise and they had no reason to think that Black Duncan was not at peace with them. But Cailean Uaine lifted the country's livestock and they went up the Braes of Balquhidder and towards Kirkton Glen.

The Lord of Bochastle had five sons who were called the Red Lads of Bochastle. They raised all the men in Leny and all the men who were in the lands of Bochastle.

There was a man in Leny and he was fishing in the river and he caught a trout. He went home and was boasting about how beautiful this trout was.

A woman who was inside the house said, 'Never you mind that, you will never eat a bite of it.'

'How you lie! I certainly will eat it!' said he.

He cut a chunk off the trout. He put it on the fire but before it was ready, a shout came for all the armed men to win back the raid. The man went out, he left with the other men and he was killed at the battle at Kirkton Glen and he never returned.

They caught up with the raid at Kirkton Glen. Cailean Uaine turned to face the pursuers and he called out to them, 'Let the best man among you raise his hand.' And the eldest of the sons of the Lord of Bochastle put up his hand.

Cailean Uaine fired an arrow at him and the arrow went in him under his oxter and it tore a small wound in his side and Cailean Uaine shouted, 'Take that skewer back home to the women of Leny so that they can see how neatly it was inserted.'

The eldest son of the Lord of Bochastle said, 'Now, choose the best man from among yourselves.'

Thog Cailean Uaine a làmh. Chuir mac bu shine Fear Bhoth Chaisteil saighead anns a' bhogha aige, leig e air Cailean Uaine i is chaidh an t-saighead a-steach air a bheul agus a-mach tro chùl a chinn agus ghlaodh mac bu shine Fear Bhoth Chaisteil, 'Thoir thusa an dealg sin dhachaigh leat, gus am faic mnathan Latharna cho math is a tha i air a cur.'

Thòisich an sin cath eadar luchd togail na creich agus an tòir. Chaidh luchd togail na creich a sgapadh bho chèile agus chaidh seisear de mhic Dhonnchaidh Dhuibh a' Churraic a mharbhadh an latha sin. B' èiginn don fheachd aig Donnchadh Dubh teicheadh agus phill Gillean Ruadh Bhoth Chaisteil air ais a' chreach.

Bha Donnchadh Dubh ann an Dùn Eideann aig an àm agus Cananach Bhoth Chaisteil còmhla ris. Chaidh gille a chur gu Dùn Eideann a thoirt fios do Dhonnchadh Dubh mu dheidhinn na creich agus mar a chaidh am blàr. Ràinig an gille Dùn Eideann agus thachair an Cananach ris air an t-sràid agus dh'aithnich e air èideadh gum b' ann à fearann nam Caimbeulach a thàinig e. Agus dh'fharraid e dheth, 'Cia do naidheachd: tha mi a' tuigsinn gur ann chun an Ridire Dhuibh a tha thu a' tighinn agus sgeul agad.'

Thuirt an gille, 'Tha sgeul agam a dh'fhios an Ridire Dhuibh gun deach a' chreach a bha fheachd a' togail à fearann Bhoth Chaisteil a philleadh. Chaidh blàr a chogadh, chaidh Cailean Uaine a mharbhadh agus sgrios a thoirt air na daoine a bha na chuideachd.'

Dh'fharraid Fear Bhoth Chaisteil gus an d'fhuair e an sgeul gu lèir agus thuirt e ris a' ghille, 'Is fheàirrd thu deoch an dèidh do thurais. Thig a-steach don taigh-òsta seo agus bheir mi dhut deoch.'

Chaidh iad a-steach. Ghairm Fear Bhoth Chaisteil searraig leanna, thug e deoch don ghille, agus thuirt e ris, 'Fan an sin gus an tig mise - thèid mi agus gheibh mi an Ridire Dubh agus bheir mi gad ionnsaigh e.'

Shuidh an gille far an robh e agus dh'fhalbh an Cananach gu luath. Fhuair e an t-each aige agus mharcaich e dhachaigh air eagal is gum faigheadh Donnchadh Dubh fios mar a chaidh am blàr agus gun dèanadh e prìosanach dheth.

Cailean Uaine raised his hand. The eldest son of the Lord of Bochastle put an arrow into his bow, he fired it at Cailean Uaine and the arrow went into his mouth and out the back of his head, and the eldest son of the Lord of Bochastle shouted, 'Take that skewer back home with you so that the women of Lorne can see how neatly it was inserted.'

The battle then began between the raiders and the pursuers. The raiders were going in different directions and six of the sons of Black Duncan of the Cowl were killed that day. Black Duncan's troop was forced to flee and the Red Lads of Bochastle returned the livestock home.

Black Duncan was in Edinburgh at the time and Buchanan of Bochastle was with him. A servant was sent to Edinburgh to inform Black Duncan about the raid and about what happened at the battle. The servant reached Edinburgh and Buchanan met him on the street and he recognised from his clothes that he came from Campbell territory. And he asked of him, 'What is your news? I can see that you have come to see the Black Knight and that you have news.'

The servant said, 'I have news for the Black Knight that the raid that the troop was taking from the lands of Bochastle was taken back. A battle was fought, Cailean Uaine was killed and the people in his company were destroyed.'

The Lord of Bochastle enquired until he got the whole story and he said to the servant, 'You would be the better of a drink after your journey. Come inside to this tavern and I will give you a drink.'

They went inside. The Lord of Bochastle called for a flask of ale, he gave the servant a drink, and he said to him, 'Wait there until I come back - I will go and get the Black Knight and I will bring him to you.'

The servant sat where he was and Buchanan left in a hurry. He got his horse and he rode it home for fear that Black Duncan would find out what happened at the battle and make him a prisoner.

## 8. 'Tha Mi 'm Bothan am Onrachd'

A rèir Dhòmhnaill MhicGriogair, a bhuineadh do na Sraithibh agus a bha na mhaighstir-sgoile faisg air Ros Dubh, bha uair a thog feachd de Ghriogaraich creach air na Caimbeulaich aig ceann Loch Fìne. Theich na Griogaraich ach chaidh Caimbeulaich air an tòir. Mharbh Griogar Ruadh fear de na Caimbeulaich, fear air an robh Eòin, agus sgap na Griogaraich nam buidhnean beaga.

    Bha cuid de na Griogaraich a' tilleadh dhachaigh tro Ghleann Falach agus an tòrachd a' dlùthachadh riutha. Chaidh na Griogaraich a-steach do thaigh a bha anns a' ghleann ach, fhad 's a bha iad a' faighinn aoigheachd aig bean an taighe, thàinig na Caimbeulaich don taigh sin. Cho luath agus a thàinig iad, thàr na Griogaraich à cùl an taighe agus sheinn bean an taighe an t-òran seo.

    Ged a tha i a' bruidhinn ris an tòrachd gu ruige sreath 24, is follaiseach gur ann ris na Griogaraich a tha i a' bruidhinn an dèidh sin. Tha deireadh an òrain, bho sreath 35 air adhart, coltach ri ub anns a bheil i a' guidhe gum bi iad sàbhailte bho nàimhdean agus bho an cuid armachd. Tha ìomhaighean Chloinn Ghriogair an seo a' dol an lùib uaisleid: ag òl fion ann an cuideachd nan uaislean, a' seinn air a' chlàrsaich, is mar sin.

    Thug iomadh coigreach an aire gu robh muinntir na Gàidhealtachd titheach air an naidheachd a bhiodh aig luchd-siubhail agus gun cuireadh iad ceistean air duine sam bith a rachadh seachad, gu h-àraid nan gabhadh e fialachd bhuapa. Mar sin, rachadh naidheachd mun cuairt gu math luath.

Tha mi 'm bothan am ònrachd    1
'S mi air còmhnard an rathaid,

Dh'fheuch am faic mi fear fuadain
Tighinn bho Chruachan a' cheathaich;

No bheil sgeul air Cloinn Ghriogair    5
No bheil fios cia 'n taobh a ghabh iad.

Ach chan fhaca mi fhìn iad
'S cha bhi mi gam brath dhut.

Ach mas fìor fear mo sgeula,
Gun robh iad an-dè air Fèill Shraithibh,    10

Ann an clachan na sgìreachd
'G òl fion air na maithibh,

## 8. 'I Am In The Bothy All Alone'

According to Donald MacGregor, who was a native of Strath Fillan and a schoolmaster near Rossdhu, a troop of MacGregors on a certain occasion raided the Campbells who were at the head of Loch Fyne. The MacGregors fled but the Campbells went in pursuit of them. *Griogar Ruadh* ('Red-haired') killed one of them who was named *Eòin* ('John') and the MacGregors scattered in small groups.

One group of the MacGregors was returning home via Glen Falloch and the pursuers were closing in on them. The MacGregors went inside a house that was in the glen, but the Campbells came as the woman of the house was offering them her hospitality. As soon as they came, the MacGregors escaped out the back of the house and the woman of the house sang this song.

Although she is addressing the pursuers up to line 24, it is clear that she is addressing the MacGregors after that. The conclusion of the song, from line 35 onwards, resembles a charm in which she is wishing that they be kept safe from enemies and their weapons. The imagery of the MacGregors is associated here with nobility: drinking wine in the company of noblemen, playing the harp, and so on.

Many foreign travellers noticed that the people of the Highlands were eager for the news that travellers had, and that they would ask questions of anyone that went past, especially if he were to take their hospitality. News could travel very fast in this manner.

I am in the bothy all alone    1
On the level space in the road,

To see if there is a wanderer
Coming from Cruachan of the mist;

Or if there are tidings of the MacGregors,    5
Or if it is known which way they went.

I have not seen them myself
And I will not betray them to you.

But if my informant is correct,
They were yesterday at Strath Fillan Fair,    10

In the Kirktown of Strath Fillan,
Drinking a toast to the nobles,

No aig ceann Loch Fìne,
Mas fìor m' fhear-bratha.

Mar ri cuideachd an Iarla   15
'G òl fìon ann an sabhal;

Gu robh Griogar Og Ruadh ann -
Làmh chruaidh air chùl claidheimh;

Gu robh Griogar Mòr meadhail ann,
Ceann-feadhn' ar luchd taighe,   20

Bheireadh greis air a' chlàrsaich,
Greis air thàileasg ro latha,

Leis am bu mhiannach an fhidheall,
Chuireadh fiughair fo mhnathaibh.

Gur ann a thug sibh ghreigh dhubh-ghorm   25
Bho chùilean nan taighean,

Gur ann a thug sibh grad-thilleadh
An taobh seo 'Bhinnein a' cheathaich.

Gur ann a dh'fhàg sibh 'n t-Eòin bòidheach
Air a' mhòintich na laigheadh,   30

'S e na starsnaich air fèithe
An dèidh a reubadh le claidheamh.

'S bha fhuil chraobh-dhearg ga drùidheadh
Na lèin' ùir 's e na laigheadh.

Ach cumadh an Rìgh dùileach   35
Sibh bho fhùdar caol neimhe,

Bho shradaibh 's bho theine,
Bho pheileir 's bho shaighid,

Bho rinn na sgèine caoile,
Bho fhaobhar gheur chlaidhmhnean.   40

Or at the head of Loch Fyne,
If my informant is correct.

In the company of the Earl's men
Drinking wine in a barn;

Young *Griogar Ruadh* was there,
Whose strong hand wields well a sword;

Carefree *Griogar Mòr* was there,
The leader of our household,

Who would spend a while playing the harp,
And a while playing board-games before dawn,

Who loved the fiddle,
Who filled the women with anticipation.

You took the shiny black herd
From the nooks of the houses,

You made a sudden return
To this side of Binnein of the mist.

You left handsome *Eòin*
Lying there on the moor,

Like a stepping stone across a bog-ditch
After he had been torn apart with a sword,

With his red blood branching out and infusing the terrain
In his clean new shirt as he lay there.

But may the King of the Elements protect you
From the narrow venomous powder,

From spark and from fire,
From bullets and from arrows,

From the point of the slender knife,
From the sharp edge of swords.

## 9. Cath Ghlinn Freòin

Tha fhios gur e sgeul Cath Ghlinn Freòin an sgeul as ainmeile a bhuineas do Leamhnachd. Bha na Gàidheil uile eòlach air mar a thachair do na Griogaraich an dèidh a' chatha seo anns a' bhliadhna 1603, oir bha seo mar chomharradh air sàrachadh nan Gàidheal agus air mì-rùn nan Gall a bha ri teachd. Is seaghach gur e diùltadh aoigheachd, an t-subhailc a bu chudromaiche leis na Gàidheil, a chuir an aimhreit seo fo sheòl.

Tha dinnsheanchas a' nochdadh gu tric anns an sgeulachd seo. Leis mar a bha an dinnsheanchas suidhichte air an dùthaich, bhiodh seo na chuideachadh don sgeulaiche gus aithris na sgeulachd a chuimhneachadh, ach mheasadh e na theist air fìrinn na sgeulachd.

Bha na Gàidheil a' creidsinn, nam faigheadh nàmhaid saighead no ball-airm a chaidh a thilgeadh air gun ghonadh a dhèanamh, gur ainmig nach tilgeadh an nàmhaid sin i air ais air a' chiad fhear gun ghonadh a dhèanamh. Is e sin a thachair don fhear mu dheireadh a chaidh a mharbhadh anns a' chath.

Fhuair Iain Deòireach an sgeul seo aig Roibeart Scot, a bha na ghreusaiche ann an Gleann Urchaidh, agus is iongantach cho mionaideach 's a bha am fiosrachadh a bha aige còrr is dà cheud gu leth bliadhna an dèidh a' chatha.

Bu nòs leis na Griogaraich cìs a thogail ris an abairte am màl-dubh, agus bha ainm de na Griogaraich fhèin gu robh iad teòma air mèirle agus nan diùltadh fear-baile air bith màl-dubh a phàigheadh gun creachadh Clann Ghriogair fhèin iad, agus bha mòran de na cinn-fheadhna eile aig an robh gamhlas ris na Griogaraich.

Mu thoiseach linn Rìgh Seumas a Sè, bha bantrach a' tuineadh aig ìochdar Ghlinn Sratha ann am baile ris an abairte Tulach.

Bha dithis mhac aig a' bhantraich, agus ged nach robh iad ach nan giullain òga bha iad tapaidh, agus bho nach robh dà dhòigh aig am màthair gus an tighinn-beò, thòisich iad ri marsantachd, a' ceannach anns na bailtean air a' Ghalltachd agus a' dol feadh na Gàidhealtachd gus a chreic.

Chaidh iad turas do Dhùn Breatann a cheannach bathair. Tràth cheannaich iad am bathar dh'fhalbh iad gu dol don Ghàidhealtachd tro fhearann Shir Umfra Mac a' Chombaich Luis, ach thàinig trom-chur sneachd orra. Cha robh rathaidean eich feadh na Gàidhealtachd anns

## 9. The Battle of Glen Fruin

The tale of the Battle of Glen Fruin is the most famous tale from the Lennox. The Highlanders were all familiar with what happened to the MacGregors after this battle in the year 1603, as this was a signal indication of the persecution of the Gaels and of the ill-will of the Lowlanders that was to come. It is significant that it is the refusal of hospitality, which is the highest moral obligation in the Gaelic honour system, which sets off this chain of tragedy.

*Dinnsheanchas* ('the lore of places') appears frequently in this tale. Because *dinnsheanchas* is bound up in the landscape, this would be a memory-aid to the storyteller trying to remember how to tell the tale, but it was also considered as further validation to the truth of the tale.

The Gaels believed that if an enemy got hold of an arrow or a weapon which was cast at him without doing any damage, then that weapon could not fail to injure its original owner when cast by his enemy. This was what happened to the last man to be killed in the battle.

John Dewar got this tale from Robert Scott, who was a cobbler in Glenorchy, and the level of detail and amount of information which he knew more than two and a half centuries after the battle is very impressive.

> It was the custom amongst the MacGregors to take protection money: they were known to be well skilled at raiding, and if any farm tenants refused to pay the protection money, the MacGregors themselves would raid them, and so many of the clan leaders had ill-will towards the MacGregors.
> 
> About the beginning of the time of James the Sixth, there was a widow who lived at the lower end of Glenstrae in a township which is called Tulach.
> 
> The widow had two sons and although they were just young lads they were ambitious, and since their mother did not have any means to support them, they took up being merchants, buying items in the Lowland towns and going to the Highlands to sell them.
> 
> They once went to Dumbarton to buy some wares. Once they had purchased the wares, they left to return to the Highlands through the lands of Sir Humphrey Colquhoun of Luss but a heavy fall of snow came upon them. There were no horse paths in the Highlands

na tiomana sin, agus tràth thuiteadh mòran sneachd, bhiodh luchd-turais nach robh eòlach air an rathad an cunnart dol air seacharan.

Chaidh an dithis bhalachan air an adhart gus an do ràinig iad Lus. B' ann suas Gleann Luis agus tro Ghleann na Sreinge a bha an rathad b' aithghearra gu dol bho Lus gu Ceann Loch Long anns na tiomana sin, ach bha sneachd air an rathad agus bha e doirbh gu siubhal. Anns na tiomana sin, b' iad Griogaraich agus Clann Mhuirich an dream bu lìonmhoire a bha air taobh aird an ear Loch Laomainn, agus b' fheàrr leotha feuchainn ris an t-aiseag fhaotainn thar Loch Laomainn gus am biodh iad am measg an cinnidh fhèin.

Dh'iarr iad an t-aiseag aig Lus, ach bha coltas stoirmeil air an fheasgar agus tha an loch leathann aig an àite sin agus chan fhaigheadh iad feadhainn a chuireadh thar an aiseig iad ann.

Chaidh farraid de na marsantan, 'Cò bu daoine dhuibh?' Cha robh fios aig na marsantan gu robh gamhlas aig muinntir Luis rin cinneadh agus dh'innis iad gum bu Ghriogaraich iad. Bha gamhlas anabharra aig muinntir Luis ris na Griogaraich a bha a' tuineadh an Creig Throstain air taobh àird an ear Loch Laomainn anns na tiomana sin. Bha iad eudmhor gum b' àbhaist do na Griogaraich sprèidh 's nithean eile a ghoid, agus tràth chuala iad gum bu Ghriogaraich na marsantan cha ghabhadh iad gnothach riutha.

Thòisich na marsantan air fàrdach-oidhche a shireadh, ach chaidh an fhàrdach a dhiùltadh dhaibh. Thairgse iad pàigheadh airson bìdh ach cha tugadh muinntir Luis biadh dhaibh aon chuid airson pàighidh no mar ghean-math. Chaidh an dithis mharsanta air an adhart seach Lus gu baile a tha tuaiream mìle gu leth bho Lus don ainm a' Chaolag. Bha aiseag aig an àite sin aig an àm. Dh'agair na marsantan an t-aiseag ach chaidh an t-aiseag a dhiùltadh dhaibh. Bho nach faigheadh iad an t-aiseag, dh'agairt iad biadh is fàrdach-oidhche, agus thairgs' iad gum pàigheadh iad. Ach bhon bu Ghriogaraich iad, chan fhaigheadh iad biadh no fàrdach-oidhche, agus cha ghabhte gnothach idir riutha. Cha robh aig an dithis mharsanta òg air ach falbh.

Tràth dhorchaich an oidhche, dh'amais iad air taigh ghabhar. Chaidh iad a-steach ann. Fhuair iad fiodh tioram. Bheothaich iad gealbhan agus b' e cungaidh bha gu feum don tuathanach a bha iad a' losgadh, agus am measg nithean eile bhris is loisg iad an crann-àraidh. Bha acras orra agus bho nach b' urrainn dhaibh biadh in those times, and when a lot of snow fell, travellers who were not familiar with the road were in danger of becoming lost.

The two lads went onwards until they reached Luss. The shortest path in those days between Luss and the head of Loch Long was up through Glen Luss and then through Gleann na Sreinge, but there was snow on the path and it was difficult to traverse. In those days, most of the people who lived at the eastern side of Loch Lomond were MacGregors or MacMhuirichs, and the lads thought it best to try to get a ferry across Loch Lomond so that they could be among their own people.

They sought the ferry at Luss but the afternoon looked stormy and the loch is wide at that point, and they could not find anyone who would ferry them across.

The merchants were asked, 'Who are your people?' The merchants did not know that the people of Luss bore ill-will to their own people and they said that they were MacGregors. The people of Luss felt great enmity towards the MacGregors who lived at Creag Throstain at the eastern side of the top of Loch Lomond in those days. They were particularly resentful that the MacGregors used to steal their cattle and other items, and when they heard that the merchants were MacGregors they refused to deal with them at all.

The merchants began to seek shelter for the night, but every form of shelter was refused them. They offered to pay for food but the people of Luss would not give them any food either as a kind favour or in exchange for money. The merchants went forward past Luss to a township that is about a mile and a half from Luss which is called Culag. There used to be a ferry there at that time. The merchants pleaded for the ferry, they pleaded for food and shelter for the night, and they offered to pay. But because they were MacGregors, neither food nor shelter for the night could they get, and no one would have anything to do with them. The two young merchants had no choice but to depart.

Once the night had descended, they made their way to a goat-shelter. They went inside. They got dry wood. They lit a fire and it was the farmer's wood-stock that they were burning, and amongst other items, they broke and burned a plough. They were hungry and since they could not get any food in any other way, they killed a black

fhaotainn air dòigh air bhith eile, mharbh iad mult dubh air an robh earball geal agus ròist iad earrann den fheòil is dh'ith iad i.

Ach bha a leithid de eud ris na Griogaraich is gun deach beachdadain a chur a dh'aire nam marsantan. Chunnacas gu dè bha iad a' dèanamh agus chaidh fios a chur a dh'ionnsaigh Shir Umfra. Agus seal ro latha thàinig buidheann, agus chuir iad na marsantan an làimh agus chuir iad anns a' phrìosan iad.

Chan eil fios cia cho fada agus a bha na marsantan ann am prìosan mun deach an toirt gu mòd; nas mò a bheil fios co-dhiù a bha siorram ann an Dùn Breatann aig an àm, no 'm b' e Sior Umfra fhèin a shuidh anns a' chathair a thoirt breithe air an dithis Ghriogarach. B' ann aig Ros Dubh a shuidh am mòd, chaidh fianaisean a cheasnachadh agus a' chùis a dhearbhadh an aghaidh nan Griogarach. Chaidh breith a thoirt gu robh iad gu bhith air an crochadh agus chaidh an latha àraid a shuidheachadh.

Sgaoil an sgeul feadh na dùthcha. Chuala Griogaraich Chreig Throstain an sgeul agus ghrad chuir iad fios gu MacGriogair Ghlinn Goill. Air an latha air an robh an crochadh gu bhith ann, thàinig e aig ceann feachd. Bha e aig Tom na Croiche seal mun deach na prìosanaich a thoirt air an adhart.

Tràth thàinig Sior Umfra agus na prìosanaich, bha àireamh mhòr sluaigh aige barrachd air fir Luis. Tha an tom air an deach an crochadh a dhèanamh astar beag do Allt Fhionnghlais. Anns na tiomana sin, b' e an lagh nan rachadh nì air bhith air aimhreith mun chroich, no air gad na croiche, an dèidh don chiontach a bhith air a chur suas, gum feumta a thoirt a-nuas a-rithist mun robh e marbh agus gun coilionadh sin an lagh.

Chaidh an dithis chiontach a thoirt a dh'ionnsaigh Tom na Croiche agus an crochadh ri craoibh ghiuthais a bha an sin. Chaidh nì-eigin air aimhreith air gaid na croiche agus thuit an dithis Ghriogarach gu làr.

Dh'èigh MacGriogair Ghlinn Goill na prìosanaich a leigeil às - gun do choilion iad an lagh - agus thug e oidhirp gu dol gus an toirt leis.

Ach bha neart làidir sluaigh aig Sior Umfra. Rinn e tàir air MacGriogair Ghlinn Goill agus air na Griogaraich a bha còmhla ris. Thug e air a dhaoine seasamh eadar MacGriogair is teachd-chòbhair nam prìosanach. Chaidh na gaid a chur an òrdugh às ùr agus chaidh an dithis Ghriogarach a chur suas ris a' chraoibh a-rithist agus an

wether-sheep which had a white tail and they roasted a piece of its flesh and they ate it.

But because they were so resentful of the MacGregors, people went out to keep a watch on the merchants. Their actions were seen and word was sent to Sir Humphrey. Shortly before the break of day a group of men came and captured the merchants and put them in the prison.

It is not known how long they were in the prison before they were brought to trial; neither is it known whether or not there was a sheriff in Dumbarton at the time, or if it was Sir Humphrey himself who presided over the trial of the two MacGregors. The trial was held at Rossdhu, witnesses were questioned and the case was decided against the MacGregors. They were sentenced to be hanged and the day it was to be done was settled.

The news spread throughout the country. The MacGregors of Creag Throstain heard the story and they quickly sent word to MacGregor of Glengyle. On the day that the hanging was to happen, he came at the head of a band of fighting men. He was at Tom na Croiche ('Gallows Hill') before the prisoners were brought forward.

When Sir Humphrey and the prisoners came, he had a great number of men besides the men of Luss. The knoll on which the hanging occured is a short distance from Allt Fhionnghlais. In those times, the law stated that if anything went wrong with the gallows, or with the noose of the gallows, after the criminal had been put up, he had to be brought back down before he was dead and that that would satisfy the law.

The two criminals were brought to Tom na Croiche and were hanged from a pine tree that was there. Something went wrong with the nooses and the two MacGregors fell to the ground.

MacGregor of Glengyle shouted that the prisoners should be let go, that they had satisfied the law, and he made an attempt to go to take them with him.

But Sir Humphrey had a lot of men. He showed contempt for MacGregor of Glengyle and for the MacGregors who were with him. He made his own men stand between MacGregor and the dry-stone prison. The nooses were set in order again and the two MacGregors

crochadh gus an robh iad marbh.

Chaidh an sin dà stob fhaotainn agus stob a chur suas air gach taobh de gheataibh Rois Duibh. Chaidh an dithis bhalachan a thoirt a-nuas bhon chroich, chaidh na cinn a thoirt dhiubh agus chaidh ceann an dàrna fir a chur air barr stuib air dàrna taobh a' gheata agus ceann an fhir eile a chur air barr stuib air an taobh eile, agus chaidh tàmailt a thoirt do na Griogaraich a bha an làthair agus tàir a dhèanamh orra.

Ghabh MacGriogair Ghlinn Goill tàmailt mhòr. Chaidh e fhèin is na Griogaraich dhachaigh agus chuir e teachdaire do gach uile àite far an robh fearann aig na Griogaraich a dh'fheuchainn an robhdar a' cur ionndrain air dithis den òigridh. Ràinig na teachdairean Gleann Sratha agus dh'innis iad an sgeul.

Bha a' bhantrach aig Tulaich a' cur ionndrain air a dithis mhac fhèin. Ghabh i eagal gum b' iad a bha air an crochadh aig Ros Dubh. Cha b' fhada gus an do ràinig i Lus. Chaidh i gu geataibh Rois Duibh. Sheall i air na cinn agus chunnaic i gum b' iad cinn a dithis mhac fhèin a bha ann. Thug i a-nuas bhàrr nan stob iad. Chuir i ann an dà bhrèid iad agus dh'fhalbh i dhachaigh a' giùlan ceann mic anns gach làimh agus i a' caoidh gu geur.

Ràinig i Gleann Sratha. Chaidh i do thaigh MhicGriogair. Leig i sìos cinn a mic aig a chasaibh, ghuil i gu brònach agus dh'innis i do MhacGriogair mar a fhuair i na cinn. Bha Alasdair Dubh mion-eòlach air an dithis bhalachan agus bha meas aige orra, agus air dha cinn nam balachan fhaicinn air an làr agus a' bhantrach a' caoidh call a dithis mhac, chaidh e ann am feirg anabharra an aghaidh Shir Umfra agus chuir e roimhe gun rachadh e a thoirt còmhdhail dà.

Chaidh Alasdair Dubh agus fhuair e comhairle aig Mac Cailein Mòr, agus is e a' chomhairle a thug e air latha a shuidheachadh gu coinneachadh ri Sior Umfra agus a thoirt air Sior Umfra a' chùis a rèiteach, ach gun bhlàr a chur mur b' èiginn dà.

Tràth bha gach nì deis chuir Alasdair Dubh teachdaire a dh'ionnsaigh Shir Umfra Luis, ag ràdh ris coinnich ri MacGriogair Ghlinn Sratha air latha àraid aig ceann Ghlinn Freòin gus an tugadh e mion-chunntas air an adhbhar gun deach dithis bhalachan cho òg is a bha iad a chasgairt, agus an ceann a chur dhiubh, agus an cur air barr stuib; gun tugadh MacGriogair ceud fear leis, agus Sior Umfra ceud fear

were put up on the tree again and hanged until they were dead.

Two stakes were then found and a stake was put up on each side of the gates of Rossdhu. The two boys were taken down from the gallows, their heads were cut off them and the head of one boy was placed on the stake on one side of the gate, while the head of the other was placed on the stake on the other side, and the MacGregors that were there were insulted and scorned.

MacGregor of Glengyle took great offence at this. He and the MacGregors went home and he sent a messenger to all of the lands on which MacGregors lived to find out if anyone was missing two youths. The messengers reached Glenstrae and they told the tale.

The widow at Tulach had been missing her own two sons. She became frightened that they were the ones who were hanged at Rossdhu. It was not long before she reached Luss. She went to the gates of Rossdhu. She looked at the heads and she saw that they were the heads of her own two sons. She took them down from the stakes. She put them in two cloths and she went home carrying the head of a son in each hand as she wept bitterly.

She reached Glenstrae. She went to the house of MacGregor. She put the heads down at his feet, she cried inconsolably and she told MacGregor how she found the heads. Alasdair Dubh knew the two lads very well and was very fond of them, and after he saw their heads on the ground and the widow lamenting the loss of her two sons, he became extremely angry with Sir Humphrey and he made up his mind that he would go and confront him.

Alasdair Dubh went and received the counsel of Campbell of Argyll, and the advice which he was given was to arrange a day to meet with Sir Humphrey and to pressure Sir Humphrey into making amends, but to avoid battle if it all possible.

When everything was ready, Alasdair Dubh sent a messenger to Sir Humphrey of Luss, telling him to meet with MacGregor of Glenstrae on a particular day at the head of Glen Fruin so that he could give a detailed account of the reason why two lads, as young as they were, were slaughtered and decapitated, and their heads put on the tips of stakes; that MacGregor would bring a hundred men with him, and for Sir Humphrey to bring a hundred with him likewise; and that they

a thoirt leis mar an ceudna; agus gum bruidhinneadh iad mun chùis agus gum feuchadh iad ri rèite a dhèanamh. Gheall Sior Umfra gun coinnicheadh e ri MacGriogair agus ceud fear aige aig ceann Ghlinn Freòin air Disathairne àraid.

Thagh Alasdair Dubh dà cheud Griogarach. Chuir e Iain Dubh a bhràthair na cheannard air ceud dhiubh agus chaidh e fhèin na cheannard air ceud eile. Thog na Griogaraich suas air fiaradh a' mhonaidh aig an Imire Fhrangach. Chaidh iad seachad Bràigh Sròn a' Mhaolanaich, agus thàinig iad a dh'ionnsaigh Rathad Mòr nan Gàidheal aig an àite ris an abairear Ath Leathann Bràigh Sròn a' Mhaolanaich. Chaidh na Griogaraich air an adhart gu bràigh Baile Mhic an Tuairneir an Tom Buidhe gus an do ràinig iad allt ris an abairear Allt a' Chlèith.

B' e Allt a' Chlèith allt a' chrìch a bha eadar fearainn dà thighearna. Tha e na eas iar slocach domhainn agus chan eil ach dà àth air fad an easa far an urrainn sprèidh dol thairis air. Tha an dà àth sin mar astar beag do chèile far a bheil Rathad Mòr nan Gàidheal a' crosgadh an uillt.

Tha lùb air eas Allt a' Chlèith air chumadh corrain-bhuana agus tha creag dhubh ri taobh an àtha air taobh Fhionnaird den àth agus cnocan bràigh na creige. Tha Eas an Uillt na lùb mun cuairt air a chùl agus dh'fhaodadh dà cheud fear a bhith aig cùl a' chnocain gun neach dhiubh a bhith air am faicinn bho Rathad Mòr nan Gàidheal. Chaidh Alasdair Dubh agus ceud fear còmhla ris gu ceann Ghlinn Freòin agus dh'fhan Iain Dubh agus càch am foill-fhalach an sin air eagal is gun rachadh ruaig a chur air feachd Alasdair.

Bha a' choinneamh ro iomraiteach anns an dùthaich agus thionail mòran sluaigh bho iomadh àite a dh'fhaicinn na còmhdhail. Bha iomradh gun robh na Griogaraich nan sluagh borb agus bha fiughair gum biodh latha blàir eadar iad fhèin agus Clann a' Chombaich.

Bha oilthigh am baile Dhùn Breatann aig an àm sin agus chaidh foghlamadair an oilthigh agus na foghlamaichean òga gu lèir a dh'ionnsaigh ceann Ghlinn Freòin. Mar an ceudna chaidh bùirdeasaich Dhùn Breatann agus tuaiream ceud fear de Chloinn GhillFhionntaig còmhla riutha agus àireamh sluaigh de Chloinn a' Chananaich.

Bha còrr is ceithir cheud fear-feachd aig Sior Umfra. Chuir e roimhe, mur biodh aig MacGriogair ach ceud fear na chuideachd, gun

would discuss the matter so that they could try to settle the affair. Sir Humphrey promised to meet with MacGregor, with a hundred men, at the head of Glen Fruin on a particular Saturday.

Alasdair Dubh chose two hundred MacGregors. He assigned his brother Iain Dubh to be the leader of one hundred of them, and he himself was the leader of the other hundred. The MacGregors started winding up the side of the moor at Imire Fhrangach. They went past Bràigh Sròn Mallanach, and they came to the Great Highland Road, at the place which is called Ath Leathann Bràigh Sròn a' Mhallanaich. The MacGregors advanced to the brae of Baile Mhic an Tuairneir ('Turner's Town') at Tom Buidhe until they reached a stream called Allt a' Chlèith.

Allt a' Chlèith was the boundary between the lands of two lords. It is a deep, dark, steeply declining river full of holes and there are only two fords along the length of the river where cattle can cross. Those two fords are a short distance from the place where the Great Highland Road crosses the river.

There is a loop in Allt a' Chlèith in the shape of a sickle and there is a black craig at the side of the ford on the Finnart side and a hillock just above the craig. The stream Eas an Uillt loops around the back of it and two hundred men could be hidden behind the hillock without anyone seeing them from the Great Highland Road. Alasdair Dubh and a hundred men went to the head of Glen Fruin and Iain Dubh and the rest stayed in hiding there for fear that Alasdair's troop might be pursued.

Everyone in the district had heard about the meeting and a large crowd gathered from many places to see the encounter. It was said that the MacGregors were a barbarous people and so it was expected that there would be a battle between them and the Colquhouns.

There was a university in Dumbarton at that time and the headmaster of the university and all of the young students went to the head of Glen Fruin. The freemen of Dumbarton went as well, and about a hundred men of the MacLintocks and a number of Buchanans went along with them.

Sir Humphrey had more than four hundred fighting men. He decided that, if MacGregor had only a hundred men in his company,

cuireadh iad an sàs e. Chuir iad trì cheud fear ann am foill-fhalach aig cùl cnuic aig àite ris an abairear na Badan Beithe.

Ghlèidh Sior Umfra còrr beag is ceud fear maille ris fhèin. Thàinig Alasdair Dubh air adhart agus ceud fear còmhla ris. Chuir e fhèin agus Sior Umfra am feachdan fo chomhair a chèile agus astar beag eatarra. Chaidh Alasdair Dubh agus Sior Umfra anns a' mheadhan eadar na daoine, agus thòisich iad ri cainnt ri chèile. Chan eil fios gu dè na briathran a bha eatarra, no gu dè an còrdadh a rinn iad, ach an dèidh dhaibh bhith rè tiom fada a' cainnt ri chèile, thionndaidh Alasdair Dubh bho Shir Umfra.

Dh'iarr e air a dhaoine falbh còmhla ris agus thuirt e riutha, 'Cha bhi falachd ann air an tràth seo.' Dh'fhalbh Alasdair Dubh is fheachd gu dol dhachaigh ach an àite dol tro Rathad Mòr nan Gàidheal chaidh iad ath-ghiorra tro mhòintich bha an sin agus sheun iad an luchd foill-fhalaich. Lean an ceud fear a bha maille ri Sior Umfra na Griogaraich, agus thug Sior Umfra caismeachd le gàir-chatha do luchd foill-fhalaich a bha cùl a' chnuic. Ghrad dh'èirich an luchd foill-fhalaich agus ruag iad na Griogaraich.

Thuig na Griogaraich gu robh Sior Umfra ann am brath-foille dhaibh agus theich iad. Ruith Alasdair Dubh agus na Griogaraich le uimhir cabhaig is a b' urrainn daibh fad trì mìle gu leth gus an do ràinig iad Allt a' Chlèith.

Tràth ràinig fir Shir Umfra Allt a' Chlèith, bha na Griogaraich ann an òrdugh catha air taobh thall an uillt agus an dà àth air an dìonadh. Bha bruthach beag air an taobh den allt air an robh na Griogaraich agus air an adhbhar sin bha an cothrom aig na Griogaraich. Dh'fheuch Clann a' Chombaich ris na Griogaraich a sparradh a dh'aindeoin air an ais bho na h-àthaibh, ach bha na Griogaraich na bu teòma air iomairt nan arm na bha fir Luis agus cha b' fhada gus an do thuit àireamh de fhir Luis.

Bha seachdnar mhac do Thighearna Chamas an t-Srathain a bha anabharra foghainteach ann air taobh Chloinn a' Chombaich. Chaidh iadsan do aon de na h-àthaibh a dh'fheuch an dèanadh iad bealach tro na Griogaraich, ach chaidh an seachdnar bhràithrean sin a mharbhadh taobh ri taobh anns an àth aig tùs a' chatha, agus is e Ath nam Bràithrean a theirte ris an àth sin riamh tuilleadh an dèidh sin.

Laigh Iain Dubh agus an ceud fear-feachd a bha am foill-fhalaich

he would engage him in battle. They put three hundred men in hiding at the back of a hillock which is called Badan Beithe.

Sir Humphrey kept just over a hundred men with him. Alasdair Dubh came forward with a hundred men. He and Sir Humphrey set their troops facing each other, with a short distance between them. Alasdair Dubh and Sir Humphrey went in the middle between the men, and they began to converse with each other. The words that were spoken between them are not known, nor is the arrangement that they agreed upon, but after they had been conversing for a long time, Alasdair Dubh turned away from Sir Humphrey.

He asked his people to depart with him, and he said to them, 'There will not be any bloodshed this time.' Alasdair Dubh and his troop moved on to go homewards, but rather than taking the Great Highland Road, they took a short-cut through the moorland and they avoided the ambush. The hundred men that were with Sir Humphrey followed the MacGregors, and Sir Humphrey signalled to the ambush party that was behind the hill with a war-cry. They arose suddenly and gave the MacGregors chase.

The MacGregors realised that Sir Humphrey had been treacherous to them and they fled. Alasdair Dubh and the MacGregors ran with as much speed as they could muster for a distance of three and a half miles until they reached Allt a' Chlèith.

When Sir Humphrey's men reached Allt a' Chlèith, the MacGregors were in battle formation on the far side of the river and had secured the two fords. There was a small embankment on the side of the river that the MacGregors held, and for that reason they had the advantage. The Colquhouns tried to force the MacGregors back from the fords regardless, but the MacGregors were more skilled at warfare than the men of Luss and before long a number of the men of Luss had fallen.

The Lord of Camstradden had seven sons who were extremely valorous on the side of the Colquhouns. They went to one of the fords to see if they could create a path through the MacGregors but those seven brothers were killed side by side in the ford at the beginning of the combat, and that ford was called Ath nam Bràithrean ('The Ford of the Brothers') ever after that.

Iain Dubh and the hundred fighting men who were left in ambush

maille ris far an robh iad aig cùl a' chnocain gus an do thòisich an catha dian agus mòran de mhuinntir Luis ann an grunnd an easa. Thug Alasdair Dubh sanas do bhràthair. Ghrad dh'èirich feachd Iain Duibh. Cha b' èiginn daibh ach beagan cheumana a dhèanamh gus an robh iad aig mullach na creige a bha làmh ris an àth. Bha boghachan agus saighdean aig mòran agus leig iad na saighdean gu dlùth air Cloinn a' Chombaich a bha an grunnd an easa agus aig ìochdar na creige, agus mharbh iad àireamh mhòr de Chloinn a' Chombaich mun tug iad an aire dhaibh.

Cha robh dòigh aig Cloinn a' Chombaich air beud sam bith a dhèanamh air na Griogaraich. Cha robh fiughair air bhith aig Cloinn a' Chombaich air buidhinn de na Griogaraich a bhith ann am foill-fhalach agus air an adhbhar sin bha iad bhàrr an earalais agus bu ghann gu robh na Griogaraich a' leigeadh saighead orra nach robh a' lcagadh aon-eigin. Nuair a thuit Tighearna Lindsay, ghabh bàrd MhicGriogair an rann seo:

Tighearna Bhun Olla
'S crios olla mu chlaidh' -
Bu chiar donn toll a thòna
Am pholl mòna na laigh'.

Chunnaic Clann a' Chombaich gu robh a' chuid a bu mhiosa den iomairt aca agus theich iad. Chùm Iain Dubh fheachd air taobh a' mhonaidh de Chloinn a' Chombaich, agus bha iad a' dèanamh milleadh orra. Thug Clann a' Chombaich ionnsaigh orra, an dùil gum milleadh iad iad bho nach robh eas no nì air bhith eatarra a dhèanamh dìona.

Chaidh iad le fiaradh ris a' mhonadh agus na Griogaraich a' gleidheadh an taoibh gu h-àird gus an do ràinig iad còmhnard beag ris an abairear Toman an Fhòlaich. Rinn feachd Iain Duibh teicheadh beag. Bha dà chreig astar beag an-àird anns a' mhonadh dlùth do chèile agus bealach eatarra. Threòraich Iain Dubh fheachd a dh'ionnsaigh a' bhealaich agus sheas iad anns a' bhealach a thoirt catha do Chloinn a' Chombaich.

Chaidh Clann a' Chombaich air an adhart gus an robh iad fhèin agus na Griogaraich lann ri loinn. Ghrad chaidh na fir-bhogha Ghriogarach agus sheas iad air mullach na creige a bha air làimh chlì de na Griogaraich eile a bha anns a' bhealach agus leig iad saighdean air Cloinn

still lay at the back of the hillock until the fighting became fierce and many of the Luss folk were in the depths of the river. Alasdair Dubh gave his brother a sign. Iain Dubh's troop arose suddenly. They only needed to take a few steps before they were at the top of the craig that was next to the ford. Many of them had bows and arrows and they fired the arrows thickly at the Colquhouns who were in the depths of the river and at the base of the craig and they killed a large number of the Colquhouns before they were even noticed.

The Colquhouns had no way of inflicting injury on the MacGregors. The Colquhouns had never expected that a party of the MacGregors would be hiding in ambush and for that reason they were taken off guard and the MacGregors fired hardly an arrow that did not fell someone. When Lord Lindsay fell, Mac Gregor's poet made this quatrain:

The Lord of Bonhill
With a woollen belt around his sword -
His arse was the colour of dried blood
Lying around a peaty mud-hole.

The Colquhouns realised that they were taking heavy losses, and they fled. Iain Dubh kept his troop on the moor-side of the Colquhouns, and they were dealing death to them. The Colquhouns made a try at them, expecting to harm them because there was no river or anything else that would give them shelter.

They went winding up the moor as the MacGregors kept the high ground until they reached a level place which is called Toman an Fhòlaich. Iain Dubh's troops made a short retreat. There were two craigs close to each other with a tight pass between them a little further up on the moor. Iain Dubh led his people towards the pass and they stood in the pass to make battle with the Colquhouns.

The Colquhouns advanced until the MacGregors and themselves were blade to blade. The MacGregor bowmen went quickly and stood on the top of the craig that was on the left side of the other MacGregors who were in the pass and they fired their arrows on

a' Chombaich cho dlùth is gun do mharbh iad àireamh mhòr dhiubh rè ùine anabharra goirid. Agus cha robh dòigh aig Cloinn a' Chombaich air beud air bhith a dhèanamh air na fir-bhogha. 'S e Bealach na Dunach a theirtear ris a' bhealach sin agus is e Creag a' Bhogha a theirtear ris a' chreig air an do sheas na fir-bhogha Ghriogarach.

Tràth chunnaic Clann a' Chombaich an sgrios anabharra a bha a' teachd orra, gun challdach idir teachd air na Griogaraich, lagaich am misnich agus theich iad. Ruag na Griogaraich iad. Chaidh Clann a' Chombaich tro Rathad Mòr nan Gàidheal, thar an Uillt Mhòir aig Ath na Ceàrdaich, agus dhìrich iad am monadh. B' èiginn don fheadhainn a bha a' cathachadh ri Iain Dubh teicheadh, sgaoileadh às a chèile, agus teicheadh nan sìor-ruith a dhèanamh.

Ruag na Griogaraich feachd Shir Umfra. Thachair iad ri ministear a bhuineadh do Fhoghlamaid Dhùn Breatann. Mharbh iad e agus b' e Leac a' Mhinisteir a theirte ris an àite anns an do thuit e.

Tràth bha iad a' teachd am fagas do cheann Ghlinn Freòin, tharraing Iain Dubh agus gille òg de Chloinn GhillFhionntaig ri chèile, agus b' e Iain Dubh a thuit anns an t-srì. Ghabh Bàrd Mhic a' Chombaich an rann seo:

'S tapaidh a thug thu 'n tionndadh ort,
A MhicGillFhionntaig òig:
Thuit Iain Dubh nan lùireach leat,
Mac ùr MhicGriogair mhòir.

Bha clach am fagas don àite anns an do thuit Iain Dubh agus is e Clach Ghlas MhicGriogair a theirtear rithe.

Bha tuilleadh sluaigh fhathast aig Sior Umfra na bha ann de na Griogaraich. Dh'fheuch Sior Umfra ri fheachd a chur ann an òrdugh catha a-rithist, ach ràinig iad dail mhòr chòmhnard ris an abairear Ach na Gaoith mun gabhadh iad cur an òrdugh. Thug feachd Shir Umfra aghaidh eile air na Griogaraich aig Ach na Gaoith ach cha robh ann ach seasamh ro ghoirid.

Thàinig na Griogaraich air an adhart an òrdugh blàir agus cha do sheas feachd Shir Umfra trì mionaidean gus an do theich iad. B' e a bha ann an sin ruaig na sìor-ruith sìos dà thaobh Ghlinn Freòin. Tràth lean

the Colquhouns so densely that they killed a great number of them in a short space of time. But the Colquhouns were unable to inflict any harm on the bowmen. The pass is called Bealach na Dunach ('The Pass of Disaster') and the craig upon which the MacGregor bowmen stood is called Creag a' Bhogha ('The Craig of the Bow').

When the Colquhouns saw the great damage that was coming on them, without their doing any harm to the MacGregors, their spirits sunk and they fled. The MacGregors ran after them. The Colquhouns went through the Great Highland Road, over Allt Mòr at Ath na Ceàrdaich and they climbed the moor. The troop that was fighting against Iain Dubh had to run away, scatter from each other, and bolt off in a non-stop panic.

The MacGregors pursued Sir Humphrey's troop. They came upon a minister who belonged to the university of Dumbarton. They killed him, and the place where he fell is called Leac a' Mhinisteir ('The Minister's Graveslab').

As they were coming close to the head of Glen Fruin, Iain Dubh and a young man of the MacLintocks engaged each other in combat, and it was Iain Dubh who fell in the fight. Colquhoun's poet made this quatrain:

> Nimbly did you take to the counter-attack,
> O young MacLintock:
> You felled Iain Dubh of the armour,
> The young son of great MacGregor.

There was a stone close to the place where Iain Dubh fell and it is called Clach Ghlas MhicGriogair ('MacGregor's Grey Stone').

There were still more of Sir Humphrey's men than there were of the MacGregors. Sir Humphrey tried to set his troops into battle formation again, but they reached a huge, level field called Auchengaich before they could be set into formation. Sir Humphrey's men made another attempt against the MacGregors, but they did not withstand it for very long.

The MacGregors advanced in battle formation, and Sir Humphrey's troops did not last three minutes before they fled. At that point, they burst into a panicked flight on both sides of Glen Fruin. When the na Griogaraich an ruaig gus an robh iad tuaiream dàrna leth a' ghlinn, am fagas do àite ris an abairear an Caibeal, thachair iad ri Foghlamadair Oilthigh Dhùn Breatann agus na foghlamaichean còmhla ris.

Thathar ag ràdh gu robh àireamh seachd deug air fhichead ann dhiubh. Cha robh armachd aca agus cha d' iarr na Griogaraich buntainn riutha. Chaidh an t-àrd-fhoghlamadair far an robh Alasdair Dubh agus thuirt e ris, 'Bhon as ann leatsa a tha buaidh an latha, tha mi a' cur na cloinne seo air do chùram.' Bha sabhal am fagas don àite anns an robh iad. Dh'òrdaich Alasdair Dubh a' chlann a chur a-steach don t-sabhal. Bha aig an àm fear làmh ri Alasdair Dubh ris an abairte Eòghann Dubh na Dubh-leitir.

Thuirt Alasdair Dubh ri Eòghann Dubh na Dubh-leitir, 'Tha mi gad fhàgail-sa ann an seo, Eòghainn, a ghabhail cùraim den chloinn sin, agus feuch gun toir thu aire mhath orra.' Cha d' fheith Alasdair Dubh ri tuilleadh a ràdh ach lean e an ruaig. Sheas Eoghann Dubh aig taobh a-muigh doras an t-sabhail agus claidheamh na dhòrn, agus dùil aige gum bu phrìosanaich a' chlann a chaidh earbsa ris agus gu robh òrdugh teann aigesan gun an leigeadh às.

Tràth bha na Griogaraich a' leanachd na ruaig, thachair iad ri bùirdeasaich Dhùn Breatann agus bha armachd aig na bùirdeasaich. Cha d' aithnich na Griogaraich iad seach nàimhdean eile agus mharbh na Griogaraich iad.

Bha Griogarach ann a ghabh geur-bheachd air duine-uasal de Chloinn a' Chombaich agus thug e ionnsaigh air aig àite a tha ann an Gleann Freòin ris an abairear Tom na Gaoith. Chuir an t-uaisle an t-each gu a dhùbhlan ach chùm an Griogarach co-ruith ris. Air dhaibh an ruaig a ruith gus an do ràinig iad Eas Fhionnghlais, chaidh iad gu àite den eas don ainm A' Chuinneag.

Bha de chuthach air an each is gun do leum e thar na Cuinneig, ged a tha an t-àite tuaiream air deich troighean air leud, fichead troigh air doimhnead agus linne dhomhain uisge na ghrunnd. 'S e Leum na Cuinneig a theirte ris an àite sin.

Tràth ràinig an Griogarach taobh an eas cha b' urrainn da leum thar na Cuinneig, ach chuir e saighead anns a' bhogha aige agus leig e air an fhear eile i, ach mhearachdaich e a bhualadh. Bha bogha aig an duine-uasal fhèin. Thog e an t-saighead a leig an Griogarach agus chuir

MacGregors pursued them until they were half way down the glen, close to a place called Caibeal, they happened upon the headmaster of Dumbarton university and his students.

It is said that there were thirty-seven of them. They were unarmed and the MacGregors did not want to have anything to do with them. The headmaster went to Alasdair Dubh and he said to him, 'Since you have the victory of the battle, I am putting these youths in your care.' There was a barn close to the place where they were. Alasdair Dubh ordered that the youths be put inside the barn. There was at that time a man in the company of Alasdair Dubh who was called Eoghann Dubh na Duibh-leitir.

Alasdair Dubh said to Eoghann Dubh na Duibh-leitir, 'I am leaving you here, Eoghann, to take care of these youths, and see that you keep a close eye on them.' Alasdair Dubh did not wait to say anything further, but continued the chase. Eoghann Dubh stood just outside the barn door with a sword in his fist, and he thought that the youths were prisoners who were entrusted to him and that he had strict orders not to let them out.

As the MacGregors were following in pursuit, they came upon the freemen of Dumbarton and the freemen were armed. The MacGregors could not see that they were anything other than enemies, and killed them.

There was a MacGregor who took an instant dislike to a nobleman of the Colquhouns and made a rush on him at a place in Glen Fruin called Tom na Gaoith. The nobleman spurred his horse on as fast as it would go, but the MacGregor kept up with him. They had kept the pursuit up until they reached Eas Fhionnglais ('Finlas Falls'), and they came to a place called Cuinneag ('The Churn').

The horse was so enlivened that it jumped over the Cuinneag, although it is about ten feet wide and twenty feet high with a deep pool of water at its base. This place is called Leum na Cuinneig ('The Churn Leap').

When the MacGregor reached the side of the falls he could not jump over the Cuinneag, but he put an arrow into his bow and he fired it at the other man, but it failed to hit him. The nobleman himself also had a bow. He picked up the arrow that the MacGregor had fired and e anns a' bhogha aige fhèin i, leig e air a h-ais i agus mharbh e an Griogarach. Agus tha dùil gum b' e sin am marbhadh mu dheireadh a chaidh a dhèanamh latha Cath Ghlinn Freòin.

Tràth ràinig feachd Shir Umfra ìochdar Ghlinn Freòin, sgaoil iad farsainn bho chèile. Theich cuid dhiubh sìos rathad Uisge Leamhna agus theich cuid eile dhiubh suas rathad Luis. Chuir Alasdair Dubh casg air fheachd bho leanachd na ruaig na b' fhaide. Chruinnich e iad agus dh'fhalbh iad gu dol dhachaigh tro Ghleann Freòin.

Tràth bha iad a' togail suas bràigh Bhlàr a' Chèitein, chuir pìobaire Mhic Griogair suas a' phìob agus sheinn e port ùr ris an abairte an dèidh sin 'Ruaig nan Creach air Colchumhnaich'. Ach cha b' fhada an dèidh sin mun robh uimhir adhbhar bròin aig na Griogaraich agus a bha aig Cloinn a' Chombaich.

Air do na balachain-fhoghlamaich bhith rè tamaill anns an t-sabhal dh'fhàs iad buaireasach agus bha iad los dol a-mach às an t-sabhal a dh'aindeoin Eoghainn Duibh. Tha e coltach gum b' ann a bha tuilleadh is còir dhiubh còmhla anns an t-sabhal agus gun do thruaill teas an analach an t-àile a bha anns an t-sabhal gus an d' fhàs e cho teth is gun robh a' chlann fo phian. Cha tuigeadh Eòghann Dubh Beurla na cloinne agus cha tuigeadh a' chlann Gàidhlig Eòghainn.

Thug iad oidhrip air dol a-mach seachad air ge b' oil leis e. B' ionann leis a bheatha a chall agus prìosanach a leigeadh às, agus tràth thòisich an t-srì, mharbh Eòghann na h-uile h-aon dhiubh agus an sin dh'fhalbh e gu ruith na ruaig còmhla ris na Griogaraich eile.

Air do Alasdair Dubh aire a thoirt dha, thuirt e ris, 'Eòghainn, gu dè rinn thu ris na balachain a dh'earbs mi rid chùram?'

Thuirt Eòghann agus e a' tomhadh na biodaig aige ri Alasdair Dubh, 'Farraid den bhiodaig ud agus de Ghod's mercy dè thachair riutha.'

Thuirt Alasdair Dubh, 'Gun sealladh Dia oirnne, ma mharbh thu na balachain, dìolaidh sin air a shon. Cha chluinnear iomradh air mac Griogaraich gu bràth an dèidh seo.'

Chaidh iad a dh'ionnsaigh an t-sabhail far an deach na balachain fhàgail fo chùram Eòghainn. Tràth ràinig iad an sabhal, fhuair iad an sin a' chlann is iad marbh nan laigh nam fuil.

Thuirt Alasdair Dubh, 'Cha b' ann idir gus an cumail nam prìosanaich a dh'earbsa mise na balachain riut, ach gus an dìonadh tu bho bheud iad.'

he put it into his own bow, fired it back at him and killed the MacGregor. And it is thought that that was the last man killed the day of the Battle of Glen Fruin.

When Sir Humphrey's troop reached the bottom end of Glen Fruin, they scattered far from each other. Some of them fled down towards the Leven, and others of them fled up toward Luss. Alasdair Dubh stopped his men from pursuing them any further. He gathered them together and they left to go home through Glen Fruin.

When they were making their way up the brae of Blàr a' Chèitein, MacGregor's piper raised his pipes and played a new tune which they called after that 'The Pursuit of the Colquhouns'. But it was not long after that that the MacGregors had as much reason for sorrow as the Colquhouns themselves.

After the students had been inside the barn for a while, they became irritated and wanted to get outside the barn, despite Eoghann Dubh. It seems that there were too many of them together in the barn and that the exhalation of their breathing was ruining the air in the barn until it became so hot that the youths were in pain. Eoghann Dubh could not understand the youths' English and the youths could not understand Eoghann Dubh's Gaelic.

They made an attempt to go out past him, despite him. He thought that letting the prisoners loose was tantamount to losing his own life, and once the struggle began, Eoghann Dubh killed every one of them, and then continued on in the chase with the other MacGregors.

When Alasdair Dubh noticed him, he said to him, 'Eoghann, what did you do with the lads that I entrusted in your care?'

Eoghann said, as he held out his dagger to Alasdair Dubh, 'Inquire of that dagger, and of God's mercy, what happened to them.'

Alasdair Dubh said, 'God save us, if you killed those lads, that will pay for itself. No MacGregor will ever be heard of again after this.'

They went over to where the barn was where the lads were left in the care of Eoghann. When they reached the barn, they found the youths, dead, lying in their own blood.

Alasdair Dubh said, 'I did not put them in your care in order to keep them prisoner, but to safeguard them from harm.' Eoghann Dubh na Duibh-leitir did not understand that he had done anything wrong. The

Cha do thuig Eòghann Dubh na Dubh-leitir gun do rinn e mearachd. 'S e Tom an t-Sabhail a theirear ris an àite anns an robh an sabhal sin.

Dh'fhalbh na Griogaraich don dachaighean fhèin. Bha iad ro bhrònach agus bha iad fo eagal mòr gun rachadh cruaidh-thòir.

An dèidh Cath Ghlinn Freòin, thionail càirdean na feadhna a chaidh a mharbhadh anns a' bhlàr gus an tiodhlacadh. Tràth bha sin seachad, chaidh mòran mhnathan a' marcachd air muin eich agus bha aig gach tè dhiubh lèine fhuileach air bàrr sleigh gus an leigeadh fhaicinn don Rìgh agus gus an cuireadh iad casaid air na Griogaraich.

Thugadh air na Griogaraich gu lèir dìoladh airson mearachd Eòghainn Duibh agus bha e mar ghnàth-fhacal aca, 'B' fhearr nach do rugadh a-riamh mult dubh an earbaill ghil.'

'Tom na Croiche'. (3.9)

© Michael Newton.

place where the barn was is called Tom an t-Sabhail ('The Hill of the Barn').

The MacGregors went to their homes. They were very sad and in great fear that vengance would come upon them.

After the Battle of Glen Fruin, the relations of those who were killed in the battle gathered to bury them. When that was over, many of the women went on horseback and each one of them carried a bloody shirt on the tip of a spear so that the King could see them, and so that they could lay accusations on the MacGregors.

The MacGregors as a whole were made to pay for Eoghann Dubh's misdeed, and they had a proverb amongst themselves: 'It would have been better if the black wether with the white tail had never been born.'

## 10. Oran Cath Ghlinn Freòin

Is e seo òran a rinn cuideigin a bha anns a' bhlàr agus tha geàrr-chunntas aige de na thachair agus de na daoine a bha an sàs ann. Tha iomradh aige air giuthas, suaicheantas-cogaidh nan Griogarach ann an sreath 17, agus is coltach gum b' e 'Bad Giuthais!' iollach-cogaidh na fine.

Is e diomoladh nan Gall a tha aig a' bhàrd ann an sreathan 18 agus 21, oir dhèanadh na Gàidheil fanaid air aodach trom cearbach dubh nan Gall - chan ionann sin agus breacan aotrom siùbhlach sorcha iomadhathte nan Gàidheal.

Tha mo chiabhan air glasadh, 1
Tha mo ghruaidhean air casadh,
Tha fiabhras is airsneal gam leòn.

Mi bhith 'g iargain a' chinnidh
Gus an trialladh gach filidh 5
A rinn m' àrach 's mi 'm ghille beag òg.

Bu sibh m' airm, bu sibh m' aodach,
Is mo chuilbhearan caola,
Is mo bhoghaichean daor' air dheagh neòil.

Dheagh MhicGriogair nam bratach, 10
'G an robh gliocas is pailteas,
Tha thu 'n ciste chaoil ghlaiste fon fhòid.

B' ann ded fhasan air uairibh
Crùn datht' thoirt do Ruairidh
Agus aodach ùr uasal mar ròs. 15

Nuair a dhìrich sibh 'm bruthach
'S a ghlaodh sibh 'Bad Giuthais!',
Bha luchd nan ad dubha fo leòn.

Bha mi 'n làthair an latha
'N robh do bhràithrean is d' athair 20
Far an d' fhàg sibh nan laighe luchd-chleòc.

## 10. The Song of the Battle of Glen Fruin

This is a song that was composed by someone who was at the battle, and there is a summary of events and of the people who were involved. He mentions the Scots Pine, which is the MacGregor's clan badge, in line 17, and it seems that *Bad Giuthais*! ('Clump of Scots Pine!') was the clan's battle cry.

    The poet dispraises the Lowlanders between lines 18 and 21, in the sense that the Gaels mocked the heavy, black, clumsy clothing of the Lowlanders, which was in stark contrast to the light, bright, colourful, brisk plaid of the Gaels.

My hair has become grey,                                     1
My cheeks have sunken,
I am pained by fever and distress.

I lament the kindred
To whom all the *filidhs* sojourned                   5
Who raised me when I was a young lad.

You were my weapons, you were my clothing,
And my slender muskets,
And my lavish bows of excellent hue.

O goodly MacGregor of the banners,               10
Who had wisdom and wealth,
You are now in the narrow, locked kist in the earth.

It was your custom from time to time
To give a bright crown to Ruairi,
Along with noble, fresh, rose-like clothing.          15

When you climbed the embankment
And you cried out *Bad Giuthais!*,
The folk of black hats were dealt damage.

I was present at the battle,
At which were your father and brother,            20
Where you felled the cloaked folk.

Gu robh maoim 's bhith ga sìor-ruith
Aig mo ghaoil 's aig mo dhìslibh,
'S iad nan caol-ruith sìos dà thaobh Ghlinn Freòin.

Luchd bualadh nam buillean 25
Far am bu chruaidh air càch fuireach,
Bu leibh uachdar is urram gach gleòis.

'S e bu dual dut od sheanair
Bhith gu buadhail deas fearail -
Ann an cruadal gun leanadh sibh 'n tòir. 30

'S ann aig geataibh Rois Duibhe
Far an do sheasadh do bhuidheann,
'S iad gun eagal gun umhail gun leòn.

'Gleann Freòin'. (3.10)  © Michael Newton.

There was panic and a total rout
At the hands of my beloved and loyal ones
As they fled down both sides of Glen Fruin.

Folk who would deal out the blows 25
Where others would scarcely stand,
Yours was the honour and victory of every action.

You inherited it from your grandfather,
To be triumphant, manly, and skilled;
You would follow the pursuit in hardship. 30

At the gates of Rossdhu
Did your troop take their stand,
Fearlessly, proudly, undamaged.

## 11. Marbhadh Mhic a' Chombaich

Ri linn nan Rìghrean Stiùbhartach bha mòran de na fineachan Gàidhealach aig an robh caisteal airson dìon agus taigh-còmhnaidh airson goireas. Ri linn Rìgh Seumas a Sè, bha aig MacPhàrlain an Arair caisteal an eilean Inbhir Dhubhghlais shuas, agus caisteal eile an Eilean a' Bhùtha, agus bha taigh-còmhnaidh aige aig an Tairbeirt Laomainnich aig àite ris an abairte anns an àm sin an Cladach Mòr.

Cha robh an taigh ach mu thuaiream trì troighean deug air fhichead air fad agus trì troighean deug an leud air taobh a-staigh nam ballachan. Cha robh ach trì ionadan a-staigh: seòmar, cidsin agus seilear-bìdh. Bha an cidsin ann an dàrna ceann an taigh agus an seòmar an ceann eile, agus bha an seilear anns an teis-meadhan.

Bha gcalbhan air meadhan ùrlar a' chidsin agus toll tron tugha os a chionn. Bha gealbhan eile dlùth ris an stuadh anns an t-seòmar agus luidhear an-àird ris an stuadh a leigeadh a-mach na toit. Bha na suimearan trì troighean bho cheile, bha cabair sgoilte air an cur dlùth ri chèile air am muin, agus iad air an còmhdachadh le sgrathan, nam faradh os an cionn; agus bha raithneach na tugha air an taigh.

Anns an àm sin bhiodh na Baintighearnan a' càrdadh agus a' snìomh olla gus aodach a dhèanamh, agus b' aithne do na mnathan iad fhèin an dathadh agus an luadhadh a dhèanamh. Bhiodh Baintighearna MhicPhàrlain an Arair a' snìomh snàth, agus cha robh i ga mheas na thàir i fhèin a dhol do thaigh an fhigheadair agus an snàth aice.

Anns an àm sin, bha caisteal aig Sior Umfra Mac a' Chombaich, Tighearna Luis, aig ìochdar Ghlinn Freòin, aig àite don ainm Beannchair, agus bha taigh aige aig àite don ainm Ros Dubh. Cha robh Sior Umfra pòsta; agus bha MacPhàrlain an Arair ag eudachadh gu robh Sior Umfra tuilleadh is a' chòir mòr ris a' Bhaintighearna aigesan.

Tuaiream dà bhliadhna an dèidh do Shir Umfra Cath Ghlinn Freòin a chall, bha Baintighearna MhicPhàrlain a' dèanamh snàth agus bha i a' dol a dh'ionnsaigh taigh figheadair a bha a chòmhnaidh aig a' Bhàn-doire agus an snàth aice gu eige a dhèanamh dheth. Bu ro bhitheanta le MacPhàrlain a bha a Bhaintighearna aige dol do thaigh an fhigheadair agus bha e ag iarraidh oirre fanachd aig an taigh agus an t-searbhanta a chur ann; ach bha Baintighearna Mhic Phàrlain ro thoileil agus b' e a toil fhèin a dhèanadh i.

## 11. Colquhoun's Death

In the era of the Stewart Kings, many of the Highland Clans had a castle for their defence and a dwelling-house for their comfort. During the time of King James the Sixth, MacFarlane of Arrochar had a castle on the island of Inveruglas, another castle on Island I Vow, and a dwelling-house at Tarbert at a place called at that time Cladach Mòr ('the Big Shore').

The house on the inside was only about thirty-three feet long and thirteen feet in width. There were only three spaces inside: a room, a kitchen and a food store. The kitchen was in one end of the house, and the room in the other end, and the food store was in the middle.

There was a fire in the middle of the kitchen floor, with a hole through the thatch above it. There was another fire in the room close to the support wall, with a vent-hole above the support wall to let out the smoke. The rafters were three feet apart, there were split poles set closely together on top of them, covered with divots, making a loft overhead; and bracken was used as thatch on the house.

At that time, noble-women would card and spin wool in order to make clothing and the women knew how to do their own dyeing and fulling. MacFarlane of Arrochar's wife would make yarn, and she did not consider it an embarrassment to go to the weaver's house herself with the yarn.

Sir Humphrey Colquhoun of Luss had a castle at that time at the lower end of Glen Fruin at a place called Bannachra and he had a house called Rossdhu. Sir Humphrey had not married; and MacFarlane of Arrochar was jealous that Sir Humphrey was spending too much time with his wife.

About two years after Sir Humphrey had lost the Battle of Glen Fruin, Lady MacFarlane was making yarn and she was going to the house of the weaver who lived at Bandry with yarn in order to make a web of homespun cloth with it. MacFarlane felt that she was going to the weaver's house rather too often and he wanted her to stay at the house and to send the servant there; but Lady MacFarlane was very stubborn and she would have things her own way.

Bha aon uair agus fhuair i fios bhon fhigheadair dol far an robh e a' fighead. Tràth bha i a' dèanamh deis gu falbh, thuit litir a bha na broilleach air ùrlar an taighe gun fhios di agus thog MacPhàrlain an litir. Cha robh rathaidean mòra ann anns na tiomana sin agus b' fheudar sgioba is bàta fhaotainn di. Dh'fhalbh i anns a' bhàta agus ceithir ghillean de sgioba gu dol do thaigh an fhigheadair. An dèidh dhi falbh leugh MacPhàrlain an litir agus chunnaic e gum b' ann bho Shir Umfra a bha an litir agus gur ann a bha e ag iarraidh air a' Bhaintighearna aigesan teachd don Bhàn-doire gus a choinneachadh an sin.

Tràth leugh MacPhàrlain an litir, ghabh e fearg mhòr ri Tighearna Luis. Ghrad chaidh e agus thruis e na bha de dhaoine aige eadar am Blàr Raithneach taobh Loch Laomainn agus Taigh na Làraich taobh Loch Long. Anns an àm sin cha robh iad doirbh rin togail, cha robh ach a' bhratach a sgaoileadh agus 'Loch Slòigh' a ghairm, agus thuigeadh iad fhèin an cuid arm a ghrad-fhaotainn agus dol a dh'ionnsaigh na brataich.

Tràth fhuair MacPhàrlain na daoine ri chèile aig Taigh a' Bheachdadain, thog e fhèin agus na daoine ris a' bheinn aig Inbhir Riabhach agus chaidh iad an taobh a bha an rathad anns an àm sin eadar an t-Arar agus Lus, an-àird ri Bealach na Sreinge agus air an adhart tro Ghleann na Sreinge, theirinn iad aig Inbhir Dhraighinn, an Gleann Dùbhghlais, dhìrich iad Bràigh an Dùin, agus a-steach Gleann Molachain gu Gleann Luis. Chaidh iad thar na h-aibhne goirid bho Chùil a' Chipein agus air an adhart seach Achadh nan Gamhainn agus sìos tro choille Bràigh Allt a' Chlaidheimh. Tràth ràinig iad mullach a' Bhàn-doire, chunnaic iad Sior Umfra agus Baintighearna MhicPhàrlain taobh ri taobh, agus iad a' sràideamachd còmhla.

Tràth chunnaic iad na Pàrlanaich a' tighinn, thuig iad nach b' ann mar chàirdean a thàinig iad. Thuirt ise ri Sior Umfra, 'Teich gu luath agus ruig do chaisteal - na earbsa rid thaigh, oir ma gheibh iad thu, marbhaidh iad thu.'

Theich Sior Umfra, agus ruaig na Pàrlanaich na dhèidh. Bha Caisteal Bheannchair mu chòig mìle bhuapa, agus ged a bha cuid de na gillean a bha aig MacPhàrlain ro aotrom luath, cha do ghlac iad Sior Umfra. Fhuair e a-steach do Chaisteal Bheannchair agus chrann e na dorsan mun do ràinig na Pàrlanaich.

Cha robh fios aig na Pàrlanaich cia an t-àite den chaisteal anns an robh Sior Umfra. Bha iad rè tamaill ga shireadh ach cha b' urrainn

There was a time when she got word from the weaver to go where he was weaving. When she was making ready to depart, a letter that was in her bosom fell on the floor of the house without her noticing it, and MacFarlane picked up the letter.

There were not any roads at that time and so a boat and crew had to be found for her. She left in the boat with a four-man crew to go to the weaver's house. After she left, MacFarlane read the letter and he saw that it was from Sir Humphrey, and that he had asked his wife to come to Bandry and to meet him there.

When MacFarlane read the letter, he became very angry with the Lord of Luss. He quickly went and he collected all the men that could be found between Blàr Raithneach on Loch Lomond-side and Taigh na Làraich on Loch Long-side. In those days, such men were not hard to gather: all one had to do was to unfurl the banner and to cry out 'Loch Sloy', and they would know to get their weapons quickly and to meet at the banner.

When MacFarlane collected the people at Taigh a' Bheachdadain ('The Watchout House'), he and his men ascended the mountain at Inbhir Riabhach and they went along the road that was at that time between Arrochar and Luss, ascending Bealach na Sreinge and onward through Gleann na Sreinge, descending at Invergroin in Glen Douglas, climbing up the brae of Doune Hill, into Glen Mollochan and on to Glen Luss. They went across the river close to Collychippen and went past Auchengavin and down through the wood of the brae of Allt a' Chlaidheimh. When they reached the top of Bandry, they saw Sir Humphrey and Lady MacFarlane side by side, taking a stroll together.

When they saw the MacFarlanes coming, they realised that they did not come as friends. She said to Sir Humphrey, 'Take to your heels and get into your castle - do not put any faith in your house, for if they catch you, they will kill you.'

Sir Humphrey took flight, and the MacFarlanes gave him chase. Bannachra Castle was about five miles away from them, and although some of MacFarlane's lads were very sprightly, they could not catch Sir Humphrey. He got into Bannachra Castle and he bolted the doors before the MacFarlanes arrived.

The MacFarlanes had no idea which part of the castle Sir Humphrey was in. They searched for him for a while, but were unable to find

daibh fhaotainn. Mu dheireadh dh'amais iad air aon de ghillean Shir Umfra agus thàinig MacPhàrlain fhèin air adhart agus chuir e bàrr a chlaidheimh ri broilleach a' ghille agus thuirt e ris, 'Mur innis thu dhòmhsa an ceart uair an t-àite far a bheil Sior Umfra, cuiridh mi an claidheamh a-steach tromhad, a-steach air an dàrna taobh dhìot agus a-mach tron taobh eile dhìot.'

Ghabh an gille eagal, agus dh'innis e an t-àite den chaisteal anns an robh Sior Umfra. Cho luath is a fhuair MacPhàrlain fios, chuir e a ghillean a ghearradh na coille agus a ghiùlan nam meur a dh'ionnsaigh a' chaisteil gus an d' fhuair iad tòrlach mòr barraich a chur air taobh na gaoithe den chèarn den chaisteal anns an robh Sior Umfra am falach. Chuir iad teine ris agus thog am barrach fliuch toit mhòr. Bha a' ghaoth a' sèideadh na toit ris a' chaisteal gus an robh i a' tachdadh Shir Umfra gus am b' fheudar dha dol a dh'ionnsaigh toll uinneige a dh'fhaotainn an àile chùbhraidh.

Bha fear de Chloinn Phàrlain na sheasamh mu choinneamh an tuill agus saighead anns a' bhogha aige. Cho luath is a chunnaic e Sior Umfra, leig e an t-saighead air agus mharbh e e. Agus thuirt MacPhàrlain mur cuireadh iad a-mach Sior Umfra a dh'ionnsaigh, gun toiteadh e gu bàs na bha anns a' chaisteal.

Agus bhon a bha Sior Umfra marbh cheana, chaidh doras a' chaisteil fhosgladh, agus chaidh na Pàrlanaich a-steach agus thug iad a-mach Sior Umfra. Thug iad an ceann dheth ach cha d' fhoghain sin leò: gheàrr iad dheth a chuid dhìomhair agus thug iad leò e ann am brèid agus tràth ràinig iad taigh MhicPhàrlain, chuir iad na thug iad bho Shir Umfra ann am mias fiodha agus chuir iad air beulaibh na Bantighearna e. Agus an sin thug iad oirre falbh à fearann MhicPhàrlain.

An dèidh do Chloinn Phàrlain an ceann a thoirt bhàrr Shir Umfra, dh'fhalbh iad gu dol dhachaigh, ach tràth bha iad a' dol seachad Ros Dubh, thug iad leò geataichean iarainn Rois Duibh don Arar agus chuir iad na geataichean aig Taigh a' Bheachdadain agus bha iad an sin gus an dèidh na bliadhna ochd ceud deug mar chuimhneachan gun d' thug Pàrlanaich an Arair buaidh air muinntir Luis.

Agus tuilleadh an dèidh sin, chan abairte le muinntir Luis ris an fhear a rinn brath air Sior Umfra ach 'An Traoidhtear', agus chan abairte ri a shliochd ach 'Sliochd an Traoidhteir', agus bha iad gun mheas anns an dùthaich rè iomadh linn an dèidh sin.

him. Finally, they caught one of Sir Humphrey's servants and MacFarlane came forward and he put the tip of his sword to the chest of the servant and he said to him, 'If you do not tell me instantly exactly where Sir Humphrey is, I will stick this sword through one side of you and out of the other side of you.'

The servant become very frightened and he divulged the place in the castle where Sir Humphrey was. As soon as MacFarlane found out, he sent his servants to cut down the woods and to carry the branches to the castle until they had a huge heap of brushwood on the windward side of the corner of the castle where Sir Humphrey was hiding. They set fire to it and the wet brushwood made a great deal of smoke. The wind was blowing the smoke into the castle until it choked Sir Humphrey so much that he had to go to a window opening to get fresh air.

One of MacFarlane's men was standing across from the opening with an arrow ready in his bow. As soon as he saw Sir Humphrey, he fired the arrow at him and killed him. And MacFarlane threatened that if they did not give him Sir Humphrey, he would choke everyone in the castle with the smoke.

Since Sir Humphrey was already dead, the castle door was opened and the MacFarlanes went inside and brought out Sir Humphrey. They cut off his head, but this was not enough for them: they cut off his private part and they took it with them in a cloth and when they arrived at the MacFarlane's house, they put what they had removed from Sir Humphrey in a wooden dish and set it in front of Lady MacFarlane. And then they removed themselves from MacFarlane's land.

After the MacFarlanes had cut off Sir Humphrey's head, they made off to go home, but as they were passing Rossdhu, they took with them the iron gates of Rossdhu all the way back to Arrochar, and they set them up at Taigh a' Bheachdadain, and they were there until after the year eighteen hundred, as a reminder of the victory of the MacFarlanes of Arrochar over the people of Luss.

And ever after that, the people of Luss called the man who had betrayed Sir Humphrey 'The Traitor' and they always called his descendants 'The Descendants of the Traitor', and they had no respect in the district for many generations after that.

B' e bràthair Shir Umfra a bha na Thighearna Luis an dèidh bàs Shir Umfra. Bha gamhlas aige ri MacPhàrlain an Arair do bhrìgh na dòigh air an do mharbh e a bhràthair. Anns an àm sin cha robh ann ach dà bhliadhna an dèidh Cath Ghlinn Frèoin agus cha robh sluagh lìonmhor gu leòr ann am fearann Tighearna Luis gu cogadh ris na Pàrlanaich.

Air an adhbhar sin rinn Tighearna Luis foighidinn rè na h-uimhir de bhliadhnaichean gus an d' fhàs an òigridh nan daoine. An sin chuir e fios a dh'ionnsaigh MhicPhàrlain na geataichean iarainn a thug e bho Ros Dubh a chur air ais. Chuir MacPhàrlain fios air ais ga ionnsaigh e fhèin a theachd gan toirt leis.

Cha deach Tighearna Luis ann anns a' cheart àm sin fhèin. Dh'fhan e gus an do shaoil e nach biodh fiughair aig MacPhàrlain ri a thighinn agus thruis e feachd agus chaidh e air an ceann don Arar.

Chaidh Tighearna Luis agus a dhaoine air an adhart gus an do ràinig iad an Cladach Mòr aig an Tairbeirt far an robh taigh MhicPhàrlain. Bha MacPhàrlain a-staigh tràth thàinig iad, agus e fhèin agus MacPhàrlain Ghart Artain ag òl còmhla anns an t-seòmar, agus air dhaibh sealltainn a-mach tron uinneig chunnaic iad Clann a' Chombaich a' tighinn, agus iad astar beag don taigh.

Bha allt a' ruith seach cùl taigh MhicPhàrlain agus doire dlùth dom b' ainm am Preas Mòr air taobh eile an uillt. Theich MacPhàrlain an Arair a-mach tro uinneig chaoil a bha anns an taigh agus chaidh e a-steach don Phreas Mhòr agus chaidh an uinneag a ghrad-dhùnadh.

Thàinig Tighearna Luis agus an fheachd air an adhart agus chuartaich iad an taigh an dùil gu robh MacPhàrlain a-staigh, agus nam biodh, chan eil teagamh nach dèanadh iad air mar a rinn e fhèin air Sior Umfra.

Ach tràth bha Clann a' Chombaich a' tèarnadh le leathad bho Bhealach na Sreinge, thug beachdadan MhicPhàrlain aig Sròin na Fine an aire dhaibh agus thuig e an nì mun robh iad a' dol agus ghlaodh e 'Loch Slòigh, Loch Slòigh, Loch Slòigh' agus ghrad-chruinnich na bha de dhaoine eadar Taigh nan Clachan Glasa agus Airigh Beithich agus bha tuilleadh sluaigh ann is na shaoileadh aon air bith aig an àm seo a b' urrainn a bhith ann aig an àm sin.

Bha deich teaghlaichean fichead eadar Sròn na Fine agus Taigh na Làraich agus bha taighean lìonmhor eadar an dà Thairbeirt agus tràth nochd na bha ann de dhaoine agus de bhalaich òga, bha buidheann mhòr ann diubh agus dh'fhalbh iad gu luath a dh'ionnsaigh na Tairbeirt Laomainnich air eagal is gum biodh MacPhàrlain ann an cunnart.

Sir Humphrey's brother was the Lord of Luss after Sir Humphrey's death. He had ill-will for MacFarlane of Arrochar on account of the way that he killed his brother. Only two years had elapsed since the Battle of Glen Fruin and there were not enough people on the Lord of Luss's estate to battle with the MacFarlanes.

For that reason, the Lord of Luss was patient for a number of years until the youths grew up and became men. He then sent word to MacFarlane telling him to take the iron gates back to where they were taken from in Rossdhu. MacFarlane sent word back to him, saying that he would have to come for them himself.

The Lord of Luss did not come right away. He waited until he thought that MacFarlane would not be expecting him, and then he gathered a force of men and he led them to Arrochar.

The Lord of Luss and his men advanced until they reached Cladach Mòr at Tarbert where MacFarlane's house was. MacFarlane was inside when they came, and he and MacFarlane of Gart Artain were drinking together in the room, and when he looked out the window, they saw the Colquhouns coming, already a short distance from the house.

There was a river running behind MacFarlane's house and a thick grove of trees called the Preas Mòr on the far side of the river. MacFarlane escaped through a slender window in the house and he went into the Preas Mòr and the window was quickly shut.

The Lord of Luss and his troops advanced and they surrounded the house expecting that MacFarlane was inside, and if he had been, there is no doubt that they would have done to him as he had done to Sir Humphrey.

But when the Colquhouns had been descending the slope from Bealach na Sreinge, MacFarlane's watchman at Stronafyne had noticed them and he realised what sort of business they had in mind and he cried out 'Loch Sloy, Loch Sloy, Loch Sloy' and all of the men between Taigh nan Clachan Glasa and Airigh Beithich quickly came together and there were far more men there at that time than anyone at the present time would think possible.

There were thirty families between Stronafyne and Taigh na Làraich and there were a great many houses between the two Tarberts and when all of the men and boys appeared, there was a company of them there, and they speedily set off to Tarbert of Loch Lomond for fear that MacFarlane might be in danger.

Mun d' fhuair Clann a' Chombaich tìom gus mòran rannsachaidh a dhèanamh bha daoine MhicPhàrlain air teachd air an adhart agus bha iad na bu lìonmhoire na bha muinntir Luis.

Thàinig MacPhàrlain agus chaidh e a dh'ionnsaigh a dhaoine fhèin agus chuir e Tighearna Luis agus a dhaoine gu an dùbhlan. Sheas na Pàrlanaich air an fhearann chuidreach eadar Clann a' Chombaich agus an rathad dhachaigh, agus sheas Clann a' Chombaich air àite don ainm a' Choimhleac mun coinneimh, agus bha allt eatarra.

Choinnich an dà thighearna agus tharraing iad an claidheamhan ri chèile agus thòisich iad air cainnt gharg ri chèile, ach bha tuilleadh is tuilleadh de na Pàrlanaich a' cruinneachadh agus b' fheudar do Thighearna Luis sìth iarraidh agus gealltainn nach togadh e arm an aghaidh MhicPhàrlain an Arair tuilleadh agus cha do phill iad air an dòigh sin a-riamh tuilleadh.

MacFarlane's men arrived before the Colquhouns had the chance to search very thoroughly and there were more of them than there were of the Luss men.

MacFarlane came and went to his own men and he challenged the Lord of Luss and his men. The MacFarlanes stood on the common ground, between the Colquhouns and the road leading them home, and the Colquhouns stood facing them at a place called the Coimhleac, and there was a river between them.

The two Lords met and they drew their swords on one another and they engaged in sharp words and more and more of the MacFarlanes were gathering until the Lord of Luss was forced to seek peace and to promise that he would never again raise arms against MacFarlane of Arrochar, and he never returned again for that purpose.

'Ros Dubh'. (3.11)

'Loch Ard'. (3.12)

© Aerographica/Patricia and Angus MacDonald/
P. & A. MacDonald.

## 12. Cleasachd Rob Ruaidh aig Ceann Loch Ard

Tha Rob Ruadh am measg nan Tèadhach as ainmeile air a bheil cuimhne gus an latha an-diugh. Rugadh e an Gleann Goill anns a' bhliadhna 1671 agus b' e Dòmhnall Glas, ceann-cinnidh Griogaraich Ghlinn Goill, fine air an robh 'Clann Dùghaill Chèir', athair dha. B' e Maighread Chaimbeul, piuthar do Roibeart, còigeamh ceann-cinnidh Caimbeulaich Ghlinn Lìomhann, bu mhàthair dha. Is soilleir nach robh na Griogaraich agus na Caimbeulaich uile an rùn nam biodag do chèile.

Bu toigh leis na Gàidheil sgeulachdan gaisgeil Rob Ruaidh a chluinntinn. Sgrìobh am ministear a bha an Srath Bhlathainn aig deireadh an ochdamh ceud deug: 'Tha h-uile duine anns an roinn seo de Albainn eòlach air an ainm Rob Ruadh MacGriogair, a bha na chreachadair Gàidhealach. Tha sgeulachdan mu na creachan a rinn esan agus a shìol gan aithris gu tlachdmhor fhathast.'

Aig an àm san robh Rob Ruadh beò bha seann bhantrach bhochd a' fuireach aig Ceann Loch Ard. Ged a bha i bochd, bha i coibhneil agus fialaidh agus cha robh duine sam bith a' dol seachad air an taigh aice nach robh a' faotainn deoch de bhainne aice.

Am measg chàich is tric a fhuair Rob Ruadh deoch agus biadh aig a' mhnaoi chòir seo. Aon latha chaidh Rob don taigh aice agus chunnaic e gu robh i gu math muladach, mar gum biodh trioblaid mhòr air h-inntinn.

Thuirt e rithe, 'Gu dè tha cearr oirbh, a bhean?'

'Och', ars ise, 'bidh am maor a' tighinn an-diugh airson a' mhàil, agus is truagh ri innseadh, chan eil an t-airgead agam gus a thoirt dha.'

'An e sin uile?' thuirt Rob. 'Seo, a bhean, airgead gu leòr airson do mhàil; ach feuch gum faigh sibh bann-saorsainn aig a' mhaor nuair a phàigheas sibh an t-airgead dha'

Thug a bhean bhochd taing do Rob agus dh'fhàg e i glè aighearach.

Air an fheasgar den cheart latha sin bha am maor a' dol dhachaigh. Bha eich mhath aige agus bha e anns an dòchas gum biodh e sàbhailte aig taigh-òsta Obair Phuill mum biodh an dorchadas ann. Bha eagal air ron dorchadas: bha sporan làn aige agus chuala e tric mu dheidhinn Rob Ruaidh.

Aig àite ris an abair iad Druim Leathann, far an robh an rathad gu math aonranach, cò thachair air ach Rob fhèin. Thug Rob gach uile sgillinn a bha aig a' mhaor dheth. Mar sin fhuair Rob airgead agus tairbhe mhòr dha fhèin.

## 12. Rob Roy's Tricks at Kinlochard

Rob Roy is one of the most famous sons of Menteith, well remembered to the present day. The second element of his name, 'Roy', is from Gaelic *Ruadh*, 'red-haired'. He was born in Glengyle in the year 1671, the son of Donald Glas, the chieftain of the MacGregors of Glengyle who were called in Gaelic *Clann Dùghaill Chèir, (The children of swarthy Dugald)*. His mother was Margaret Campbell, the sister of Robert, the fifth chieftain of the Campbells of Glenlyon. Clearly, not all of the MacGregors and Campbells bore violent animosity towards one another.

The Gaels loved to hear the heroic tales of Rob Roy. The minister of Strathblane wrote at the end of the eighteenth century: 'The name of Rob Roy MacGregor, a famous Highland freebooter, is familiar to every inhabitant of this part of Scotland. The depredations which he and his descendants committed are still related with wonder.'

In the days of Rob Roy, there was an old widow living at Kinlochard. Although she was poor, she was kind and generous and nobody went past her house without getting a drink of milk from her.

Amongst everyone else, Rob Roy often had food and drink from the kind woman. Rob went to her house one day, and he could see that she was quite sad, and it seemed as though she was greatly troubled.

He said to her, 'What is bothering you, woman?'

'Och, the bailiff will be coming today for the rent,' she said, 'and though it is hard for me to say it, I do not have the money to give to him.'

'Is that all?' said Rob. 'Here is enough money for your rent; but see that you get a receipt from the bailiff when you pay him the money.'

The poor woman thanked Rob and he left her very cheery. In the early evening of the same day, the bailiff was travelling homewards. He had good horses and he was hoping that he would be safe at the Aberfoyle Inn before nightfall. He was scared of the dark: he had a sporran full of money and he had heard many times about Rob Roy.

At a place which they call Druim Leathann, where the road is quite lonely, who came upon him but Rob himself. Rob took every coin that the bailiff had. And thus did Rob get back the money and a tidy profit for himself.

## 13. Camanachd am Bràigh Lanaidh

Mar a chunnacas shuas anns an sgeulachd mu Chù Chulainn, bha na Gàidheil a' meas gum b' e camanachd lùth-chleas nan gaisgeach agus bhathar ga cluich air feadh na Gàidhealtachd. Is tric a rachadh buille nan caman na buille nan dòrn nuair a thòisicheadh aimhreit na h-iomain. Is coltach gur e lùth-chleas fìor àrsaidh a tha innte a bha bitheanta air feadh na h-Albann bho shean.

Is minig a gheibh duine frith-ainm air sgàth turais a ghabh e do dhùthaich chèin. Is coltach gun deach an duine ann an sreath 36 gu Jamaica, agus tha fhios gun deach cuid de na Pàrlanaich ann.

 Thoir mo shoraidh do Bhràigh Lanaidh    1
 Dh'ionnsaigh nan àrmann ceanalt';
 Chuala mi gu robh sibh 'n tuasaid:
 'S iad nach buannaich oirbh, air m' fhallaing.

  O Rìgh! Ochòin!    5
  Cha mhì-chion leam
  Mo rùn geal donn bhith dol tharaibh.

 Ged nach eil e buidhe dualach,
 Bha e cruadalach, ro smearail;
 Chan aithne dhomh aogas san àite    10
 Ach a bhràithrean grinne ceanalt'.

 Is duilich leam do mhuinntir chèile
 A chur èis ort os cionn drama;
 Nuair sheas Dòmhnall Gorm rid chùlaibh,
 Gur e sgiùrsadh iad le chaman.    15

 Cha robh armachd air san uair ud
 Thàin' iad air le ruathar cabhaig;
 Cha robh Cananach san àite
 Chuireadh Dòmhnall Bàn ri talamh.

## 13. Shinty in the Braes of Leny

As was already shown in the story about *Cù Chulainn* above, the Gaels considered shinty to be the sport of heroes and it was played throughout the Highlands. Conflict on the shinty field often led to more serious conflicts! This sport appears to be of great antiquity and to have been common throughout the whole of Scotland in ancient times.

It is commonly the case that someone gets a nickname because of a foreign country to which he has travelled. It seems to be the case that the man mentioned in line 36 had been to Jamaica, and it is known that some of the MacFarlanes emigrated there.

Take my greetings to Brae Leny, 1
Over to the handsome heroes;
I have heard that you are in conflict:
But, by my word, they will not overcome you.

    Lord! 5
    I'm not unhappy
    That my fair one excels you.

Although he is not blond and curly-haired,
He was hardy and spirited;
I know no-one like him in this place 10
Except his comely, winsome brothers.

I'm sorry that your spouse's family
Were annoying you over a dram;
When Donald *Gorm* stood behind you,
He would drive them off with his shinty stick. 15

He was unarmed that time
When they made a sudden rush at him;
There was not a single Buchanan in the place
Who could bring Donald *Bàn* to the ground.

Nan tigeadh Iain Breac MacDhòmhnaill 20
Anns a' chòmhraig 's gun ghean air,
Is e chromadh oirbh a dhòrnaibh,
Cha bhiodh duine beò dhibh fallain.

B' e siud an curaidh làidir treun
Bha gun bhrèine 's gun aineamh; 25
A Rìgh, gur h-iomadach bean-uasal
Bheireadh buaile dhut chrodh ballach.

Ach, a Dhòmhnaill Bhàin san Airigh -
Siud an t-àrmann suairce smearail;
Giomanach gunn' air chùl stùic thu 30
Leagadh ùdlaiche gu talamh.

'S e siud sìol nam fìor dhaoin'-uasal
Bha gun tuasaid is gun mhearachd;
Ach togt' orra àrdan Chloinn Dòmhnaill
Is bheireadh iad stròic às gach mala. 35

Sin nuair labhair Iameuca,
Duin' uasal ceutach, grinn na theangaidh:
'Mur biodh 'n drama bhith am cheann,
Cha tàinig mi san àm nur caraibh.

'Ach, Alasdair, na biodh ort mì-thlachd, 40
Ged thàinig mi fhìn an ceann do dhrama;
Ged bhiodh agaibh fion no branndaidh,
B' urra mi a dhìoladh mar ribh.

'Ach ma thèid mi màireach do Bhràigh Lanaidh
'S gheibh mi fàilt' o Shìne Chan'naich, 45
Is nì mi rèite riut, a Shandaidh,
'S air m' onair, bidh dram' sa mhalairt.'

If Iain *Breac* MacDonald came 20
In a bad mood and joined the fray,
He would set upon you with his fists
And not a living soul would be left..

He is the mighty, bold hero,
Uncorrupted, faultless; 25
Lord! Many a noble lady
Would give you a fold of speckled cattle.

But Donald Bàn of Airigh -
He is the gentle, vigorous hero;
You are a hunter who wields well the gun, 30
Who would fell the stag to the ground.

They are the descendants of the noblemen
Who were not quarrelsome and were wihout fault;
But let the pride of Clan Donald be roused in them
And they could rip shreds out of every brow. 35

That is when 'Jamaica' spoke,
A handsome gentleman, eloquent in speech:
'If it were not for the dram in my head,
I would not have come just now into your company.

'But, Alastair, do not be displeased, 40
Although I have come for your dram;
Whether it is wine or brandy you have,
I could consume it along with you.

'But if I go tomorrow to the Brae of Leny
And am welcomed by Jean Buchanan, 45
And make amends with you, Sandy,
On my honour, there will be a dram in the deal.'

# 4
# LINN NAN SEUMASACH AGUS NA DEIDH

### 1. Oran Molaidh do Ghriogar Glùndubh

Bha mòran de Ghàidheil Leamhnachd agus Thèadhaich an sàs anns na Cogaidhean Seumasach ann an dòigh air choreigin. A rèir beul-aithris, bha mu thrì ceud Pàrlanach a' cogadh air taobh a' Phrionnsa air Bliadhna Theàrlaich, ged nach robh an ceann-cinnidh air an ceann. Thug am bàrd Iain Dubh mac Iain mhic Ailein an t-iomradh seo orra ann an 'Oran nam Fineachan' nuair a bha e a' brosnachadh nam fineachan gu cogadh anns a' bhliadhna 1715:

> ... Clann Phàrlain,
> Dream àrdanach dhian:
> 'S ann a b' àbhaist dhur n-àireamh
> Bhith 'm fàbhar Shìol Chuinn.

Bha Rob Ruadh fhèin air taobh nan Seumasach ann an Ar-a-mach 1715, agus leis cho cliùiteach agus a bha Clann Griogair anns na thachair, thog Riaghaltas Lunnainn gearasdan aig Inbhir Snàthaid gus smachd a chumail orra. Bha Seumas, mac Rob, na cheannard air feachd a sgrios an gearasdan sin ann an 1745 agus a choisinn cliù aig Prestonpans. Rinn Iain Ruadh Stiubhart òrain air a' chall uabhasach a bha air na Seumasaich aig Blàr Chùillodair, agus thug e iomradh air Cloinn Ghriogair:

> Clann Griogar nan gleann,
> Buidheann ghiobach nan lann,
> Fir a thigeadh a-nall nan èight' iad.

A rèir seanchas an òrain seo, fhuair Griogar Glùndubh brath gu robh Calum Griogarach an làimh aig na Saighdearan Dearga agus chaidh feachd Ghriogair air an tòir. Fhuair iad làmh-an-uachdar air na Saighdearan Dearga, thug na Griogaraich an ailbhinn à gunnaichean nan saighdearan, agus leig iad mu sgaoil Calum.

# 4
# THE JACOBITE PERIOD AND AFTERWARDS

## 1. A Song of Praise to Gregor Glùndubh

Many of the Gaels of the Lennox and Menteith were involved in the Jacobite Risings in one way or another. There were, according to tradition, about three hundred of the MacFarlanes fighting on behalf of the Prince in 1745-46, although they did so without the leadership of their chieftain. The poet *Iain Dubh mac Iain mhic Ailein* mentions them in his 'Song to the Clans' when he was rallying the Highlanders to join in the 1715 Rising:

> ... The MacFarlanes,
> A proud and keen people:
> You used to be numbered amongst those
> In the favour of the descendants of Conn (e.g., the MacDonalds).

Rob Roy himself was in the Jacobite forces in the 1715 Rising. The London government built the garrison at Inversnaid to keep control of the MacGregors because of how notorious they were in all that happened. Rob's son James was the leader of a troop which destroyed the garrison in 1745 and which won fame at Prestonpans. John Roy Stewart composed songs about the terrible losses that the Jacobites suffered at Culloden, and he makes mention of the MacGregors:

> The MacGregors of the glens,
> Brisk troop of the blades,
> Men who would come when they were called.

According to the story associated with this song, *Gregor Glùndubh* found out that Malcolm MacGregor was being held by the Redcoats and Gregor's men went after them. They got the upper hand on the Redcoats, the MacGregors removed the flints from the soldiers' guns, and they released Malcolm.

'S mòr an naidheachd às ùr dhuinn:  1
B' e sin an Griogarach Glùndubh
'N àm teàrnadh na dùthcha seo shìos.

'N àm teàrnadh na leacainn
'S a theab sibh bhith fada,  5
Chan fhaight' leibh airtneul no sgìths.

H-uile fear mar bu luaithe
Dh'ionnsaigh bhaile bha shuas bhuaibh,
As an tàinig an luaidh nach bu chlì.

Masa tuigseach Rìgh Deòrsa,  10
Bheir e dhutsa nad phòcaid
*Commission* den t-seòrsa nach crìon.

Nuair a liubhair thu 'n sluagh, bha
An t-airm air an gualainn,
Nuair a dh'fhaodadh tu 'n sùghadh mar lionn.  15

Cha d' fhàg thu iad buidheach,
Na h-òganaich bhuidhe
A dhèanamh na fuidhir san t-srì.

Nach do leig thu iad dhachaigh
Len gunaichean glasa  20
Thoirt teisteanais ceirt mun ghnìomh.

The poet makes a pun on the name 'Campbell' in line 28, which can be broken into two words in Gaelic, *beul* ('mouth') and *cam* ('twisted'). The MacGregors claimed to be part of a clan grouping called *Sìol Ailpin*, 'the descendants of Ailpin.'


Great is the latest news which has come to us 1
Concerning the MacGregor called *Glùndubh*
When he was descending these hills.

When it was time to descend the slabbed-stones
And you were nearly late, 5
You would not be weary or fatigued.

Every man moved as fast as he could
To the township which is above you,
From which the powerful lead pellets came.

If King George is wise 10
He will give you, in your pocket,
A significant commission.

When you delivered the host,
Their weapons were on their shoulders
But you could have downed them like ale. 15

You did not leave them thankful,
Those blonde youths,
To make their gains in the strife.

Did you not let them go home
With their grey guns 20
To give testimony about the happenings?

Ma tha 'n ruaig sin na h-aonach
Am fagas dod dhaoine,
Bidh gallain ri glaodhraich 's ri caoidh.

Bidh claignean rin sgaoileadh 25
Is fuileachd ri taomadh
Nuair chluinntear gleusadh na pìob.

Bidh luchd nam beul cama
Is na h-eòin air an sgamhan -
Thèid an àlach len ceannas gu crìoch. 30

Ged tha Caimbeulaich breugach
Ri Sìol Ailpin san eucoir,
Chan urrainn iad gèill thoirt orra chaoidh.

'An Gearasdan aig Inbhir Snàthaid'. (4.1)

Crown © Royal Commission on the Ancient and Historical Monuments of Scotland

If that pursuit is ever in full flight
Coming close to your people,
Young lads will be calling and shouting.

Skulls will be split           25
And blood will be spilt
When the playing of the pipes will be heard.

The people of the twisted mouths
Will have birds feeding on their lungs -
That brood and their power will come to an end.  30

Although the Campbells are deceitful
To *Sìol Ailpin*, and unjust,
They will never make them succumb.

## 2. Oran a' Ghriogaraich air Fògradh

Nuair a chaidh an latha an aghaidh nan Seumasach aig Cùl-lodair, chaidh na Saighdearan Dearga air feadh na Gàidhealtachd, a' reubadh is a' creachadh, gus an tuigeadh na Gàidheil gu robh iad fo smachd Lunnainn agus nach biodh cothrom eile aca ar-a-mach a thogail. Tha fhios gun d' rinn na Saighdearan Dearga sgrios air taobh Loch Ceiteirein, am measg mòran àiteachan eile.

Dh'fharraich Rìoghaltas Lunnainn atharrachaidhean mòra gu teann air a' Ghàidhealtachd ge b' oil leis na Gàidheil, ach cha robh dà dhòigh aca air. Chaidh cuid de na Seumasaich nach gabhadh ri modhan ùra air chàrn, mar a rinn an Griogarach a rinn an t-òran seo. Chùm daoine cuimhne air na làithean a dh'fhalbh agus air na cleachdainnean aca anns na h-òrain aca, agus is b' ann annta a dh'fhaodadh iad fanaid air na Goill a fhuair an làmh-an-uachdar orra, mar a chithear ann an sreathan 43-48.

| | |
|---|---:|
| 'S mi air sròin Beinn nan Luibhean, | 1 |
| Is neo-shocrach mo shuidhe, | |
| 'S mi coimhead air Srath Dubhuisg an fheòir. | |
| | |
| Tha Trosgaich fom shùilean, | |
| Beinn Mheadhain is Beinn Mhùrlaig, | 5 |
| Is Suidh' Artair mun dùineadh an ceò. | |
| | |
| Tha 'n latha gu fliuch gaothmhor | |
| A fhliuch eadar mi 's m' aodach, | |
| 'S mi falbh air feadh fraoich is chàrn. | |
| | |
| Is mo bhreacan air sileadh | 10 |
| Is mi eadar dà fhilleadh, | |
| 'S uisge ruith air mar shileadh nan allt. | |
| | |
| Is mi am shuidhe air a' chnocan | |
| A' caoidh mo chruaidh-fhortain - | |
| Cha robh duine riamh socair air chàrn. | 15 |

## 2. The Song of the Fugitive MacGregor

The Hanoverian troops went raping and pillaging throughout the Highlands after the defeat of the Jacobites at Culloden to impress upon the Gaels that they were now tightly and firmly in the control of the London government and that they would not have another chance to rise in resistance. It is known that the Hanoverian troops plundered Loch Katrine-side, among other places.

The London government forced many enormous changes upon the Highlands, despite the wishes of the Gaels, who had no way of defying them. Some of the Jacobites who refused to accept the new scheme of things, such as the MacGregor of this song, went into hiding. People remembered the days and customs of old in their songs, and in them they were able to mock the non-Gaels who now ruled over them. This can be seen in lines 43-48.

I am here on the point of Beinn nan Luibhean 1
Very uncomfortably do I sit here
As I gaze upon grassy Srath Dubhuisg.

Trosgaich is just below me,
Ben Vane and Ben Vorlich, 5
And Ben Arthur, encircled with mist.

The day is wet and windy
And has wetted me underneath my clothing
As I wander through the heather and cairns.

My plaid is dripping 10
And I am wrapped in two layers
With water running off of it like a stream.

I stand on the hillock
Lamenting my misfortune -
No fugitive was ever very comfortable. 15

Tog ort, ghille, 's bi gluasad
Fios gu Iseabal bhuamsa
Gu bheil mi le fuachd air mo chall.

'S mur 'n d' rinn i grad-mhùthadh,
Mar rinn mòran na dùthcha, 20
'S e mo bharail nach diùlt i dhomh dram.

'S tric fhuair mi uaip' faoileachd,
Gam chur air an daoraich,
Gus nach aithnichinn faob seach mo bhròg.

Ach an tè òg air an rathad, 25
'S tric a chaisg i mo phathadh,
Aig a bheil tuisge na leathar, 's bu chòir.

Siud i 'n deoch 's nach robh 'm buaireas,
Bheireadh mart thun na buaile,
Bheireadh toradh bharr uachdar an fheòir. 30

B' annsa biolar an fhuarain,
Mo dheoch maidne ge fuar i;
Thigeadh an eilid mun cuairt is mi 'g òl.

Is is' a' bhean rùnach -
Ged a chì a dà shùil mi, 35
Chan agair i cùis orm aig mòd.

Cha taobh mi na Sraithibh
'S cha bhi mi gan tathaich
An rè a chumas Fir Athoill am mòd.

Cha taobh mi luchd lannan 40
Na luchd nan còrn troma
'S cha tèid mi nan comann nas mò.

Get up and get moving, boy,
Take a message to Isabel from me,
Say that I am perished with the cold.

And if she has not suddenly changed,
As much of the country has,                                    20
I think that she will not deny me a dram.

Often did she give me hospitality,
And make me intoxicated,
Until I could not tell my shoe from a clod.

The young lass on the road,                                    25
Often did she quench my thirst;
She has the intuition in her being, as she ought to.

It is a totally harmless drink:
It would bring the cattle to the fold,
It would take the essence out of the tips of the grass.        30

I would prefer the water-cress of the spring-water,
Though it be cold, it is my morning drink;
The hind would come around while I drank it.

She is a loving one -
Though her two eyes can see me,                                35
She would not make accusations against me.

I will not go into Strath Fillan
And I will not make it my haunt,
As long as the men of Atholl hold their meetings.

I will not choose the company of the men of blades             40
Or the men of heavy drinking horns;
I will not go into their presence either.

Luchd nam fallaingean dearga,
Chan iad an comann as fhearr leam,
'S chan eil mi an geall air luchd chleòc. 45

Luchd nan adaichean dubha
'S nam piorbhaicean buidhe:
Chan iadsan mo bhuidheann nas mò.

Ged tha 'm bàillidh glè uasal,
Làn tuigs' agus suairceis, 50
Nàile! 'S fheàrr bhith bhuaithe nad chòir.

A dh'aindeoin nam fleasgach
Mu chiaradh an fheasgair,
Bidh mise anns na preasan seo shìos.

'S a dh'aindeoin nan daoine, 55
Bidh mi sìnte ri taobh-se,
Ged nach fhaotainn-sa m' aodach chur dhìom.

Fhuair mi òg i 's i aotrom;
Ged fhuair, chuir mi taod rithe,
Gus am fàsadh i daonnan cho mìn. 60

Fhuair mi òg i 's i na leanabh -
'S ann dòmhsa nach aithreach
Nam faighinn bhith mar riut le sìth.

The folk in red garments,
They are not the company I favour
And I am not fond of the folk in cloaks.                45

The folk of black hats
And of the fair periwigs:
They are not my people either.

Although the bailiff is very genteel,
Full of wisdom and civility,                            50
Lord! It is better to be in your company than in his.

Despite the young men
In the evening twilight,
I will be in these thickets.

And despite the men,                                    55
I will be stretched out at her side,
Although I cannot remove my clothing.

I got her when she was young and carefree;
But though I did, I tied her down
So that she would always be tender.                     60

I got her when she was a young child
And I would not regret it
If only I could find peace and be with her.

## 3. Oran an t-Sealgair

Stèidhich Riaghaltas Lunnainn reachd anns a' bhliadhna 1746 a thoirmisg an t-èideadh Gàidhealach agus armachd air na Gàidheil - mura robh iad anns an Arm Bhreatannach. Tha òran bhon linn seo a' cumail a-mach gu robh am fèileadh na earradh do fhir air taobh tuath Uisge Chluaidh, agus mar sin, gun aithnichte Uisge Chluaidh na chrìoch eadar Galltachd agus Gàidhealtachd:

> Chuir mi bhriogais ghlas fom cheann
> An àit' an èilidh bhig a bh' ann,
> Gu bhith coltach ris a' Ghall
> Tha 'n taobh thall de dh'Uisge Chluaidh.

Bha an reachd seo na bhuille chruaidh air na Gàidheil, oir bha iad moiteil às an èideadh fhèin, agus bha ceann sìos aca air cleachdainnean nan Gall, cleachdainnean ris am b' fheudar dhaibh gabhail agus a bha a' samhlachadh gu robh iad nan treubh cheannsaichte. Bha iad cuideachd a' faicinn mar a bha sgaradh air tighinn eadar iad fhèin agus na daoin'-uaisle, agus nach robh suim aig na h-uaislean annta mar theaghlach, mar a b' àbhaist.

| | |
|---|---:|
| Chaidh Ghàidhealtachd na fàsaich | 1 |
| On Dà Fhichead 's a Cùig, | |
| Nuair a chaochail ar n-àbhaist | |
| 'S chaidh armachd air chùl. | |
| Nuair a dh'earb sinn a bhith sàidhbhir | 5 |
| O thèarainteachd 's o thùr, | |
| Is ar tèarmann dh'fhàs nàimhdeil, | |
| Deothal or cnàmhaibh gach sùgh. | |
| | |
| 'S mòr an tairbhe tha 'n cunnart | |
| Dh'fhògradh an-iochd or creubh; | 10 |
| Nuair bha gàbhaidh o nàimhdibh, | |
| Bha do dhàimh aig triath spèis; | |
| Nuair dh'fhàs dìdean gun fheum dhaibh, | |
| Thug iad gèill orr' 's ghabh dèidh | |
| Air an sàimh is am faoineis, | 15 |
| 'S rinn de chaoraibh 'n cruaidh-fheum. | |

## 3. The Hunter's Song

The London government passed an act in the year 1746 forbidding the Gaels to wear Highland clothing or to possess weapons - unless they were in the British Army. There is a song from this time which indicates that the plaid was worn by males north of the Firth of Clyde, and therefore, suggests that this was considered the boundary between Lowlands and Highlands:

I put the drab trousers on me
In place of the kilt
In order to look like the Lowlander
On the far side of the (Firth of) Clyde.

This act was a considerable blow to the Gaels, as they were proud of their own clothing and looked down on Lowland ways, ways which they were now forced to take on for themselves and which symbolised their status as a conquered people. They could also see that the nobles had become estranged from them and did not esteem them as part of the same 'family unit', as they used to.

The Highlands have become a desert                                   1
Since the '45,
When we changed our habits
And lost our contact with weaponry.
When we hoped to be content                                           5
With security and with intelligence,
Our patrons became antagonistic,
Sucking the marrow from our bones.

There is a great deal at stake:
Fierceness has been banished from our persons;                        10
When enemies were threatening,
A lord had great affection for his relations,
But when such defences became obsolete to them,
They succumbed and became addicted
To opulence and to foolishness,
And made extensive use of sheep.                                      15

Ge sìmplidh a' chaora,
'S nàmh coill' i is sprèidh:
Chan fhàg i ruadh-eun air fraoch,
Coileach taobh-dhubh air gèig;  20
Chan fhàg i ruadh-bhoc an coill',
Don àrd-bheinn fògraidh fèidh;
'S ge tric bhualas gach seun orm,
Air an fhèill 's tearc mo bheum.

Tha na Garbh-Chrìochan tùrsach  25
'S luchd urchoid len sannt
Sìor-dhìobradh fhear cuimseach
As cinnte urchair air nàmh;
Gach cruadhag a dh'fhuilingeadh
Le suilbhearachd àigh;  30
Chuireadh clos air gach turasaich'
Bheireadh stoirm gu ar tràigh.

Nuair dh'fhàg sàimh 's beairteas
Leisg lag uile càch,
Dh'fheumadh Gàidheil bhith sgairteil  35
Chumail feachd dhuinn an-àird,
Chumail ìochdaran fo smachd,
Choimhead reachd mar a tha,
Chur gràisg o dhroch bheartaibh
'S bhith nan slacan don Fhraing.  40

Though the sheep are simple,
They are the enemy of forest and cattle:
They will not leave a single grouse on the heath
Or a black-cock on the tree branch; 20
They will not leave a single roe-buck in the forest,
Deer will be banished to the high mountain;
No matter how many charms I try,
Seldom will I strike blows in the engagement.

The Highlands are depressed 25
As the aggressive ones, with their greed,
Constantly abandon able-bodied men
Capable of injuring the enemy;
Every affliction was endured
With good cheer; 30
They silenced every foreigner
Who brought a storm to our shore.

When decadence and wealth
Left everyone else lazy and weak,
The Gaels had to be pugnacious: 35
To keep up our ranks of fighting men,
To keep control of the subject classes,
To preserve the existing order,
To keep the mob from evil deeds
And to act as hammers against France. 40

## 4. 'A Loch Laomainn nan Lùb'

Cha robh ach bliadhna no dhà an dèidh Chùil-lodair nuair a thòisich Bhaltar, ceann-cinnidh nam Pàrlanach, air daoine fhuadach gus an àraicheadh e caoraich Ghallta air oighreachd agus gus an dèanadh e prothaid. Faodaidh gur e seo a' chiad òran air Fuadach nan Gàidheal a tha againn.

Mar a chithear anns an òran do Mhac Phàrlain an Arair, bha seasamh nan ceann-cinnidh bho shean an crochadh air meud agus spionnadh nam feachd aca. Mar a bha iomadach bàrd ri linn nam Fuadaichean, tha am bàrd seo a' cur an cuimhne Bhaltair gum b' ionann fuadach nan daoine agus lughdachadh a chumhachd.

A Loch Laomainn nan lùb 1
'S nan innseag glas ùr,
Is ann ort thàinig mùthadh truagh!
Theich do ruadh-bhuic is d' eòin,
Thosd d' aighear 's do cheòl, 5
Theich do cheatharnaich 's d' òige uat.

'S dìomhair glas Gleann Crò
'S Gleann Conghlais nan sroth,
Gun ghreigh chapall air lòn le sùrd;
E gun fhleasgach gun òighe, 10
Gun tàin bhreac-bhò,
Ach Galla-bhodaich, òisg is cù.

'S leasach' neònach air tìr
Bhith ga fàsach' de dhaoin'!
A thoirt seilbh innt' do chaora bhuig, 15
Do nach bu dùth bhith nan nàmh
No nam mallachadh dhaibh
Ach nam beannach', nam blàths 's nan cuid.

Sin mar fhreagair an triath:
"Tha iad tarbhach, mo bhriath'r, 20
Thèid mo mhàl leò am meud gach là;
Gheibh mi toradh gach inns',
Cluiche, earradh is biadh,

## 4. 'O Loch Lomond of the Many Bends'

It was only a year or two after Culloden that the chieftain of the MacFarlanes, Walter MacFarlane, began evicting people so that he could reap the profits of the rearing of Lowland sheep on his estates. This could be, then, the first song about the Highland Clearances that has survived.

As can be seen in the song to the chief of the MacFarlanes, the standing of the clan chieftains in olden times was greatly dependent upon the size and energy of their armies. As did many poets during the era of the Clearances, this poet reminds Walter that evicting the people is tantamount to draining his strength.

> O Loch Lomond of the many bends 1
> And of the fresh green islets,
> Have you not changed for the worse!
> Your red bucks and your birds have departed,
> Your merriness and your music have been silenced, 5
> Your warriors and your youths have left you.
>
> Glen Croe is pale and lonely
> And Glen Kinglas of the streams
> Has no flocks of eager mares in the field;
> There are no young men nor maidens, 10
> No herds of dappled cattle,
> But Lowland churls, sheep and a dog.
>
> It is a strange improvement for the land
> To be cleared of its people!
> To give it over to delicate sheep 15
> Who were never meant to be enemies
> Or curses to the people
> But blessings, warmth and possessions.
>
> This is what the laird said:
> "By my word, they are profitable, 20
> They will increase my earnings daily;
> I will glean the profit of every island -
> Sport, clothing and food -

'S bidh mi taomadh nam bheul gu bràth."
'S beus bhith d' choimeasadh fhèin 25
Ris na mìltibh fear treun!
'S cliùiteach cìocras do bhiadh 's do shult;
Ach nuair thig na fir fhial
Air cheann nam fear fiadht,
'S beag a' chùil san tèid triath nam mult. 30

Bheir sògh nan innis seo uat
Do chàil, do mhisneachd 's do lùths,
'S an gràdh laiste is dùth dod fhir;
Thèid do chaitheamh am meud
Thar buannachd do thrèid 35
'S bheir e oighreachd do theaghlaich dhìot.

Dh'fhaodadh gur e an t-Urramach Alasdair MacPhàrlain a bha na mhinistear anns an Arar a rinn an t-òran, oir rinn e aoir air Bhaltar MacPhàrlain. Tha gnàthasan-cainnt ann nach eil furasta an tuigsinn an-diugh, ged is soilleir gu bheil iad gu math geur. Is e seo earrann deth:

    Tha factor aig MacPhàrlain is tha mi mealltach mur ann de Shliochd a' Ghearrain:
    Thug e thugainn calcadair an aodaich is slaodair de thrusdair sionnaich
    Dòchas a' choilich-Fhrangaich, Iain do Shamhain le dhà gheal-shùil
    Nàile! Chunnaic mi cailleach le cuigeal a chuireadh a' chuideachd ud thairis air Leamhain!

Feumaidh nach robh bàidh aig muinntir na dùthcha ris an dèidh na rinn e, oir thuirt Rob MacPhàraig, fear aig an robh an dà shealladh agus a bha a' fuireach an Inbhir Snàthaid, gum faca e manadh gun rachadh Ceannas MhicPhàrlain a-mach à bith nuair a thigeadh gèadh dubh.

And I will consume it forever more."
What a great virtue to be comparing yourself 25
To thousands of brave men!
Greed for food and excess is infamous,
But when the generous men come
Looking for the war-like men,
The lord of sheep will be tossed into a very small corner. 30

The affluence of these islands will drain you
Of your constitution, your spirit and your vigou,r
And of the bonds of affection your men were heir to;
Your spending will soar
Beyond the winnings of your flocks 35
And it will take the family estate from you.

It is possible that the Reverend Alexander MacFarlane, who was the minister of Arrochar at the time, composed the song, as he also composed a satire on Walter MacFarlane. It contains a few phrases of slang which are difficult for us to understand today, although it is very clear that they are insults. A portion of it is:

MacFarlane has a factor, and if I am not deceived he is of the race of the gelding:
He gave us a rammer of clothing and a lout of a foxlike debauchee;
The greed of the turkey is in John's two white eyes for the Hallowe'en rents -
Mercy! I've seen an old woman who would cast that lot over the Leven with her distaff!

The people of the countryside cannot have been very pleased with him for what he did. There was a man named Rob Mac Phàraig, who lived at Inversnaid, who maintained that he had the second-sight and had a premonition that the MacFarlane chieftancy would be defunct when a black goose came.

253

## 5. Oran na Bantraich

Bu nòs do mhuinntir na Gàidhealtachd cìsean a phàigheadh don uachdaran ris an abairte 'càin', agus phàigheadh iad a' chàin le bathar, leithid càise, minchoirce, ìm, clò agus seiceannan. Dh'fheumadh iad cuid-oidhche a thoirt don uachdaran no do luchd-gnothaich an uachdarain nan robh iad air chuairt, agus a bhith ann an sluagh-cogaidh nan rachadh an t-uachdaran gu cath. Tha na reachdan seo fìor àrsaidh am measg nan Ceilteach agus mhair iad gu ìre ann an laghannan na h-Albann gu lèir. Aithnichear na faclan seo ged is ann anns a' Bheurla Ghallta a tha iad: *cane* (no *kain*), *cuddiche* agus *hosting*.

Nuair a dh'atharraich dòigh-beatha na Gàidhealtachd an dèidh Chùil-Lodair, chaidh na màil am meud cho mòr is nach b' urrainn do mhòran am pàigheadh. Mar a chithear anns an òran seo, agus ann an ceudan de òrain bhon linn chianail seo, b' fheàrr leis na daoine fuireach air dùthaich an àraich seach dol gu dùthchannan cèin, nan gabhadh an suidheachadh a leasachadh, ach ceartas chan fhaigheadh iad.

Bha Alasdair, bràthair don cheann-cinnidh Bhaltair, an seilbh air oighreachd ann an Siameuca, agus is dòcha gun deach cuid de na Pàrlanaich don dùthaich sin. Cha robh a' chuid a bu mhotha den t-sluagh a-riamh fad air falbh bhon taigh, gun ghuth a thoirt air dùthchannan cèin, agus feumaidh gu robh eagal agus uabhas orra ron turas fhada a bha rompa.

Mar chomharradh air sin, thug Dùghall MacPhàrlain ub leis gus a dhìon nuair a dh'imrich e do Charoilìna a Tuath mun bhliadhna 1750. Tha an ub seo a' toirt am follais cho làidir agus a bha seann chreideamh na Gàidhealtachd fhathast aig an àm:

> Na naodhan uba seo air a h-uile mìr a thuirt Calum Cille, is rinn e naodha dubh-mhìorbhala mòra a chuir brìgh anns na facail seo air an t-saoghal bheag agus air an t-saoghal mhòr is air a' Chruinne-Chè, is nach bogadaich naodha beanntan is naodha gleanntan, naodha conairean seanga sìthe a tha aig sìth a-null ud thall, gun tog Crìosd dhìotsa gach olc is gach tinneas is gach farmad, is bu leat Dia is Calum Cille.

Leis cho faisg agus a bha na Leamhnaich air a' Mhachair Ghallta, bha fuinn a' siubhal thuca far na Galltachd, ged a bhiodh iad air an ath-chumadh gus am freagradh iad ri faclan na Gàidhlig nan dèante òran leò. Tha an t-òran seo air fonn Cowden Knowes:

## 5. The Widow's Song

It was the custom in the Highlands for people to pay a rent to the landlord which was called *càin*, which would be given in terms of goods such as cheese, oatmeal, butter, wool, and hides. They had to provide a night's food and shelter to the lord's retainers if they were travelling and to join military campaigns if the lord was going to war. These are very ancient Celtic laws which survived to a certain extent in Scotland as whole. Although the words changed once taken into the Lowland Scots tongue, they are still recognisably Gaelic in origin: cane (or kain), cuddiche and hosting.

When the way of life in the Highlands changed after Culloden, the rents became so expensive that many people were unable to pay them. As can be seen in this song, and in hundreds of others from this tragic period, people would have preferred to stay in their homeland, rather than going to foreign countries, if they had had any control over improving their lot, but such justice was denied them.

Alasdair, the brother of the clan chief Walter, had the title of an estate in Jamaica, and it seems that some of the MacFarlanes went to that country. Most of the people had never been far from home, let alone overseas, and they must have been worried and frightened of the long journey before them.

This is illustrated by a charm which Dugald MacFarland took to protect him when he emigrated to North Carolina about the year 1750. This charm also demonstrates how strong the old Highland beliefs still were at this time:

> These nine charms are for everything that Columba said when he did nine great esoteric marvels which put the power into these words over the small life and over the great life and over the Earth, so that nine mountains and nine glens will not be shaken, nor the nine narrow fairy paths which are at peace going over yonder, may Christ lift all evils, sicknesses and jealousies from you, and may God and Columba be with you.

Because the Lennox was so close to the Lowlands, melodies would reach them from the Lowlands, although they would be re-shaped to fit Gaelic speech-patterns if songs were made with them. This song is sung to an adaptation of the melody *Cowden Knowes*:

O mo thìr a dh'àraich mi gu mìn,  1
Mo thìr dom mòr mo ghràdh,
Nach cruaidh dhomh chaoidh a bhith gad dhìth
Am dhìobrachan gun àgh!

Gu dè ar lochd nuair dh'fhògradh sinn  5
Bha iomadh linn san tàmh,
A chùm gu dìleas suas a' chàin
'S a dhìol daibh gnìomh is màl?

Ach thàinig cearrachd is sàimh
A reub an saidhbhreas uath',  10
Is 'n sin chaidh dìochuimhn' air gach dàimh
'S gach càirdeas chaidh air fuachd.

Nis beannachd agaibh, shrathaibh uain',
A bheanntaibh fuar as glan àil',
A ghleanntaibh coillteach as bliochdmhor buar -  15
Is gabhair shuarach nar n-àird.

Mo chuach chan uallaich mi nas mò,
Cha suidh mi air nòinein tlàth',
Cha seinn mi duanag, miann nam bò -
Och, mheath am bròn mo chàil!  20

Gluasad a-nis 's èiginn duinn,
A shiubhal thonn àrd borb
An eathar cumhann breun droch bhùirn,
Feadh ànraidh 's tuinn ro gharg.

An tìr am mòr àird teasa 's fuachd,  25
Le caochladh luath neo-chaomh -
'S ann reub an euslaint uainn ar snuadh,
'S ar deudach chruaidh gheal lìomh.

O my land, which reared me so gently,　　　　　　　　　　1
My land for which I bear great love,
It will be hard for me to be without you forever,
To be a luckless exile.

What have we done wrong to be banished,　　　　　　　　5
We who have been here for many an age,
Who have kept up the kain faithfully
And who have given you rent and service?

But error and luxury have come,
Which has robbed them of wealth,　　　　　　　　　　　10
And then every kinship was forgotten
And every relationship went cold.

Now a farewell to you, O green straths,
And you cold mountains of pure air,
You wooded glens with milk-rich cattle -　　　　　　　　15
Filthy goats now take our place.

Never again will I fill my quaich,
I will not sit on the smooth daisies,
I will not sing the song which delights the cattle -
Och, this sorrow drains my strength.　　　　　　　　　　20

We must now move on
And travel the high, savage waves
In a cramped, stinking ship with bad water,
Through storm and fierce ocean.

In land of extreme heat and cold,　　　　　　　　　　　25
With an unpleasant and quick change -
Ill-health has robbed us of our comely appearances
And has worn away our hard, white teeth.

Mo rùn a chleachd bhith 'n èideadh Ghàidh'l,
Bidh e 'm biorraid as grànda lì;  30
A thriubhas cainb' a' leum mu mhàs,
'S a lèine 's nàr le thaobh.

An àit' nan luibh cùbhraidh b' àbhaist
Bhith fodham tlàth mun chrodh,
'S e gheibh mi droigheann geur is deannt  35
'S an nathair chàm fom chòt.

An àit' cadail ciùin air fraoch
Is ceilear shunndach aoibhinn eun,
Bidh rùcail losgann gam shìor dhùsg'
Is cuileag dlùth gam phian'.  40

My darling, who used to wear the Highland garb,
Now wears a hat of hideous hue;                                    30
The hempen trousers wobble about his rear,
And his shirt is an embarrassment to his body.

Instead of the fragrant, pleasing herbs which used
To be beneath my feet as I attended the cattle,
I now find sharp brambles and nettles
And a coiled snake under my coat.                                  35

Instead of sleeping peacefully on the heather
And the merry songs of the birds,
I am constantly woken by the croaking of toads
And am bitten closely by flies.                                    40

## 6. Sguir den Chreachadh

Bha beàrn mhòr mhòr ann an saoghal nan Gàidheal nuair a dh'imich neart de na ceannardan dùthchasach agus a chaidh càch an coimheachas. Bu dual do na Gàidheil a-riamh ceannardan a bhith aca gus an treòrachadh, agus is iad na ministearan a lìon a' bheàrn sin. Dh'fhàs na ministearan cumhachdach ceannsalach anns na coimhearsnachdan, agus bu shona leis an riaghaltas seo, oir bha na ministearan ag ionnsachadh modhan luchd na Beurla do na Gàidheil.

Chan eil teagamh nach d' rinn mòran mhinistearean feum mòr nuair a bha muinntir na Gàidhealtachd ann an cruaidh-chàs, ach cha bu taitneach na ceannardan ùra seo leis na h-uile. Bha aig Ministear an Arair ri ionnsachadh do na Pàrlanaich gu robh togail chreach na droch bheus a rèir nan laghannan ùra. Is e sin a tha e a' searmonachadh dhaibh anns an òran shoisgeulach seo. Gidheadh, leis cho comasach agus a bha na creachadairean air buachailleachd, chaidh cuid aca nan dròbhairean agus chunnacas cheana shuas gu robh Dòmhnall MacPhàrlain Choill' Ath-chrathaidh na dhròbhair.

>Dh'aindeoin duine, no gun fhios da,     1
>An tog mi chreach no 'n goid mi chuid?
>An làmh fhuair mi gu h-obair chneasta,
>An sìn mi mach gu creich no braid?
>
>'S mealltach faoin an nì do ghadaich'     5
>Dùil bhith aig' ri buidhinn creich;
>'S crìoch gu tric do theagar salach
>Gad mu mhuineal ris a' chroich.
>
>Cò dhiubh 's crìoch da, chroich no tinneas,
>Bàs le h-arm no ànradh cuain,     10
>Tilgear anam a dh'ionnsaigh 'n Donais,
>'S leis mar chòir luchd braid is cluain.

## 6. Cattle Raiding At An End

There was a gaping hole in the Gaelic world after many of the native social leaders departed and others became alienated from their people. The Gaels were ever accustomed to having leaders to steer them, and this gap was filled by the ministers. The ministers became powerful authorities in the communities, and the government was pleased that this happened, as the ministers aided the assimilation of the Gaels into English-speaking society.

There is no doubt that many ministers had an important role to play when the Highlands were in periods of distress, but not everyone was so pleased with these new leaders. The minister of Arrochar had to teach the MacFarlanes that the lifting of livestock was considered a immoral act in the new scheme of things. This is the subject of his sermonising in this song. Because the reivers had been so good at handling cattle, however, many of them become cattle drovers, and we have already seen above that Donald MacFarlane of Achray was a drover.

Despite a man, or without his knowledge,  1
Will I lift his livestock or steal his possessions?
The hands that I was given for honest work,
Will I reach out with them to reive and thieve?

It is a foolish thing for a thief  5
To place his hope in reiving parties;
It is a common reward for his dirty earnings
To have a noose around his neck on the gallows.

Whatever end he might meet, the gallows or sickness,
Death in war, or in stormy seas,  10
His soul will be cast to the Devil,
As is proper for thieves and deceivers.

Nach tric a chunnaic sinn òg-ghadaich'
'S tionnsgnadh beatha dha mion-bhraid?
Ach air fàs da na phrìomh-shladaich',   15
'S crìoch do bheatha bàs a' ghaid.

An saoil sibh gum faod mèirle fantainn
Falaicht' a chaoidh o bheachd gach sùl?
Air goideadh dhuinn an nì nach buin duinn,
Chì an Tì don lèir gach dùil.   20

Glèidh mo chridh', a Rìgh is Athair,
O shannt maoine nach buin dàmh;
O ghoid feudail ann do làthair,
M' anam glèidh agus mo làmh.

We often hear about a young thief
Whose way of life began with a tiny pilfering;
But once he has become a master-thief,                          15
The noose will be the end of him.

Do you really believe that a robbery can stay
Hidden forever from everyone's eyes?
When we steal what does not belong to us,
The One who perceives all of the world sees it.                 20

Protect my heart, O Lord,
From the greed for wealth which does not belong to me;
From the theft of possessions in your sight
Keep my soul and my hand.

## 7. Fàilte An Teachdaire Ghàidhealaich

Is e seo òran a rinn Alastair Cananach, a bhuineadh do thaobh a' Gharbh-uisge faisg air Cill Mo Chùg, a chur fàilte air a' phàipear-naidheachd *An Teachdaire Gàidhealach*, a chaidh a chur air bhonn anns a' bhliadhna 1829. Bha fèill mhòr air a' phàipear seo aig na Gàidheil agus bha iomadh seòrsa fiosrachaidh ri fhaighinn ann: sgeulachdan, soisgeulachd, naidheachdan, eachdraidh, bàrdachd is eile.

Is smuaineachail mar a tha e a' moladh a' phàipeir mar gum b' e gaisgeach no duin'-uasal a bha e a' moladh. Tha e a' toirt luaidh air seann bhàrdachd (leithid an duain air 'Comhachag na Sròin') agus air eòlasan ùra anns an aon duan seo.

Fàilt' ort fhèin, a Theachdaire Ghàidhealaich,     1
A' chiad latha den Bhliadhn' Uir;
'S guma h-iomadh bliadhn' a chì thu dhiubh
Mun dall an t-eug do shùil.

Is fiùran òg tha flathail thu     5
Tha air teachd oirnn as ùr,
'S mar thuirt Eòghann Brocaire,
" O, 's ann ad cheann tha 'n tùr! "

O, 's ann tha 'n t-iùl 's an sgoilearachd,
Ged tha thu fhathast òg;     10
'S ann shaoileadh daoin' gur comh-aois thu
Don chomhachaig a bha ann an Sròin.

Gach inneal smùid len carbadan
'S tu dhealbhas dhuinn gun srì;
Tha thu eòlach mu na rionnagan     15
Cho math 's air muir is tìr.

Tha eachdraidh shean mun Phrionns' agad
Gan aithris duinn as ùr
Cho soilleir 's thug mo sheanathair dhuinn
A sheasamh a' Phrionns' gu chùl.     20

## 7. 'Welcome to you, Highland Messenger'

This is a song that Alastair Buchanan, from Garbh-uisge close to Kilmahog, composed to welcome the newspaper *An Teachdaire Gàidhealach* ('The Highland Messenger'), which was established in the year 1829. This paper, written entirely in Gaelic, was very popular amongst Highlanders and it contained many different kinds of information: old stories, devotional texts, news, history, poetry and more.

It is fascinating that he praises the paper just as though he was praising a warrior or nobleman. He mentions the old poetry (such as the poem of the Owl of Strone) at the same time as he mentions new areas of knowledge in this poem.

Welcome to you, Highland Messenger,  1
On the first day of the New Year;
May you see many more years
Before Death shuts your eye.

You are a noble youth  5
Who have freshly come into our midst;
And, as Ewen the fox-hunter once said,
" Oh! How wise you are! "

You are the one with the learning and the guidance,
Although you are still young;  10
People would think you are the same age
As the owl that was in Strone.

All the steam-engines with their carriages
You describe effortlessly to us;
You are learned in astronomy  15
By sea as well as by land.

You know the history of the Prince,
Telling it to us anew
Just as clear as my grandfather told me
Standing steadfast by his side.  20

Do dhàin is d' òrain luinneagach,
Tha iad cho blasd' rin luaidh
'S gur deimhinn leam gur caraid thu
Do Mhàiri nigh'n Alasdair Ruaidh.

'S fear lùthmhor anns a' choiseachd thu -    25
Do chasan, 's iad tha luath!
Gheibhear 'n Eilean Arainn thu
'S aig Taigh Iain Ghròt san taobh tuath.

Sìor ghuidheam fàilt' is furan dut
Is cridhe sunndach slàn,    30
'S gum biodh do thaigh gun snidhe ann
'S do chiste-mhine làn.

Your poetry and your choral songs,
They are delicious to recite;
And indeed you must be related
To Màiri nigh'n Alasdair Ruaidh.

You are a vigorous walker -                        25
What swift feet you have!
You are found in the Isle of Arran
And at John O' Groats in the north.

I wish you welcome forever
And a whole and happy heart,                       30
May your home be without leaks
And your kist full of meal.

## 8. Fàilte Taobh Loch Bheannchair

Cha deach a h-uile dìobrachan cho fad' air falbh ri Siameuca agus ri Ameireaga. Chaidh cuid aca do na bailtean mòra air a' Ghalltachd. Bha na mìltean de Ghàidheil a' fuireachd ann an Glaschu anns an naoidheamh ceud deug, ach cha robh am baile a' còrdadh ris na h-uile. Is e glè bheag den luchd-imrich a thill a-riamh gu tìr an àraich, agus bha am bàrd seo air leth rathail gum b' urrainn da tilleadh.

Mìle fàilt' ort, mo dhùthaich àille, 1
'S tu fhèin an t-àit' a rinn m' àrach òg,
Dùthaich mo chàirdean is mo luchd-dàimh,
'S thug mi gràdh dhut a tha ro mhòr;
'S ged b' fheudar dhomh gluasad car treis od bhruaiche, 5
A' dol measg an t-sluaigh thar taobh Chluaidh thall,
Mo chridhe luaineach tha teicheadh uapa,
'S b' e mo mhiann gach uair tighinn gu tuath gad chòir.

'S ann an-dè bha mi measg luchd-Beurla
Le sùilibh deurach, ach feuch nis: 10
Tha mi èibhinn agus teumnach,
Tha mi dannsa 's leum feadh meòir a' phris.
Dh'fhàg mi cùram nuair a dh'fhàg mi 'n ùnaich,
Is rinn e mùth' orm mo chùl chur ris,
Ach 's i mo dhùthaich le beanntaibh ùrar 15
'S le feadain chiùin a rinn sunndach mis'.

Thug mi gaol do na tomain fhraoich seo
Nuair a bha mi aotrom às eugmhais càil,
'S b' e bhith togarrach air feadh nan craobh seo
A' ruith gu faoin, measg nan laogh is mheann; 20
Dh'fhàgainn monar 's na slèibhtibh bòidheach
Is ghabhainn còmhdach am fròg on ghrèin,
Is thugainn òran gun duine còmhla rium,
'S mi danns mar fheòraig ri ceòl nan eun.

## 8. Welcome to Loch Venachar

Not every exile went as far as Jamaica or America. Some of them went to the cities in the Lowlands of Scotland. There were thousands of Gaels living in Glasgow in the nineteenth century but not all of them were happy to be there. Very few of the emigrants ever returned to the land of their youth, but this bard was particularly lucky that he was able to return:

    A thousand welcomes to you, my beautiful country,     1
    You are the land which reared me,
    The country of my family and relations,
    I have great love for you;
    Although I had to move away from your banks for a short while     5
    And to be amongst the crowd on the far side of the Clyde,
    My longing heart flees from them -
    All I ever thought of was returning northwards to be with you.

    Only yesterday I was among the speakers of English
    With tearful eyes, but look now:     10
    I am joyful and light-hearted,
    I am dancing and leaping through the trees.
    I left my worries when I left the bustle,
    And it has changed me to leave it behind;
    But it is my homeland, its flourishing mountains     15
    And its peaceful waterways, which have made me happy.

    I gave my love to these heather-covered hills
    When I was carefree and lacking for nothing;
    To be jubilant throughout these woods,
    Running silly, through the calves and goats;     20
    I would leave my cares in the beautiful hillsides
    And I would take shelter from the sun in a hollow,
    And I would sing a song with no one around me
    And dance like a squirrel to the music of the birds.

Thug mi gràdh agus dèidh don àit' seo 25
Nuair a bha mi am phàistean òg;
Thàin' mi bhith bhos gu ruig an tràth seo
'S rè fad mo latha bidh mi bhos nas mò.
Bu ro bhinn leam na h-eòin chrìona
A' cur ri fìdhlearachd, seinn air ceòl, 30
Ach dà-rìreadh 's e thogadh m' inntinn
Gul na pìoba gu binn air lòn.

Tha na slèibhtean airson na sprèidhe
A' dol nan èideadh le feur as ùr,
Crodh gu èibhinn rin laogh a' geumnaich 35
Is caoraich mhaiseach rin uan an rùn;
Coilltean is beanntan nan èideadh Bealltainn
Toirt còmhnadh 'n t-samhraidh bhios ann gu dlùth;
'S nuair tha eunlaith ri ceòl 's ri dannsa,
Is còir do dhranndan a' bhàird bhith ciùin. 40

I gave love and affection to this place 25
When I was a very young child;
I have been here up to this point
And I will be here for the rest of my days.
So sweet to me are the tiny birds
Constantly 'fiddling' and making music,
But what really lifts my spirits 30
Is the melodious strain of the pipes on the field.

The mountain sides are dressing themselves
With new grass for the cattle;
The cattle are lowing joyfully to their calves 35
And pretty sheep are in love with their lambs;
Forests and mountains are in their Beltane clothing
Giving their summer sustenance in dense measures;
And when the bird-kingdom is busy making music and dancing,
The poet ought to silence his murmuring. 40

'Fàilte Loch Bheannchair'. (4.8)

© Aerographica/Patricia and Angus MacDonald/
P. & A. MacDonald.

'An taigh a bha aig Iain Mac an Fhùcadair aig Camus an t-Srathain'. (4.9)

© Michael Newton

## 9. ''S Mi 'm Shuidhe ann am Chrùban'

Thuirt am bàrd Iain Mac an Fhùcadair, a bha a' fuireach aig Camas an t-Srathain, mu a bheatha aig toiseach an naoidheimh ceud deug: 'Tha mi a' fuireach air an aon ùrlar air an robh mo shinnsearan a' coiseachd bho àm nan cian, agus taobh a-staigh nan aon bhallachan, agus fon aon mhullach-taighe snigheach fo na dh'fhuirich m' athair fhèin. Agus caidilidh mi air an aon leabaidh air an do theasd e. Tha mi a' fuireach am measg feadhna de na coimhearsnaich as fheàrr, a nì gàire air mo chuid neònachasan, mar a nì mise orra mar an ceudna.'
    Chunnaic e atharraichidhean mòra ann an saoghal na Gàidhealtachd rè a bheatha, cleas Oisein an dèidh na Fèinne, agus is coltach gu bheil na h-ùruisgean anns an duan seo a' riochdachadh dol sìos dùthchas nan Gàidheal.

    'S mi am shuidhe ann am chrùban     1
    Ann am bothan ùdlaidh fuar,
    Gun duine ann a nì sùgradh rium
    No dh'òlas drù à cuaich.

    Chaidh Iain Bàn air farran uam     5
    'S chan fhan e 'n dàil mo sgèith;
    'S co-chàirdeach Gille-Phàdraig dhomh -
    Gun dh'fhàg e mi leam fhèin.

    Bidh bruic is cait is màirteannan
    A' gàrraich feadh nan tom,     10
    'S bha uair a chluinnte ùruisgean
    Ri bùirich san Eas Chrom.

    Gun fhasgadh no gun fhàrdach ac'
    Ach sgàirneach no bun craoibh,
    Iad fhèin is a' bhean 's na pàistean ac'     15
    'S iad lom-rùisgte ris a' ghaoith.

## 9. 'I Sit Hunched Over'

The poet John Walker, who lived at Camstraddan, said about his life in the early nineteenth century: 'I live on the same floor on which my ancestors have trod from time immemorial, and within the same walls, and beneath the same reeky roof under which my father lived; and I sleep on the same bed on which he died. I have lived and do live in the midst of a group of the best of neighbours, who laugh at my eccentricities, and I laugh at them in return.'

He saw many enormous changes in Gaeldom during his lifetime, just like the legendary Ossian of the *Fianna* who outlived his peers, and it is likely that the ùruisgs in the poem represent the extinction of Gaelic culture.

I sit hunched over                                      1
In a cold and gloomy bothy
Without anyone to entertain me
Or drink a dram from a quaich with me.

*Iain Bàn* has left me in anger                         5
And will not come into my company;
And my relation *Gille-Phàdraig*
Has left me all alone.

Badgers and wildcats and pine martens
Make noises in the thickets;                            10
And there was a time when *ùruisgs* were heard
Bellowing in Eas Chrom.

They had no shelter or abode
But piles of rocks and tree stumps;
They and their wives and children                       15
Were exposed to the wind.

Gur tùrsach sgìth 's gur camparach
Bhith 'n ceann na creige ruaidh,
Gun òl gun cheòl gun channtaireachd,
Ach srann an uillt am chluais.    20

B' e caibe 's crann a b' annsa leam -
'S ann annta bha gach buaidh:
Mo chùl ri cèaird na dranndanaich,
B' e 'n t-aimhleas bhith ri druaip.

Thoir soraidh sìos gu Màiri uam,    25
Bean chàirdeil an fhuilt rèidh,
Is innis dhi mar chàirich iad mi
Am fàrdaich bhun na sgèith.

'S i nach faiceadh càs orm
Nuair dh'fhàgadh càch mi 'm theinn -    30
Gheibhinn bruanag 's cnuachdan càise uaip'
'N àm teàrnadh leis a' bheinn.

It is tiring and vexing
To be at the tip of this red craig
Without any drink, music or mouth-tunes
But only the strain of the river in my ears. 20

I loved the spade and the plough -
They had every merit:
My back is turned to grumbling
And licentious behaviour is ruinous.

Take my greetings to Mary below, 25
A kind woman of shining hair,
And tell her how they put me
In lodgings at the base of the cliff.

She would not bear to see me in straits
When the rest left me in misery; 30
I would get wee cakes and lumps of cheese from her
When I went down the mountain.

## 10. Oran do Chomann Gàidhealach Uisge Leamhain

Mar a bha bitheanta air a' Ghalltachd anns an naoidheamh ceud deug, stèidhich Gàidheil a bha fuireach dlùth don Bhealach Comann Gàidhealach dhaibh fhèin gus am faigheadh iad ceòl, dannsa agus cuirm an caidreabh a chèile. Tha an t-òran seo a' dealbhadh oidhche mar sin, agus tha na h-aon dealbhan a' nochdadh ann an seann bhàrdachd mu thalla nan triathan.

Comann Gàidh'lach Uisge Leamhain, 1
'S onair iad do thìr nan àrd-bheann,
Coinneamh aca uair sa bhliadhna
Ghleidheadh cuimhn' air gnìomh an càirdean,
Leanailt dlùth ri cliù an sinnsear 5
'S nòs na tìr san deach an àrach -
Ged 's lìonmhor Comann Ghàidheal sa Ghalltachd,
Tha 'm bratach-san ri crann as àirde.

'N àm dhaibh bhith cruinneachadh còmhla,
Leam bu bhòidheach a bhith làmh riutha, 10
Tigh'nn nam paidhrichean cho uasal,
'S duladh gruagaich anns gach gàirdean;
Torman nan dos a' mosgladh sunnd
'S a' dùsgadh ciùil air feadh na fàrdaich;
Suidhidh sìos aig bòrd na Fèinne 15
'S iad gu lèir fon èideadh Ghàidhealach.

Nuair a sheall mi ceart mun cuairt orm,
Ged bu mhòr an sluagh ri àireamh,
Aosda 's og ri taobh a chèile,
Cha robh beul gun fhiamh a' ghàire; 20
Gàidhlig ga cnuasachadh cho milis
Ris a' mhil a bha 'n Canàan,
'S òighean òg mar ròs a' Chèitein
Fo èid' cho geal ri canach fàsaich.

## 10. A Song to the Water of Leven Gaelic Society

As was common in many Lowland towns in the nineteenth century, Highlanders living around Balloch formed a Gaelic Association where they gathered for music, dancing and feasting. This song describes an evening of that sort, with images similar to those that appear in old poetry about the feasting halls of the great Gaelic lords.

    The Water of Leven Gaelic Society,     1
    They are an honour to the mountainous land;
    They meet once a year
    To commemorate the deeds of their people,
    Following the renown of their ancestors     5
    And the traditions of the land in which they were raised -
    Although there are many Gaelic societies in the Lowlands,
    Their banner is raised above all the others.

    When they come together,
    I love to be in their company,     10
    Making their entrance in courtly pairs,
    A maiden's ringlets under each arm;
    The rumble of the pipes raising spirits
    And awakening music through the building;
    They sit down at the 'Table of the Fiann(a)'     15
    All adorned in Highland gear.

    When I had a proper look around me,
    Although the crowd was huge in number,
    Young and old in each others company,
    No face was without a smile;     20
    Gaelic was being enjoyed as sweetly
    As the honey of Canaan
    And young maidens were like May roses
    Arrayed in clothing as white as wild cotton.

Fèist cho eireachdail 's a chunnaic 25
Duine riamh de iarmad Adhaimh:
Sgaoilt' air anart geal na dèile,
Gach biadh dhèanadh feum do Ghàidheal,
Mar ri searragan den fhìor-stuth,
Cùirn gan lìonadh is gan tràghadh, 30
'G òl air slàinte nan laoch ud
Choisinn saors', 's bu daor a phàigheadh.

'N sin thòisich iolach ait an dannsaidh
Bhon t-sionnsair bu bhinne gàire,
Meòir dhiongach MhicDhiarmaid 35
Pronnadh phong le rian cho àillidh
'S gun do chlisg e iorram annsail
Bho cheann gu ceann den fhàrdaich -
Iarmad chiùil Fhinn is Oisein
Cur nam both air ùrlar clàraidh. 40

Ghuidhinn saoghal buan is sonas
Don Dùghallach dh'ullaich am fleadh àlainn;
'S mi nach dìochuimhnich a chèile
A dheasaich 's a ghrèidh gun fhàilinn
Ear an daimh - rinn i dheagh ròstadh; 45
Cearcan 's geòidh, cha b' iad bu tàire,
Mar ri ceathramhnan nam mult,
A thrus an sult measg lus nan sgàirneach.

Ghuidhinn piseach air a' Chomann
A tha gu foghainteach càirdeil - 50
Gum bi 'n neart a' fàs mar dharaig
'S an stèidh air carraig nach fàilnich;
A-neas a ruitheas Abhainn Leamhain
Le uisge mhonaidhean gu sàile,
Comann caidireach na Gàidhlig. 55

A feast as handsome as anyone 25
Of the progeny of Adam has ever seen:
Spread out on the white linen
Was every sort of food that was good for the Gael,
Along with flasks of excellent drink,
Drinking horns being filled and emptied, 30
Drinking to the health of those warriors
Who had dearly bought freedom.

Then the dancing began exultantly
Set in motion by the bagpipe chanter, most melodious its cry,
The capable fingers of MacDiarmad 35
Beating the notes with such resplendent effect
That he aroused a delightful chorus
From end to end of the building -
The musical race, the people of Fionn and Ossian,
Moving vigorously on the planked floor. 40

Long life and happiness do I wish
For MacDougall who prepared the wondrous feast,
And I would not neglect to mention his wife
Who prepared and cooked, flawlessly,
The head of the stag - well did she roast it; 45
Hens and geese, they were in no way inferior,
Along with the quarters of sheep,
Which grew fat on plant-rich scree.

I wish the Society good fortune -
They are generous and cordial; 50
May they grow in strength like the oak sapling
With their foundation on a steadfast rock;
For as long as the River of Leven runs
Down the water of high moors going to the sea,
The fame of the heroes will not be forgotten, 55
The amiable Gaelic Society.

## 11. Dol Sìos na Gàidhlig

Is cinnteach gu robh a' Ghàidhlig ga bruidhinn feadh mòran de Leamhnachd agus de Thèadhaich gu ruige Bliadhna Theàrlaich. Chuir buidheann carthannais leabhraichean soisgeulach Gàidhlig gu parraistean Luis agus Bhoth Chanain anns a' bhliadhna 1705. Dh'iarr parraist Port Loch Innse Mo Cholmaig ministear aig an robh a' Ghàidhlig anns a' bhliadhna 1726, agus tha geàrr-chunntasan againn a sgrìobh ministearan aig an àm seo a dhearbhas cho pailt agus a bha a' Ghàidhlig: is i a' Ghàidhlig cànan pharraistean Chalasraid, Obar-Phuill, Luis agus an Tairbeirt; bha a' Ghàidhlig aig a' mhòr-chuid am parraist Port Loch Innse Mo Cholmaig agus am parraist Bhoth Chanain, agus aig muinntir an ceann a tuath parraist Dhrumainn.

Bha ceann-sìos aig na Goill air muinntir na Gàidhealtachd air sgàth Ar-a-mach Bliadhna Theàrlaich, ge b' e an taobh a ghabh iad anns a' chùis. Bha buaidhean a' tighinn air na Gàidheil bho gach taobh - an eaglais, an sgoil, an Riaghaltas agus gnìomhachas - agus cha robh roghainn aca ach gabhail ri cleachdainnean luchd na Beurla, an cànan fhèin nam measg. Gidheadh, is e an eaglais an aon chomann a thug taic sam bith don Ghàidhlig.

Nuair a chaidh cùbaid a' mhinisteir bàn ann am parraist Bhoth Chanain anns a' bhliadhna 1759, thagair muinntir a' pharraist gum faigheadh iad ministear aig an robh a' Ghàidhlig. Bha Donnchadh MacPhàrlain, a bhuineadh don Arar, na mhinistear ann am parraist Dhrumainn eadar 1743 agus 1791, agus tha na searmoin a sgrìobh e (agus a mhac a bha na mhinistear seo eadar 1792 agus 1823) anns a' Ghàidhlig maireann fhathast ann an Oilthigh Ghlaschu.

Tha geàrr-chunntasan ann a sgrìobh ministearan mun bhliadhna 1790 às leth an t-Seann Chunntais Staiteistil a tha a' dealbhachadh mar a chrìon a' Ghàidhlig: air taobh an iar Loch Laomainn, bha i gann deas air Lus; bha i aig mòran dhaoine ann am parraist Dhrumainn, agus feadhainn aig nach robh facal Beurla; bha i aig na h-uile ann am parraist Obar-Phuill, ged a bha iad a' cur eòlais air a' Bheurla; cha robh a' Ghàidhlig ach aig daoine bochda ann am parraist Chalasraid.

Sgrìobh an t-Urramach MacPhàrlain anns a' bhliadhna 1763 gu robh làmh-an-uachdar aig a' Bheurla agus gu robh i a' cur às don Ghàidhlig ann am parraist Dhrumainn, ach bha an cunntas aig a' mhinistear Ghreumach ann am parraist Obar-Phuill anns a' bhliadhna 1798 na bu mhiosa na sin: bha esan a' cumail a-mach gu robh a' bhuaidh aig a' Bheurla cho mòr agus cho nàimhdeil don Ghàidhlig is nach biodh dad den chànan no den dùthchas ri lorg an ceann ginealaich.

## 11. The Decline of Gaelic

It is clear that Gaelic was spoken throughout most of the Lennox and Menteith until the Jacobite Rising of 1745. Gaelic religious texts were sent by a charity to the parishes of Luss and Buchanan in the year 1705. The parish of the Port of Menteith asked for a Gaelic-speaking minister in the year 1726, and we have an account written by a minister demonstrating how plentiful Gaelic was in this period: Gaelic was the language of the parishes of Callander, Aberfoyle, Luss and Tarbert; most of the people of the parishes of Port of Menteith and Buchanan, and of the north end of Drymen, spoke Gaelic.

Many of the Lowlanders held the Highlanders in disdain on account of the Jacobite Rising of 1745, regardless of what side they took. The Gaels were subject to outside influences coming from all kinds of sources - the church, schooling, the government and industry - and they had little choice but to accept the practices of the English-speaking world, including language itself. The church was the only organisation that offered any support for Gaelic.

When a new minister was needed in the parish of Buchanan in the year 1759, the people of the parish asked to be given a Gaelic-speaking minister. Duncan MacFarlane, who was from Arrochar, was the minister in the parish of Drymen between 1743 and 1791, and the sermons that he (and his son, who was the minister between 1792 and 1823) wrote in Gaelic still survive in the University of Glasgow.

There are summary reports written by ministers about the year 1790 for the Old Statistical Account which describe the dwindling away of Gaelic: on the west shore of Loch Lomond, it was rarely found south of Luss; many people in the parish of Drymen spoke it, and there were a few who did not speak any English; everyone in the parish of Aberfoyle spoke it, although they were becoming familiar with English; only the poor in the parish of Callander spoke Gaelic.

The Rev. MacFarlane wrote in the year 1763 that the English language held the position of superiority and that it was extinguishing Gaelic in the parish of Drymen, but the account written by the Rev. Graham in the parish of Aberfoyle in the year 1798 went even further: he asserted that the English tongue was so dominant and the attitudes of English-speakers so hostile to Gaelic that there would not be a trace of the language or the culture in a generation's time.

Bha feadhainn anns na sgìrean seo, a dh'aindeoin cruaidh-chàis, a' dèanamh an dìchill gus a' chànan a chumail beò. Bha an t-Urramach Stiùbhart ann an Lus an sàs ann am buidhinn a bha a' deasachadh faclair Gàidhlig, ged nach tugadh e gu buil. Chuir e ri cruinneachadh bàrdachd a thionail am ministear Maighstir MacLathagain, agus nochd cuid dhith anns an leabhar seo. Rinn e ath-dheasachadh den Tiomnadh Nuadh a chuireadh an clò anns a' bhliadhna 1796, agus fhuair e cuideachadh bhon bhàrd Iain Mac an Fhùcadair.

Bha làmh aig a' mhinistear Ghreumach ann am parraist Obar-Phuill ann an deasbad Oisein, a' feuchainn ri cliù nan Gàidheal a dhìon. Bha Dòmhnall MacGriogair na mhaighstir-sgoile faisg air Ros Dubh; thionail esan seanchas aig na seann daoine aig toiseach an naoidheamh ceud deug. Is coltach gun d' fhuair e fiosrachadh aig a' ghinealach mu dheireadh aig an robh a' Ghàidhlig an sin.

Nuair a chaidh Dorothy agus William Wordsworth air chuairt anns a' bhliadhna 1803, sgrìobh ise gur gann gu robh daoine anns na Tròisichean - bha iad air am fuadach cheana. Thachair iad ri Pàrlanach faisg air Loch Ceiteirein aig nach robh ach beagan Beurla, agus fichead mìle à Calasraid cha robh aig a chloinn ach a' Ghàidhlig.

Chaidh Alasdair Caimbeul air chuairt anns a' bhliadhna 1802 agus sgrìobh e gu robh Calasraid gu ìre mhòr Gàidhealach a thaobh cànain agus dualchais, ged a bha coltas na Galltachd air. Ar leis gu robh Srath Eadhair buileach Gàidhealach anns a h-uile seadh. Nuair a chaidh e don Ghàidhealtachd a-rithist anns a' bhliadhna 1815, thachair e ri balach aig an robh Gàidhlig Thèadhach gu fileanta.

Cha robh a' Ghàidhlig ga cleachdadh an eaglais Luis an dèidh bàs an Urramaich Stiùbhart anns a' bhliadhna 1821, agus thug seo làmh-an-uachdar don Bheurla anns a' pharraist. Gidheadh, cha robh suidheachadh na Gàidhlig mu thimcheall Chalasraid mun bhliadhna 1845 buileach cho ìosal: bha i ga teagasg ann an dà sgoil agus ga cleachdadh anns an eaglais. Chunnacas anns an leabhar seo gu robh Tèadhaich fhathast ri bàrdachd, leithid Alasdair Chananaich agus bàrd an òrain 'Fàilte Taobh Loch Bheannchair'.

Chaidh Iain Deòireach an tòir air sgeulachdan fo sgèith Iain Oig Ile anns a' bhliadhna 1860, agus fhuair e barrachd sgeulachdan na bha e an dùil ann am parraist an Arair. Cha robh feum aig Iain Og Ile air an dèidh na bliadhna sin, agus is ro shealbhach gu robh Diùc Earra-Ghàidheal deònach comaradh a chumail ris fhad agus a bha e a' siubhal feadh Earra-Ghàidheal agus feadh Siorrachd Pheairt. Bhuail tinneas e anns a' bhliadhna 1871 agus theasd e an ath bhliadhna, ach sgrìobh e feadh nan deich bliadhna sin aon de na co-chruinneachaidhean de bheul-aithris Gàidhlig as luachmhoire a tha ann.

There were some people in these areas who, despite the difficulties, did their utmost to keep the language alive. The Reverend Stuart of Luss was involved with a group who were editing a Gaelic dictionary, although it was never completed. He contributed to the collection of Gaelic poetry gathered by the Reverend MacLagan, some of which appears in this book. He prepared a new edition of the New Testament which was printed in the 1796, and he was assisted by the poet John Walker.

The Reverend Patrick Graham of the parish of Aberfoyle was engaged in the Ossianic debate, attempting to defend the honour of the Gaels. Donald MacGregor was a school-master near Rossdhu who collected traditional lore from the old folk at the beginning of the eighteenth century. He seems to have been able to collect this material from the last Gaelic-speaking generation there.

When Dorothy and William Wordsworth went travelling in the year 1803, she wrote that there were very few people left in the Trossachs — they had already been cleared out. They met up with a MacFarlane close to Callander who only spoke a little bit of English, and his children, living only twenty miles away from Callander, spoke nothing but Gaelic.

Alexander Campbell went travelling in the year 1802 and he observed that although Callander was Lowland in appearance, that it was largely Gaelic in terms of language and culture. He considered Strathyre to be completely Gaelic in every sense of the word. When he returned to the Highlands again in the year 1815, he encountered a boy who was fluent in Menteith Gaelic.

Gaelic was not used in the church of Luss after the death of the Reverend Stuart in the year 1821, and this gave a decided advantage to the English language in the parish. The situation around Callander in the year 1845 does not appear to be so bleak, however: Gaelic was taught in two schools and spoken in the church. It can be seen in this book that there were still Menteith poets composing in Gaelic, such as Alasdair Buchanan and the poet who wrote the song 'Welcome to Loch Venachar'.

John Dewar went in search of stories under the patronage of John Francis Campbell in the 1860, and he got more stories than he expected in the parish of Arrochar. John Francis Campbell had no need for him after that year, and it is very fortunate indeed that the Duke of Argyll was willing to be his patron while he travelled throughout Argyll and Perthshire. He was struck with illness in the year 1871 and died the next year, but during those ten years he recorded one of the most valuable existing collections of Gaelic folk-lore.

Chuir Gàidheil na h-Eaglaise Saoire a bha a' fuireach an Srath Leamhnach fios ag iarraidh searmonaichean a chur thuca anns a' bhliadhna 1850. Chaidh an sluagh sin am meud agus thogadh eaglais dhaibh anns a' bhliadhna 1859. Bha Comann Ghàidheal Uisge Leamhna ann a bharrachd a bhiodh a' cruinnicheadh anns a' Bhealach.

Ach aig an aon àm, bha a' Ghàidhlig mu thimcheall Loch Innse Mo Cholmaig a' seargadh: sgrìobh Greumach aig deireadh an naoidheamh ceud nach robh i ach an cuimhne nan seann daoine. Gidheadh, nuair a chaidh Stephen Ó Cathain, a thogadh an Sruighlea, gu Obar-Phuill na neach-puist mun bhliadhna 1898, thug e gaol don chànan seo nach cuala e riamh reimhid agus dh'ionnsaich e gu fileanta i aig mhuinntir na sgìre.

Bha daoine mothachail, agus cuid aithreach, gu robh an cànan dùthchasach a' dol à bith. Rinn Seumas MacDhiarmaid a dhìcheall gus beul-aithris a chur air chlàr. Nuair a theasd Donnchadh Stiùbhart, a bhuineadh do Chalasraid, anns a' bhliadhna 1908, sgrìobhadh muinntir a' bhaile 'nach robh comann-conaltraidh coileanta mura seinneadh e òran Gàidhlig no dhà.' Dh'fheuch muinntir Shrath Eadhair ri neach-teagaisg fhastadh aig an robh a' Ghàidhlig anns an sgoil aca anns a' bhliadhna 1909, ach cha robh an oidhirp buileach soirbheachail - feumar cuimhnicheadh cho fada an aghaidh na Gàidhlig agus a bha mòr-shluagh na h-Albann san linn sin.

Fhuair an t-Ollamh Uilleam MacBhatair neart de sheanchas aig Pàrlan MacPhàrlain, a bhuineadh do Cheann Drochaid. 'Is aithne dhòmhsa,' arsa Pàrlan ris an Ollamh, agùs iad nan suidhe ri taobh Loch Bheannchair, 'a h-uile clach is clais is cnocan eadar Calasraid is Inbhir Snàthaid'. Bheag air bheag, tha a leithid air siubhal bhuainn anns an fhicheadamh ceud, ged a tha sinn sealbhach gun d' fhuair sgoilearan blasad den t-seann chainnt nuair a thòisich iad air dualchainntean na Gàidhlig a chlàradh anns a' bhliadhna 1950. Fhuair iad còmhradh aig Gàidheil ann an Inbhir Snàthaid, Ceann Drochaid agus an t-Arar, am measg àiteachan eile. Tha mi fhìn air tachairt air feadhainn, is sinn aig deireadh an fhicheadamh ceud, aig a bheil criomagan den chànan, leithid Iain Mhic an Iasgair, a thogadh ann an Aird Shlios.

Is mòr am beud gun deach a' Ghàidhlig air chall, agus an t-uabhas den dùthchas na cois. Chan e sin a-mhàin, ach gur gann gu bheil sìon den t-seann dream air fhàgail. Biodh sin mar a bhitheas, tha an litreachas agus am beulaithris seo airidh air tighinn beò as ùr air beul an t-sluaigh anns an là an-diugh.

The Gaels attending the Free Church in the Vale of Leven asked for missionaries to be sent to them in the year 1850. The congregation grew in size and a church was built for them in the year 1859. There was also a Vale of Leven Highlanders Society which met in Balloch.

But at the same time, Gaelic was dying out around the Lake of Menteith: it was written at the end of the nineteenth century that only the old people remembered it. When Stephen Kane, who was raised in Stirling, was sent to Aberfoyle as a postman about the year 1898, however, he fell in love with this language that he had never heard before and learned it fluently from the people of the district.

People were aware, and some of them regretful, that the native language was disappearing. Seumas MacDiarmid made every attempt to record oral traditions. When Duncan Stewart, who was a native of Callander, died in the year 1908, the townsfolk said that 'no social function was ever considered complete to which Mr. Stewart did not contribute one or more Gaelic songs.' The people of Strathyre attempted to have a Gaelic-speaker employed in the school in the year 1909, although their attempts were not altogether successful - it must be remembered that the majority of people in Scotland were highly prejudiced against Gaelic at that time.

Professor William Watson recorded an enormous amount of traditional lore from Parlane MacFarlane who was a native of Brig o' Turk. 'I know every stone and trench and hillock between Callander and Inversnaid,' said Parlane to the professor as they sat on Loch Venachar-side. Little by little, people like him have evaporated away in the twentieth century, although we are fortunate that scholars were able to record samples of the old tongue when they were researching Gaelic dialects in the year 1950. Gaels from Inversnaid, Brig o' Turk, and Arrochar, among other places, were recorded. I myself have met a few people with smatterings of Gaelic at the end of the twentieth century, such as John Fisher, who was raised in Ardleish.

It is a terrible tragedy that Gaelic has been lost, and a great deal of heritage along with it. It is also a matter of great regret that so few of the native inhabitants remain in the area. Be that as it may, this literature and tradition deserves to find a new lease of life among those alive in the present.

# FACLAIR

*Abaidh*: Pert, bold, ripe.
*Acain*: Sigh, sob.
*Adhamhra*: Glorious, excellent, illustrious.
*Adhradh*: worship, reverence.
*Ailbhinn*: Flint.
*Ail-cròig*: Paw-, claw-print.
*Aimhreith*: Wrong, errant, faulty.
*Aineamh*: Blemish.
*Ainneamh*: rare, scarce, curious.
*Ainnis*: Poor, ungenerous, meagre.
*Aithis*: Insult.
*Aith-chadal*: Deep sleep, dream sleep.
*Allmharach*: From overseas, foreign.
*Anabharra*: A by-form of *anabarrach*, extremely.
*A-neas:* For as long as.
*Annsail*: Delightful, glad.
*Aos-dàna*: Artisans and artists, primarily poets and musicians.
*Argain*: Seige, assault.
*Aslachadh*: Supplication, invocation, pleading.
*Bearraid*: A helmet, head-piece.
*Bith-*: Eternally, forever.
*Bogaich*: To stir, shake, toss.
*Both*: Agitation. *Cur nam b:* Being agitated; moving vigorously.
*Braid*: Theft.
*Brath*: Information; *bith air b.* to be in pursuit of knowledge.
*Bruanag*: A small cake.
*Buath*: Fury, fit of anger.
*Buin*: *b. ri*: to deal with.
*Caidireach:* Sociable, friendly, conversant.
*Calcadair*: Caulker, rammer.
*Car*: turn, trick *Thug car asam*: cheated me.
*Caraich*: To move, stir.
*Càraidich*: To pair off, to couple.
*Cathair*: Site of authority or power.
*Clàr-dìsle*: A dice board.
*Cleamhnas*: Connection through marriage.
*Clèireach*: A member of the clergy.
*Cliar*: A poet, learned man.

*Clos*: Sleep, repose, silence.
*Cluain*: Intrigue, deceit.
*Còbhair*: Dry stone masonry.
*Coimeasg*: Encounter, fight.
*Coingheall*: Loan.
*Comaradh*: Patronage, support.
*Còr*: A tune, melody.
*Còsach*: Hollow, full of recesses or spaces.
*Craobh-sheanchais*: Genealogy.
*Crìon*: (adj) small, tiny.
*Crìonach*: firewood.
*Croicnean*: (genitive singular of) skins, hides.
*Crom*: *c. air* to set to, engage in.
*Cruadhag*: Adversity, distress, affliction.
*Cùbair*: A shabby fellow.
*Cuidreach*: Partnership, co-operative, common.
*Dàn*: poem, song; *fear dàna* a poet.
*Dearc*: (verb) to glare at, to stare at; (noun) an eye.
*Dìbreachan*: One without home or family.
*Diongach:* Able, accomplished, competent.
*Dogan*: A small animal.
*Dòmhladas*: A huge bulk, burden.
*Dranndan*: Humming, murmuring.
*Duladh:* Lock of hair
*Durc*: A chunk, lump.
*Dùth*: Inherent, inherited, natural.
*Ealaidh*: Ode, song, music.
*Eang*: A nook, corner, a gusset, small portion.
*Ear:* The head.
*Eibhleag*: An ember.
*Eige*: 'Homespun' woollen cloth.
*Eigeas*: Man of learning, poet.
*Faisneas*: Recite, rehearse.
*Fallaing*: Mantle, garment, robe, hood.
*Farran*: Anger, pettishness, vexation, offence.
*Fastadh*: Employment.
*Fastaidh*: To stop, hold fast, seize.
*Faradh*: A loft.
*Fàth*: Opportunity, chance.

*Fearas-chuideachd*: Entertainment, wit.
*Faraire*: A wake (death custom).
*Farraich*: To force, coerce, compell.
*Feadan*: A channel of any sort, including canals.
*Feart*: Virtue, attribute, achievement, miracle.
*Fèin-fhoghainteach*: Self-confident.
*Fiadht*: Fierce, wild, aggressive.
*Filidh*: The highest order of Gaelic poet.
*Fiùbhaidh*: Weapons, esp. bow and arrows.
*Fiùdalachd*: Feudalism.
*Fiughair*: Expectation, anticipation *Tha fiughair orm ris:* I look forward to it.
*Fleadh*: Feast, festival.
*Fògairt*: Exile air *fògairt*: in exile.
*Foghail*: Hostile incursion, raid.
*Fòghnadh*: service, servitude.
*Fo-rainn*: A game, prob. backgammon.
*Fuidhir*: Gain, wages.
*Fuighir*: A by-form of *fiughair* (see above).
*Gealbhan*: A fire, usually a hearth fire.
*Gearradh-cainnte*: Flyting, satirical verse.
*Gèisg*: To split, creak.
*Glinneach*: Clear, evident, obvious.
*Glideachadh*: To stir, budge, move.
*Glutaidh*: A glutton.
*Gràisg*: The rabble, mob, riff-raff.
*Grèidh:* To prepare food.
*Greigh*: A herd, flock.
*Grod*: Another form of *grad*, 'speedy, early'.
*Ibhe*: (verbal noun) Drinking.
*Imire*: A ridge.
*Innean*: Anvil.
*Iolach:* Cry, roar.
*Iompaich*: To turn back, convert, persuade.
*Iosgaid*: Thigh, ham *bac na h-iosgaid:* the hough.
*Lòpan*: A slovenly fellow, a manual labourer.
*Luidreadh*: Wetting, besmearing (with blood).
*Luilgeach*: A milch cow.
*Luinnseach*: Heavy, large coat.
*Lùth-chleas*: Athletic feats, sports.

*Macraidh*: (collective) a band of young men.
*Maoin*: Means, wealth, substance, esteem.
*Mèananaich*: Yawning.
*Meomhraich*: To remember, recollect.
*Meug*: Whey.
*Miadh*: Honour, esteem, respect.
*Mormhair*: The ruler of an area, commonly translated as 'Earl'.
*Naomhtha*: Holy, sacred.
*Nòinean*: A daisy.
*Ordainn*: Order, arrangement, array.
*Otrach*: Dung, manure, a dung heap.
*Peall*: A hide, covering, mat.
*Piorbhuic*: Periwig, wig.
*Plosg*: To palpitate, throb, sob.
*Prionn-lios*: Royal garden.
*Rannaigheachd*: Poetic metre.
*Rath*: Fortress, luck.
*Reasgach*: Stubborn, impatient, irascible.
*Riar*: to satisfy, settle, distribute.
*Ròmach*: Shaggy, bearded.
*Ruadhadh*: reddening, blushing.
*Ruathar*: A dash or sudden rush.
*Ruig*: To attain, *ruig air:* to attain it.
*Saodaich*: To drive cattle.
*Seaghach*: Significant, suggestive.
*Seiseadh*: Feeding, providing for, satisfying.
*Seisear*: Six people, a plough-team of six horses.
*Seunail*: Fortunate, charmed.
*Sgaball*: Helmet, headpiece.
*Sgàirneach:* Heaps of boulders.
*Sgeith*: Vomit.
*Sguidseanach*: A thin, young girl.
*Slac*: Mallet.
*Sladaiche*: A thief, robber.
*Sleuchdadh*: Bowing down reverently, worshipping, yielding, sumbitting.
*Snàg*: To creep, crawl, sneak.
*Sògh*: Luxury, opulence, satiety.
*Spadach*: Prone to strike or beat.
*Spagluinneach*: Conceited, ostentatious.

*Speach*: A blow, cut, thrust.
*Spleadh*: Tall story, fable, hyperbole, adventure.
*Sroth*: Dialectal form of *sruth*.
*Stèill*: Peg, bracket, shelf.
*Struidh*: Waste, squander.
*Stùird*: Drunkenness.
*Suilbhearachd*: Cheerfulness, merriness; civility.
*Sùil-chrith*: Quagmire, deep bog.
*Suimear*: A roof couple, rafter.
*Tachais*: To scratch, scrape.
*Tàirng*: To nail, fasten.
*Taoisnich*: To knead.
*Tàr(r)*: To achieve, accomplish.
*Teagar*: Provision, earning, purchase.
*Teangaidh*: *air th:* memorised (by heart).
*Teasd*: To die.
*Teinn*: Misery, distress, straits.
*Teòma*: Skillful, adept, dexterous.
*Teumach*: Snatching, biting.
*Tionnsgnadh*: Initiation, grounding, grounding, devising.
*Toiseachadair*: A high-ranking official in early Gaelic society which does not correspond directly to any surviving office.
*Toiteal*: Foray, attack.
*Torraicheas*: Conception, pregnancy.
*Tuasaid*: Row, quarrel, conflict.
*Tuinich*: To settle in, to inhabit.
*Tuirl*: To descend.
*Tùrlach*: A huge pile, heap.
*Udhar*: Wound, sore.
*Udlaiche*: A stag.
*Ùdlaidh*: Gloomy, morose.
*Ughagan*: Custard.
*Unaich*: Hurry, bustle, rivalry, strife.
*Urchair*: A shot, a cast of something.
*Urchoid*: Violence, adversity.
*Urrad*: Above.

# AINMEANNAN-AITEACHAN AGUS AINMEAN DAOINE

Names which are conjectural and cannot be derived with absolute certainty are marked with *.
GH indicates information given to me by Doctor Gregor Hutcheson.

*Ach(adh) na Gaoithe*: Auchengaich, 'The watery field'.
*Achadh nan Gamhainn*: Auchengavin.
*Aird Cheannchnocain*: Ardkenknoken.
*Aird Mac Maoin*: Ardmachmuin.
*Aird Mhurlaig*: Ardvorlich.
*Aird nan Capall*: Ardencaple.
*Aird Shlios*:* Ardleish.
*Aite Suidh Artair*: Ben Arthur, 'The Cobbler'.
*An t-Arar*: Arrochar, a unit of arable land.
*Argadaidh*:* Argaty, meaning unknown.
*Ath Chrathaidh*: Achray.
*Baile Mo Thath:* Balmaha.
*A' Bhàndoire*: Bandry. By the nineteenth century, however, this name had been re-analysed as 'Bàn-airigh'.
*Am Bealach*: Balloch.
*Beannchair*: Bannachra.
*Beinn Bhàn*: Ben Vane between Glen Finglas and Loch Lùbnaig.
*Beinn Lididh*:* Ben Ledi. The form *Lididh* can be found in nineteenth century Gaelic sources, and *Liddie/Lydy* in seventeenth century English sources (MacFarlane 1906, vol. 1, p. 135; vol. II, p. 566).
*A' Bheinn Mheanbh*: Ben Venue.
*Beinn Mheadhain*: Ben Vane between *Loch Slòigh* and Arrochar.
*Beinn Mhurlaig*: Ben Vorlich.
*Am Binnean*: Ben A'n.
*Both Chaisteil*: Bochastle.
*Both Chanain*: Buchanan (place).
*Both Phuidir*: Balquhidder.
*Bràghaid Albann*: Breadalbane.
*A' Bhreac-Linn*: Brackland (a.k.a. Bracklinn).
*Cailtidh*: Kelty, 'Hard water'.
*Calasraid*: Callander.
*Camas an t-Srathain*:* Camstraddan.

*Cananach*: A member of the Buchanans.
*Cathair Maine*: Carman.
*Ceann Drochaid*: Brig o' Turk.
*Cill Earrainn*: Killearn (originally *Cinn Earrainn*, 'the end of the portion').
*Cill Mo Chùg*: Kilmahog.
*Cill Mo Dog*: Kilmadoc.
*Cill Phàdraig*: Kilpatrick.
*Clàr-Innis*: Clarinch.
*Cluaidh*: Clyde, *abhainn Chluaidh*, the river Clyde.
*Cnoc nam Bòcan*: Bogle Knowe.
*Cùil a' Chipein*: Collychippen.
*Cùil an t-Seogail*: Coilantogle, 'Rye nook'.
*A' Chuimrigh*: Comrie; Wales.
*Dealganros*: Dalginross.
*Drumainn*: Drymen.
*Dubh-Leitir*: Dullater.
*Dùn Breatann*: Dumbarton.
*Earrann a' Chlaidh*: Arnchlay (an obsolete name) immediately south of south-west corner of the Lake of Menteith.
*Earrann Amach*: Arnmach.
*Eilean a' Bhùth*: Island I Vow.
*Eilean Tallach*: Ellantallo, Inchtalla, or Talla, in the Lake of Menteith.
*Eunarag*: The river Endrick.
*Faslann*: Faslane.
*Fionnaird*: Finnart.
*Na Friùthaichean*: The fords of Frew.
*Gleann Aircleid*: Glen Arklet.
*Gleann Bocaidh*: Glenbuckie.
*Gleann Falach*: Glen Falloch, 'Ring-glen'.
*Gleann Fionnghlais*: Glenfinlas, 'Glen of white (or holy) water'.
*Gleann Freòin*: Glen Fruin.
*Gleann Goill*: Glengyle.
*Gleann Iucha*: Linlithgow.
*Gleann Luinne*:* Glen Loin.
*Gleann Sratha*: Glenstrae. This appears in Watson 1937 as *Gleann Sraithe*, but in *DM* and in the writings of Henry White as *Srath(a)*.
*Gleann Urchaidh*: Glenorchy. By the early modern period, however, it was locally pronounced

as *Gleann Urcha*.
*Inbhir Airnein*: Inverarnan.
*Inbhir Dhubhghlais*: Inveruglas.
*Inbhir Snàthaid*: Inversnaid.
*Innis Lònaig*: Inchlonaig.
*Innis Mearain*: Inchmirrin.
*Innis Mo Cholmaig*: Inchmahome.
*Innis Taigh a' Mhanaich*: Inchtavannach.
*Làirig Airnein*: The pass from the foot of Glen Falloch to Inveraray.
*Làirig Eibhreannaich*: Kirkton Glen pass in Balquhidder. Although the term *Eireann* and *Eireannach* is often used, this seems to be a modern misunderstanding of *Eibhrionnach* (GH).
*Lanaidh*: Leny.
*Leamhan*: Leven, gen.: *Leamhna*. The river is sometimes taken to represent the Lennox as a whole, such as the title *Mormhair Leamhna* given by *Muireadhach Albannach*.
*Leamhnach*: A person from the Lennox.
*Leamhnachd*: The Lennox. The article is not used in Gaelic.
*Loch Aircleid*: Loch Arklet.
*Loch Bheannchair*: Loch Venachar.
*Loch Bhoill*:* Loch Voil.
*Loch Ceiteirein*: Loch Katrine.
*Loch Innse Mo Cholmaig*: The name Gaelic speakers used for the Lake of Menteith.
*Loch Laomainn*: Loch Lomond.
*Loch Slòigh*: Loch Sloy, which is also found in early sources as *Lochan Slòigh*. The form *Loch Sluaigh* can also be found.
*Lus*: Luss.
*Mac a' Chombaich*: A Colquhoun.
*Maineach*: A descendant of Maine.
*Meadhainnidh*: Methven.
*Midhe*: Meath in Ireland.
*A' Mhòine Fhlanrasach*: Flanders Moss.
*Mon-Tèadhaich*: 'Menteith', specifically referring to the upland between the Lake of Menteith and Loch Venachar.
*Moireaibh*: Moray.
*Muileann Phàraig*: Partick Mill.
*Muimhneach*: A person from Munster.
*Mumhan*: Munster.
*Obar Phuill*: Aberfoyle.

*Paislig*: Paisley.
*Pàrlanach*: A member of the MacFarlanes.
*Pearrag*: Partick.
*Ros Dubh*: Rossdhu.
*Ros-neimhidh*: Rosneath.
*Rudha Aird Eòdhnain*: Rowardennan, 'The Promontory of the Height of Adomnan'.
*Saileachaidh*: Sallochy, from the P-Celtic term for the willow.
*Suidhe a' Bhreithimh*: Severie.
*Na Sraithibh*: Strath Fillan.
*Srath Eadhair*: Strathyre, from *ith-thìr*, 'corn-land'.
*Srath Ghartain*: Strathgartney.
*Srath Leamhnach*: The Vale of Leven.
*Srath Tèadhaich*: The Vale of Menteith (now an obsolete name), running from Callander to Dunblane (see Watson 1926, pp. 370-1).
*Sruighlea*: Stirling.
*Srùthan*: Struan.
*Suidh Artair*: Ben Arthur, 'The Cobbler'.
*Taigh an Droma*: Tyndrum.
*An Tairbeart*: Tarbert.
*Tèadhach*: A person from district of Menteith.
*Tèadhaich*: The district of Menteith. Although no definitive early forms are recorded, the name is mentioned in Graham 1812, pp. 64-5, and Watson heard it from Gaelic speakers.
*Teamhair*: Tara in Ireland.
*Teimheil*: Tummel.
*Na Tròisichean*: The Trossachs.
*Tulach Eoghain*: Tullichewan.
*Uachdar Ard-thìr*: Auchterarder.
*Uisge-Tèadhaich*: The river Teith.

# NOTES

## Introduction

For information about clan sagas in Gaelic tradition and the possible links with Icelandic sagas see John MacInnes 1991.

## Chapter 1

1. Sources: W. J. Watson 1926; A. P. Smyth 1984; Máire Herbert and Pádraig O Riain 1988; Margaret Dobbs 1958.
2. Sources: Translated from Old Irish in Charles Plummer 1922. Further information about *nemeton* and other place-name elements can be found in W. J. Watson 1926. The information about Tobar Bride in Gleann Luis was provided by Mr. John Sinclair of Luss.
3. Sources: John MacKechnie 1963; F. Mary Colquhoun 1896-7; *The Highlander* 14.2.1879; W. J. Watson 1926; *The Old Statistical Account for Scotland*, Luss Parish; George Hay and David McRoberts 1965; Ronald Black 1996; William Wilson 1908; Alexander Reid 1899, p. 24; John Smith 1896, pp. 125, 208.
   Dr. Gregor Hutcheson suggests that *Tom nan Clag* might be a later corruption of *Tom a' Chluig* ('The Hill of the Bell').
4. Source: I have translated all but one stanza of this poem from the Classical Irish edition in Lambert McKenna 1938, albeit retaining some archaic words in order to stay as close to the original as possible. Thanks to Dr. Thomas Owen Clancy for additional information about the poet and poem.
5. Source: I have translated most of this poem from the Classical Irish edition in Brian O Cuiv 1968, and was assisted in my analysis of the poem by Dr. Thomas Owen Clancy.
6. Source: EUL Carmichael-Watson Collection 112, p. 86 (Edinburgh University Library). This source was pointed out to me by Dr. Dòmhnall Uilleam Stiùbhart. For information on the MacMhuirich dynasty, see Derick Thomson 1963. Professor William Gillies has suggested that 'spiorad-iasaid' should be read as 'spiorad-fhiosachd' and that 'aith-chadal' should be read as 'dith-chadal', but I have tried to make sense of them as written by Carmichael.
7. Sources: The stanzas are from James MacGregor 1824. Other information can be found in Walter MacFarlane 1906 vol. I, p. 346; Sir William Fraser 1874, p. 69; Sir William Fraser 1869, vol. 2, pp. 39, 46; William Watson 1914; NLS MS 73.2.13, folios 14 and 70.
8. Source: NLS MS 50.1.4, folio 72.

## Chapter 2

1. Sources: James MacGregor 1824; *The Old Statistical Account for Scotland*, Callander Parish; *The Northern Chronicle* 26.12.1883; Alexander Campbell 1802; William Wilson 1908.
2. Source: *The Highlander* 24.2.1877.
3. Source: NLS Acc. 9134, although I am completely certain about some couplets and 3 undecipherable couplets have been left out.
4. Sources: Translated into Scottish Gaelic from William MacGregor Stirling 1815, with reference to variants from other parts of the Highlands. Other information from James MacGregor 1824; Alexander Campbell 1802; Rev. P. Graham; John Leyden 1903; John G. Campbell 1900, p. 197; Walter MacFarlane 1906 (vol. I).
   This tale is essentially a variant of the tale frequently called '*Obair, obair Fhearchair*' in Gaelic. A close variant about the *sìdhichean* building the Ochils can be found in SRO GD 50/173 sheet 296/7. Dr. Gregor Hutcheson informs me that the place-name *Coille a' Bhròin* ('The Wood of Sorrow'), located at NN 566063, commemorates the abduction of the children. Discussion about the interpretation and significance of the supernatural in Gaelic tradition can be found in John MacInnes 1992.
5. Source: *The People's Journal* April 25, 1914, collected by Stephen Kane. Information about the Fairy Stone can be found in A. F. Hutchison 1899, p. 47. The *sìdhichean* of Lochan Uaine are mentioned in John G. Campbell 1900, p. 60, although Dr. Gregor Hutcheson suggests that this lochan is north-east of Beinn Ime, rather than on Ben Lomond, as Campbell writes. *Tobar an Uruisg* is discussed in Winchester, p. 13.
6. Source: *The Celtic Annual* 1916, collected by Seumas Mac Dhiarmaid.
7. Source: *The People's Journal* 14.3.1914, collected by Seumas Mac Dhiarmaid.
8. Source: John Francis Campbell 1860.
9. Source: Translated into Scottish Gaelic from Donald MacLeod 1894 (although the song is given in Gaelic) with reference to a variant in John G. MacKay 1914. Other information was obtained from *The Celtic Monthly* 1895; James MacFarlane 1922. As *Alasdair nan Cleas* died around 1612, these two chieftains do not seem to have been truly contemporary.
10. Source: Adapted from the Classical Gaelic edition in William J. Watson 1937 to vernacular Scottish Gaelic. It is my own speculation that the word in line 9 originally written as *meynni* may represent *maoin*, and therefore imply wealth and rank.
11. Source: Alexander and Donald Stewart 1804, p. 526.
12. Source: *The Highland Monthly* vol. 2, p. 429.
13. Source: NLS MS 50.2.20. John Dewar appears to have copied this song from some written source, possibly the missing volume of the MacDiarmid MS. There are two songs related to this attributed to the Laird of Tearrlochan in Muckairn, in *The Highland Monthly* vol. 2, p. 430 and NLS MS 50.1.12. The interpretation of lines 2 and 31 is tentative.

14. Source: Adapted from the semi-Classical Gaelic edition in Colm O Baoill 1988 to vernacular Scottish Gaelic. The interpretation of the last two lines is somewhat uncertain, but it appears that he was making a play on the word *abaidh*.
    While the term *Garbh-Chrìochan* can be used in a more restricted sense to refer to the area between Loch Suaineart and Loch Hourn, it is clear from this quatrain, the poem *Oran an t-Sealgair*, and other examples, that the term was also used to refer to the Highlands as a whole.
15. Source: Marairead Cham'ron 1805, p. 16.
16. Source: John Francis Campbell 1872, p. xviii. Since I have interpreted the place-name *Sròn Mhèilean* given in the original poem as *Sròn Mhaolain*, I have emended the equally puzzling form *an Ainibh* as *an t-Aonach*. This latter name might hide the form *an Àirigh*, however, and there are a number of shielings in the area.
17. Source: Based on poem in NLS Acc. 9134, although some sections have been reconstructed through guesswork, and other sections remain undeciphered.
18. Source: John Walker 1817. Information about the Macintyres is from Rev. A. MacLean Sinclair 1891.
19. Source: NLS MS 50.2.18. See also *The Celtic Monthly* 1904, p. 108 for a close variant.
20. Sources: *The Northern Chronicle* 26.12.1883 and Marairead Cham'ron 1805, p. 55.
21. Sources: *TGSI* 51; NLS MS 462.
22. Source: NLS MS 50.1.11, folio 388. A very close variant to this, which may be a conflation of several texts, is given in *An Gàidheal* July 1918.
23. Source: Marairead Cham'ron 1805, p. 43. I have omitted an obscure first stanza, and used the English form of his name which appears on the 1785 Competition bill, which was kindly provided to me by Mr. Joshua Dickson.

## Chapter 3

1. Sources: Sir William Fraser 1874; I. M. M. MacPhail 1987; James MacFarlane 1922; William MacGregor Stirling 1815; W. R. Kermack 1979; A. F. Hutchison 1899; *DB*, p. 138; Alexander Campbell 1802, vol. 2, p. 373; *The Highlander* 20.5.1876; William J. Watson 1926; John MacInnes 1998, p. 10; *DM* 1, p. 95.
   The term *buad Mhic Phàrlain* can be found in *Carmina Gadelica* vol. 6. and *TGSI* 32, p. 185.
2. Source: *DM* V(a), p. 183. Creag Ruighe is just above *Uamh an Rìgh* ('The King's Cave', NN 490202), which is no doubt where Robert the Bruce stayed.
3. Sources: The main body of the tale is from *The People's Journal* 24.7.1909, collected by Seumas Mac Dhiarmaid, with the flyting verses taken from A. F. Hutchison 1899, p. 281.
4. Sources: *The Celtic Monthly* 3 (1895), p. 39; *SGS* 1, p. 212; *Aithris is Oideas*, p. 24; Allan MacDonald of Glenuig.

5. Source: J. F. Campbell 1872, p. xvii. This was copied by John Dewar from the missing volume of the MacDiarmid MS. The poem seems to have suffered in transmission, for a number of lines do not properly rhyme which should. It is not clear whether the corruption was due to the effects of centuries of oral transmission, or whether it was due to poor writing skills.
The suggested reconstruction of lines 8, 18 and 68-70 is somewhat hypothetical, and the order of the last two quatrains of the poem have been reversed to make better sense and to follow the bardic practice of the *beannachadh bàird*.
6. Sources: NLS MS 50.2.20, folio 42; NLS MS 50.1.11, folio 66, both collected by John Dewar.
7. Source: *DM* VII, p. 7.
8. Source: The poem is edited from SRO GD 50/65, with a few minor emendations based on the edition in William J. Watson 1959, lines 6393-6442. The background about the song is from *DB*, p. 136.
The Kirktown of Strath Fillan is known in Gaelic as *Clachan Shraithibh*.
9. Source: Based on the version in *DM* V(a), p. 86, with additional information added from A. G. M. MacGregor 1898, vol. 1, p. 333 and *DB* 118. Dewar's original transcription has a great deal of repetition and unneccessary technicalities which have been removed from this edition. The explanation that failed weapons were fatal to the owner can be found, along with the incident at *A' Chuinneag*, in James MacGregor 1824, p. 119.
The name now known as Humphrey was recorded as *Umphra* in the sixteenth century, and Dewar uses the form *Thumphra*. I have settled upon a simplified compromise of *Umfra* in Gaelic.
10. Sources: Based on the version given in Rev. A. MacLean Sinclair 1901, p. 75, with some readings from Derick Thomson 1955, p. 17 and James MacGregor 1824, p. 115. The image of the Lowlander clad in clumsy and ridiculous clothing is discussed in John MacInnes 1989.
11. Source: NLS MS 50.2.20, folio 35, collected by John Dewar.
12: Source: *The People's Journal* July 8, 1911, collected by Stephen Kane. Information about Rob Roy from W. H. Murray 1982, pp. 15-6.
13. Source: Marairead Cham'ron 1805, p. 38. Information about shinty can be found in Hugh Dan MacLennan 1995.

## Chapter 4
1. Source: Edited from EUL Benjamin Urquhart MS, p. 418. Two difficult stanzas have been left out. Information about Rob Roy from W. H. Murray 1982, pp. 213, 261. The rhyme and sense of the poem seems rather weak in parts, although it is difficult to say whether this is a faulty transmission of the poem, or whether the poet was not terribly gifted. The poetry excerpts are from O Baoill 1994 and John Lorne Campbell 1984.

2. Source: NLS MS 50.2.20, p. 196. This is a unique variation of a poem which has also been attributed to *Domhnall Donn Mac Fhir Bhoth Fhionntain* (Thomas Sinton 1904, p. 404; Rev. A. MacLean Sinclair 1890, pp. 116-118; Somhairle Mac Gill-eain 1985, pp. 221-224). This variation is significantly longer than any of the others, and seems to be more consistent in its geography. On the other hand, there are three different end rhymes in this song, based on ò, à, and ì, which is not typical of Gaelic poetry.
3. Source: GUL MacLagan MS 210, item 2. One stanza has been omitted. Dr. John MacInnes has suggested that the preposition *o* in line 6 could more logically be *bho*, and I have translated these lines accordingly.
4. Source: An unedited version of 'Loch Laomainn nan Lùb' appeared in *The Highland Monthly* vol. 1, 1890, p. 342, taken from MacLagan MS 210. The handwriting appears to be that of the Reverend Stuart of Luss. The prophecy and the quatrain from the satire appear in James MacGregor 1824, p. 116.
5. Source: GUL MacLagan MS 210, item 4. One problematic quatrain has been left out. The handwriting appears to be that of the Reverend Stuart of Luss.
    The charm is adapted from a text kindly provided by Mr. Ronald Black of Edinburgh University, which was first published in Douglas Kelly 1998, p. 137. For information about the survival of Celtic law in Scots law, see W. D. H. Sellars 1989.
6. Sources: John Gillies 1786, p. 132 and Rev. A. MacLean Sinclair 1892, pp. 152-3. Information about droving can be found in John MacInnes 1998.
7. Source: Paul Cameron 1891, p. 152.
8. Source: NLS Acc. 9134, p. 49. Not all lines have been reconstructed with absolute certainty, and the end of line 11 has been re-created.
9. Source: John Walker 1817, p. 122. The quote from the poet comes from George MacLeod, p. 6. The word *farran* in line 5 was originally given as *farsan*.
10. Source: Calum Caimbeul MacPhàil 1878, pp. 65-6. The song is sung to the tune of *Blàr na h-Olaind*.
11. Sources for the eighteenth century: John Smith 1896, p. 84; *An Gàidheal* 1947, p. 6; Mac Farlane 1906, vol. I, pp. 336-55; John Smith 1894, p. 116; p. 88; NLS MS 73.2.13; NLS MS 73.35; SRO GD 50/65.
    Sources for the nineteenth century: Alexander Campbell 1802, pp. 142-8; MS in the University of Edinburgh, *A Slight Sketch of a Journey through parts of the Highlands and Hebrides*, by Alexander Campbell, p. 46; William Fraser 1869, vol. 2, p. 41; *An Gàidheal* 1947, p. 6; NLS MS 50.1.14; Donald MacLeod 1891, p. 38; *The Highlander* 26.1.1881, 13.4.1881; R. B. Cunninghame Graham 1907, p. 12; *The People's Journal* 26.8.1911.
    Sources for the twentieth century: *The People's Journal* 14.3.1908; *The People's Journal* 12.6.1909, 3.7.1909, 25.9.1909; William Watson 1934, p. 233.

# BIBLIOGRAPHY

DB — The Donald MacGregor Manuscript, housed in Dumbarton Public Library.
DM — The Dewar Manuscripts of Inverary Castle.
EUL — Edinburgh University Library.
NLS — National Library of Scotland.
SGS — Scottish Gaelic Studies.
TGSI — Transactions of the Gaelic Society of Inverness.

*Aithris is Oideas:* Traditional Gaelic Rhymes and Games, 1964, University of London Press.
**Black**, Ronald, 1996, 'James Macintyre's Calendar', *SGS* 12.
**Cameron**, Paul, 1891, 'Perthshire Gaelic Songs I', *TGSI* 17.
**Campbell**, Alexander, 1802, *A Journey from Edinburgh through Parts of Northern Britain.*
**Campbell**, John Francis, 1860, *Popular Tales of the West Highlands.*
— 1872, *Leabhar na Fèinne*, London.
**Campbell**, John Gregorson, 1900, *Superstitions of the Highlands and Islands.*
**Campbell**, John Lorne, 1984, *Highland Songs of the Forty-Five*, Edinburgh: Scottish Gaelic Texts Society.
**Cham'ron**, Marairead, 1805 (second edition), *Òrain Nuadh Ghàidhealach.*
**Colquhoun**, F. Mary, 1896-7, 'Traditions of the Colquhoun Country', *The Celtic Monthly* 4-5.
**Dobbs**, Margaret E., 1958, 'Notes on the Lists of Irish Historic Tales', *The Journal of Celtic Studies* 2.
**Fraser**, Sir William, 1869, *The Chiefs of Colquhoun and their Country.*
— 1874, *The Lennox.*
**Gillies**, Rev. William A., 1938, *In Famed Breadalbane.*
**Gordon**, Seton, 1949, *Highways and Byways in the Central Highlands*, London: MacMillan & Co. Ltd.
**Graham**, Rev. P., 1806, *Sketches Descriptive of Perthshire*, (other editions 1810, 1812, etc.).
**Grant**, I. F., 1961, *Highland Folk Ways*, Routledge and Kegan Paul.
**Hay**, George and David McRoberts, 1965, 'Rossdhu Church and its Book of Hours', *The Innes Review* 16.
**Herbert**, Máire and Pádraig Ó Briain 1988, *Betha Adamnáin*, London: Irish Texts Society.
**Hutchison**, A. F., 1899, *The Lake of Menteith.*
**Kelly**, Douglas F., with Caroline Switzer Kelly, 1998, *Carolina Scots*, Dillon, South Carolina: 1739 Publications.
**Kermack**, W. R., 1979, *The Clan MacGregor*, Johnston & Bacon Books.
**Leyden**, John, 1903, *Journal of a tour in the Highlands and Western Islands of Scotland in*

*1800*, (ed. James Sinton), Edinburgh: William Blackwood and Sons.

**MacFarlane**, James, 1922, *History of Clan MacFarlane*, Glasgow.

**MacFarlane**, Walter, 1906, *Geographical Collections* I and II, (ed.) Sir Arthur Mitchell, Edinburgh: Scottish History Society.

**Mac Gill-eain**, Somhairle, 1985, (ed. William Gillies), *Ris a' Bhruthaich*, Stornoway: Acair Ltd.

**MacGregor**, Amelia Georgiana Murray, 1898, *History of the Clan Gregor*, (two volumes), Edinburgh: William Brown.

**MacGregor**, James, 1824, *Albyn's Vale*.

**MacInnes**, John, 1989, 'The Gaelic Perception of the Lowlands', in *Gaelic and Scotland / Alba agus a' Ghàidhlig*, (ed.) William Gillies, Edinburgh University Press.

— 1991, 'Clan Sagas and Historical Legends', *TGSI* 57.

— 1992, 'Looking at Legends of the Supernatural', *TGSI* 59.

— 1998, 'Dròbhaireachd', in *Bho Dhròbhadh Gàidhealach gu Fàsaichean Astrailia*, No. 19 Dornach Studio, Sutherland, Scotland.

**MacKay**, John G., 1914, *Gille a' Bhuidseir*, London: Saint Catherine Press.

**MacKechnie**, John, 1963, 'Saints and their Shrines', *SGS* 10.

— 1964, *The Dewar Manuscripts*, Glasgow: William MacLellan & Co.

**McKenna**, Lambert, *Aithdioghluim Dána*, London: Irish Texts Society.

**MacLennan**, Hugh Dan, 1995, *Not an Orchid*, Inverness: Kessock Communications.

**MacLeod**, Donald, 1894, *Past Worthies of the Lennox*, Edinburgh: John Menzies and Co.

**MacLeod**, George, 1880, *Poets and Poetry of the Lennox*.

**MacPhàil**, Calum Caimbeul, 1878, *Am Filidh Lathurnach*, Glaschu: Gilleasbuig Mac na Ceàrdaich.

**MacPhail**, I. M. M., 1987, *Lennox Lore*, Dunbarton District Library.

**Murray**, W. H., 1982, *Rob Roy MacGregor*, Edinburgh: Canongate Press.

**Ó Baoill**, Colm, 1988, 'Robert Kirk's Lament For His Wife,' *SGS* 15.

— 1994, *Iain Dubh*, Obar-Dheathain: An Clò Gàidhealach.

**Ó Cuiv**, Brian, 1968, 'A poem attributed to Muireadhach Ó Dálaigh', in *Celtic Studies: Essays in memory of Angus Matheson*, (ed.) James Carney and David Greene.

**Plummer**, Charles, 1922, *Bethada Náem nÉrenn*, Oxford: The Claredon Press.

**Reid**, Alexander, 1899, *The Annals of Auchterarder and Memorials of Strathearn*, Crieff: David Philips.

**Sellar**, W. D. H., 1989, 'Celtic Law and Scots Law: Survival and Integration', in *Scottish Studies* 29.

**Sinclair**, Rev. A. MacLean, 1890, *The Gaelic Bards from 1411 to 1715*.

— 1891, 'The Macintyres of Glennoe', *TGSI* 18.

— 1892, *The Gaelic Bards from 1715 to 1765*.

**Sinton**, Thomas, 1904, 'Gaelic Poetry from the MSS. of the late James Macpherson, Edinburgh', *TGSI* 24.
**Smyth**, A. P., 1982, *Warlords and Holy Men*, Edinburgh University Press.
**Stewart**, Alexander and Donald, 1804, *Collection of Gaelic Poetry*, Edinburgh.
**Stirling**, William MacGregor, 1815, *Notes Historical and Descriptive on the Priory of Inchmahome*.
**Thomson**, Derick, 1955, 'Scottish Gaelic Folk-Poetry ante-1650', *SGS* 8.
— 1963, 'The MacMhuirich Bardic Family', *TGSI* 43.
— 1992, *The MacDiarmid MS Anthology*, Scottish Gaelic Texts Society.
**Walker**, John, 1817, *Poems in English, Scotch and Gaelic*.
**Watson**, William J., 1914, 'Ciuthach', *The Celtic Review* 9.
— 1926, *The History of the Celtic Place-Names of Scotland*.
— 1928, 'The Place-Names of Breadalbane', *TGSI* 34.
— 1930, 'Place-Names of Perthshire: The Lyon Basin', *TGSI* 35.
— 1934, 'Cor na Gàidhealtachd air an Là an-diugh', *The Active Gael*.
— 1937, *Bàrdachd Albannach / Scottish Verse from the Book of The Dean of Lismore*, Edinburgh: The Scottish Gaelic Texts Society.
— 1959, *Bàrdachd Ghàidhlig*, An Comunn Gàidhealach.
**Wilson**, William, 1908, *The Trossachs in Literature and Tradition*.
**Winchester**, Rev. H. S., (no date), *Traditions of Arrochar and Tarbet and The MacFarlanes*.